民國滬上初版書·復制版

高等國文法

楊樹達 著

上海三聯書店

图书在版编目(CIP)数据

高等国文法 / 杨树达著. ——上海:上海三联书店,2014.3

(民国沪上初版书·复制版)

ISBN 978-7-5426-4625-5

Ⅰ.①高… Ⅱ.①杨… Ⅲ.①古汉语—语法—研究 Ⅳ.①H141

中国版本图书馆 CIP 数据核字(2014)第 035464 号

高等国文法

著　　者 / 杨树达

责任编辑 / 陈启甸 王倩怡

封面设计 / 清风

策　　划 / 赵炬

执　　行 / 取映文化

加工整理 / 嘎拉 江岩 牵牛 莉娜

监　　制 / 吴昊

责任校对 / 笑然

出版发行 / 上海三联书店

(201199)中国上海市闵行区都市路 4855 号 2 座 10 楼

网　　址 / http://www.sjpc1932.com

邮购电话 / 021-24175971

印刷装订 / 常熟市人民印刷厂

版　　次 / 2014 年 3 月第 1 版

印　　次 / 2014 年 3 月第 1 次印刷

开　　本 / 650×900　1/16

字　　数 / 560 千字

印　　张 / 49.25

书　　号 / ISBN 978-7-5426-4625-5/H·37

定　　价 / 218.00 元

民国沪上初版书·复制版

出版人的话

如今的沪上,也只有上海三联书店还会使人联想起民国时期的沪上出版。因为那时活跃在沪上的新知书店、生活书店和读书出版社,以至后来结合成为的三联书店,始终是中国进步出版的代表。我们有责任将那时沪上的出版做些梳理,使曾经推动和影响了那个时代中国文化的书籍拂尘再现。出版"民国沪上初版书·复制版",便是其中的实践。

民国的"初版书"或称"初版本",体现了民国时期中国新文化的兴起与前行的创作倾向,表现了出版者选题的与时俱进。

民国的某一时段出现了春秋战国以后的又一次百家争鸣的盛况,这使得社会的各种思想、思潮、主义、主张、学科、学术等等得以充分地著书立说并传播。那时的许多初版书是中国现代学科和学术的开山之作,乃至今天仍是中国学科和学术发展的基本命题。重温那一时期的初版书,对应现时相关的研究与探讨,真是会有许多联想和启示。再现初版书的意义在于温故而知新。

初版之后的重版、再版、修订版等等,尽管会使作品的内容及形式趋于完善,但却不是原创的初始形态,再受到社会变动施加的某些影响,多少会有别于最初的表达。这也是选定初版书的原因。

民国版的图书大多为纸皮书,精装(洋装)书不多,而且初版的印量不大,一般在两三千册之间,加之那时印制技术和纸张条件的局限,几十年过来,得以留存下来的有不少成为了善本甚或孤本,能保存完好无损的就更稀缺了。因而在编制这套书时,只能依据辗转找到的初版书复制，尽可能保持初版时的面貌。对于原书的破损和字迹不清之处，尽可能加以技术修复，使之达到不影响阅读的效果。还需说明的是，复制出版的效果，必然会受所用底本的情形所限，不易达到现今书籍制作的某些水准。

民国时期初版的各种图书大约十余万种，并且以沪上最为集中。文化的创作与出版是一个不断筛选、淘汰、积累的过程，我们将尽力使那时初版的精品佳作得以重现。

我们将严格依照《著作权法》的规则，妥善处理出版的相关事务。

感谢上海图书馆和版本收藏者提供了珍贵的版本文献，使“民国沪上初版书·复制版”得以与公众见面。

相信民国初版书的复制出版，不仅可以满足社会阅读与研究的需要，还可以使民国初版书的内容与形态得以更持久地留存。

2014 年 1 月 1 日

楊樹達著

高等國文法

中華民國十九年六月初版

高等國文法序

吾國文法之學，素無專著。凡爲師者之所講授，以及學者之所學習，不外衍意及模仿二者。因循舊軌，往往不知其所以然。其結果爲模胡，爲疏略，於了解與表現俱感困難。滿淸之季，西洋科學輸入，文法學亦漸爲國人所注意。自丹徒馬氏而下，著述多有，學校亦列爲課程。顧坊間所出書，除極少數外，大抵稗販東籍，强分部類，乾枯無味。文法教授之困難，凡有教學經驗者，殆莫不知之。民國十一年，楷第從吾師楊遇夫先生習文法學於北京師範大學，覺其條理井然，以至簡之法馭至賾之物，爲一切文法書所不及。於時深感文法學之興味，而個人讀古書之嗜好亦自此始。數載以來，望先生書之刊行久矣。今歲夏間，先生以手定文法稿見示，則年來在清華大學所講授者，視前稿已增益十之四五。展讀再四，覺數年前撰杖都講之狀猶在目前，爲之愉快不已。竊謂研究中國古文法學有必不可少之條件二。其一，必精通文字訓詁之學而後別擇判斷始能正確。其二，必通外國文法學，而後參伍比較，有所因依。昔劉淇著助字辨略，專輯虛字，蒐采頗富。及王氏引之著經傳釋詞，方法益爲嚴密。而俞氏古書疑義舉例，則於字義以外，兼涉及文法上之關係。三書並稱名著，有益後生。然當時文法之學尚未成立，其所爲僅足爲文法學之資料而已。無條理系統之可言也。及馬氏師西法作文通，我國文法始卓然成爲一科。顧馬氏之書，頗有削足適履之譏，故其謬誤不一而足。又馬氏小學甚疏，凡所訓釋，頗多未審。此二者，一失於工具之不精，一失於根基之未厚，論者故猶有憾焉。先生幼承家學，研討聲音訓詁之學，著書滿家。於劉王俞三家所著書，既嘗訂其譌誤，補其未備。又嘗留學異域，通東西洋文法學，於工具根柢二者，兼而有之。積十餘年之精力以從事於文法研究，故能體用兼該，凡立一義，設一證，莫不由本身之體驗而來。不特文法上之變化於以大明，實爲學者讀古書之梯徑。蓋舉二千年來所謂虚助字者，一一納之於軌物之中，信可謂文法界之鴻寶者矣。楷第從先生游有年，蒙先生不棄，時加訓迪，裨益宏多，知先生之學者，宜莫楷第若，因綜述先生著書之梗概如此。往讀日本廚川白村氏書，痛詆其國學者稗販西洋學說，鮮能深造自得，語意激切。愚以爲自先生書出，而文法學乃始真爲我國之文法學。並時或後世研究中國文法學者，雖取徑不同，要必以先生書爲基礎或重要之參考。世之讀先生書者，當能證驗楷第之言爲天下之公言，非一人之阿好也。民國十八年十二月十二日，受業滄縣孫楷第謹序於北平中海之居仁堂。

高等國文法序例

我國舊無文法，非無文法也，無文法書也。自丹徒馬氏遊學歐洲，歸而取西文律令以馭中文，於是有文通之作。蓋於荆榛薈蔚之中，芟夷剔抉，闢一康莊，其功偉矣。顧自文通書出，於今三十餘年，篤舊者薄視文法，不欲一觀，不待論矣。其知文法爲重要而續有所纂述者，大都陳陳相因。蓋自同縣友人章君行嚴外，未見有能爲馬氏之諍友，於其書有所助益者也。夫國以尚文著於世界，整理之事，亦既有人刱爲其難；而獨無人焉賡續治之，寧非恨歟！余元二之際，以文法教於長沙，於時始讀馬書，心多弗慊。八年秋間，家居少事，草創糾馬之書。嗣遊北方，任授文法於北平師範大學，遂述此編。繼是以來，歲有補益。蓋自造述以迄今茲，歷時九載，教授亦不下十餘次矣。書中改正馬氏之說者，自采章君說外，如馬氏定『者』『其』『所』爲接續代字，余則分『者』之一部爲指示代詞，取其複指者爲複牒代詞，定『其』爲指示代詞之重指法，定所爲被動助動詞。馬氏認『咸』『皆』等爲約指代字，余則定爲表數副詞。馬氏述介字止九字，余則爲補五十餘。又馬氏不明省略，但據類例之多少以關係內動字與轉語之間無介字者爲常，有介字者爲變，不合於理論；余則反其說，而於名代介動之省略者，則詳述之。凡斯之類，不可一一僂指。讀者試取馬書與余著文通刊誤及此篇合觀之，當知其異同之所在矣。亡友閩侯陳君愼侯，博學多聞，尤精力於文法之學。十年北遊，聞聲見訪，相與析疑論字，各極歡欣。嗣君別去，余卽創爲是編，貽書與君，續相商榷，並請撰序文，君復書，欣然諾許。越一歲，君竟以疾逝世。今吾書粗成，君所創關係內動字及外動字有致動意動二法之說，歷歷在吾卷中；而君墓生宿草，曩日許撰之序文，竟不可得矣。嗚乎！惠子云徂，鍾期難再，序茲編已，蓋不勝其泫然之情云。

一是書上采劉淇王引之俞樾所著書之說，同時人著作，於總論中頗采胡君以魯及友人胡君適之之說；詞類各篇中頗采陳君愼侯章君行嚴之說。特述明於此，示毋掠美爾。

一是篇采輯例句，始自諸經諸子，迄於後漢書三國志。六朝唐人間或甄采，然已稀矣。晚出古文尙書，不失爲魏晉人書，故加采錄；仍題尙書之名，不復分別。

一此編既多修正馬書之處，以限於教本體例，未能盡述理由。讀者可取拙著馬氏文通刊誤參合觀之，始知區區改正之心，良非得已。

一余往授是編於北平師範大學時，諸生頗有以編索引爲請者。余卽取此編所錄諸詞，又頗增益材料，以詞爲綱，撰爲詞詮一書，別行於世。惟彼書先出，見者或以其臚列井然，頗加忽視，不知彼書出自此編；而此編則八九年積累之所成，正非易易也。至兩書內容雖多相同之處，然以彼此體例不同之故，有此篇具有而彼書無之者，亦有彼書有而此篇缺者。學者參互合觀，乃爲得之。

一自民國八年，余創爲馬氏文通刊誤，陸續在湖南教育月刊及上海時事新報學燈欄發表，當時得見者頗多。近見他人著述，頗有采用余說，不名所自者，而其書出版顧在余書之前。特聲明於此，以示余非盜襲他人爾。

一此編最適用於高中及大學預科文科，學者讀此，既可得我國文字文法之系統，又可作爲研讀古籍之階梯。如教者用之講授，發生疑義時，卽請直接通緘商榷，敬當一一詳答。

民國十八年十一月十八日，長沙楊樹達遇夫自序於北平舊刑部街寓廬之貴希齋。

高等國文法目錄

第六章　副詞……………………二六六

卯 表數之類……三一六

6 詢問副詞……三八九

第七章　介詞……四一六

第八章　連詞……四九三

8 假設連詞……五四七

第九章　助詞……五六八

第十章 歎詞……六七〇

高等國文法

第一章 總論

甲 緒言

人爲萬物之靈，有銳敏之感覺，有緻密之思想。言語者，所以表現其感覺與思想者也。然距離稍遠，則言者之聲不達，此言語之功用被制於空間者也；聲出卽消，不留餘響，此言語之功用被制於時間者也。民知旣進，則所以表示其思想與感覺者，又有行遠與傳後之要求，於是文字生焉。文字旣是語言之代用，其始起也，固與語言密合而無差也。然而人類有經濟思想，則力求文字之簡焉；又有美術思想，則又力求文字之工焉。坐此二因，文字之發生，本所以代語言者，竟與語言歧異而不相合。曠觀大地文明民族，蓋未有絕對文言一致者。蓋其智力之弘，決不自甘於粗代語言之初級文字而不求精進也。語言文字之初起，其組織蓋亦錯互而不醇。迨積年既久，隨時改善，至於約定俗成，則形成共遵之規律而不可畔越。後人紬繹其規律而敘述之，則所謂文法是也。

乙　言語之起源

太古之世，榛榛狉狉。蠻烟，瘴霧，洪水，猛獸，環人類皆是也。其勢力之大，之勇，殆幾令吾人類有不能安居之勢。人居其間，穴居野處，無爪牙以爭食，無羽毛以蔽寒，以渺渺之身，處多難之境；成育之期，又視他動物爲長。於是不得不慘淡經營，共謀自衛之術。此共同之經營，人與猿所以同祖而歧系也。人類之進化也由是，言語之發生也亦由是。

此共同之經營爲何？則彼此互相團結以抵禦外患是也。故恐懼警告歎息之聲，於初民爲最多。即今非洲南美諸土蠻言語之中，感歎之聲獨夥者，職此故也。不惟土蠻爲然，即開明社會中，當事變陡至，出其不意，感情難制之時，亦仍但用感歎詞以鳴其不平之感焉。

一　發聲時期

此種發聲，莊子所謂人籟也。發於自然，不假思索，此爲言語最初之一時期，名曰發聲時期。

二　摹聲時期

繼是而進，則爲摹聲時期。發聲期，全屬於主觀者也；摹聲期則由主觀的進而爲客觀的矣。摹聲者，假物體自發之聲，或反射之聲爲物體之表象也。就動物而言之：卽足而鳴者呼之曰雀，錯錯而鳴者呼之曰鵲，亞亞者謂之鴉，（淮南子原道訓云：烏之啞啞，鵲之唶唶，豈嘗爲寒暑燥濕變其聲哉！）岸岸者謂之雁，他如貓，狗，鵝，鴨，蟋蟀，秦吉了之類。皆以其物自身所發之聲爲其物之名。古人詩云：『山鳥自呼名。』據實言之，乃山鳥自有此呼聲，而人因以其呼聲名鳥耳。非先有名而鳥自呼之也。又就樂器言之，鏞古音如東（ㄉㄨㄥ）肖鐘聲也；鼓古音如寡（ㄍㄨㄚ）擬土鼓之聲也。（此說本汪榮寶說，詳北大國學季刊一卷二號歌戈魚模古讀考。樹達按漢書陳湯傳云：雖斬宛王毋鼓之首，西域傳作毋寡，此古時鼓寡同音之證。若詩云：『擊鼓其鏜』，以『鏜』字肖鼓音，似已是革鼓之聲，非土鼓之聲矣。）求之古籍，亦有足證明者。

論語憲問篇云：子擊磬於衛，有荷蕢而過孔氏之門者，曰：鄙哉！硜硜乎！

禮記樂記云：石聲磬，磬以立辨，辨以致死。君子聽磬聲，則思死封疆之臣。鄭注云：石聲磬磬當爲罄字之誤也。史記樂書引樂記作石聲硜。

說文九篇下石部云：磬，樂石也。古文从巠作硜。

釋名釋樂器云：磬，罄也。其聲罄罄然堅緻也。

據此諸證，知古人蓋以磬爲樂石之名，而論語史記之『硜，』鄭注及釋名之『罄，』則以爲肖聲之詞。然樂記字本作『磬，』史記引作『硜，』說文『磬』『硜』同字，而『硜』即『硜』字。則『磬』『硜』『罄』語出一源，磬之得名由於其反射之聲可瞭然矣。（劉寶楠論語正義潘維城論語古注集箋皆有此說。）

釋名云：塤，喧也；聲濁喧喧然也。

太平御覽樂部十九引樂書云：壎者，喧也。與釋名合。

按壎塤同字，喧爲塤聲，則知塤之得名由於其聲也。

釋名云：篴，滌也。其聲滌滌然也。按篴卽笛字。

又云：鐃，聲鐃鐃也。

此『笛』『鐃』二物由鳴聲得名之證。推之『琴』『笙』『簧』『箏』等字與『鐘』『磬』等字皆以n或ng收音，皆所以肖其物發聲之餘音，故皆爲摹聲之名。

以上所云，名詞中之摹聲者也。然摹聲之現象，不惟名詞中可見也。卽動詞亦有之。小兒墮地，其聲如寡，遂名其動作曰呱。（呱古音瓜。）詩云：『后稷呱矣』是也。又動詞所假之聲，大抵爲物體受動作時所發反射之聲。如用口吹噓，其聲吹吹，遂名此動作曰吹。以手擊物，其聲丁打，遂名此動作曰打。（慧琳一切經音義八云：『打，德耿反。』陸法言云：『都挺反，吳音』）原始之動詞，大抵動作之徵徵也。假自然之聲爲徵徵，假徵徵爲事物之代表，凡此諸詞，皆發生最早者矣。

雖然，此音之表象，只限於物體自發或反射之音聲，原與物體相關聯者也。故其所摹倣，僅止於單純之物體或簡單之動作而止。然世界之物體，非皆有特別之發聲；世事之動作，亦非皆有特別之反射聲可以摹擬也。人類有此不足之感，而言語之進程又進一步，而摹倣德業之一時期從此發生矣。

三　摹德業時期

吾人外界之事物據佛家言，不外實德業三者，而三者決不相離。表實之名，不以德則以業。誠哉！吾人所用言語之中，探其語源，必不出德業二者。觀釋名所云云，又可見也。（表實之語，卽名詞也；表德之語，卽形容詞；表業之語，卽動詞也。）

釋名云：天，顯也；在上高顯也。天，坦也；坦然高而遠也。日，實也；光明盛實也。月，闕也；滿則闕也。光，晃也；晃晃然也。亦言廣也；所照廣遠也。風，氾也；其氣博氾而動物也。風，放也；氣放散也。骨，滑也；骨堅而滑也。肉，柔也。頭，獨也；於體高而獨也。陵，隆也；體高隆也。

類此者不一，皆以德爲名者也。『顯』『坦』『實』『闕』等字皆形容詞。

又云：夏，假也；寬假萬物使生長也。秋，緧也；緧迫品物使時成也。木，冒也；華葉自覆冒也。火，化也；消化物也。亦言毀也；物入中皆毀壞也。土，吐也；能吐生萬物也。雹，殄也；乍見則殄滅也。山，產也；產生物也。淮，圍也；圍繞揚州北界，東至海也。川，穿也；穿地而流也。

右皆以業爲名者也。『假』『緧』『冒』『化』等詞，皆動詞也。

蓋語言者，對於實在事物之表象，假聲音之表象以摹倣其德業二面中之一面，藉以表我對於此事物全體之思想耳。然而二面中摹倣何者，全由於摹倣者之自由。卽就二面言，各面中尙有諸多之點。在德有性質形狀分量等，在業有動靜因果功用等，於此諸多點之中攫取何點以爲事物之代表，絕無定準。此世界諸民族之語言所以互異也。

要而言之，吾人人類言語發生之次序，可分爲上述之三期：卽（一）發聲時期，（二）摹聲時期，（三）摹德業時期，是也。

丙　言語之變遷

言語爲發表人類思想之具，思想苟有遷化，則言語之內涵亦隨之而變。其外部之聲音亦時有更易。意思爲言語之內範（interform），聲音爲言語之外範（outerform）。而其變遷之原因約有三：

一　摹倣　鄰國言語相聞，常多互借。英語而法用之，法語而英用之，日本人借用漢語，華人借用日本語，皆斯例也。中國舊文字中，『單于』譯自匈奴，『葡萄』來自西域，『卍』字本於梵文，歹字來從蒙古，皆是。

二　比照　數語相較，因比較而生變化。例如英文表示動詞之過去，古以變詞中主音 a i e 之法而成。今所存者，如 fall, fell, arise, arose, 後爲帶有語系 ed 之動詞所代者日衆。新陳代謝，昔爲主要原則者，今變爲例外；帶有語系之動詞，本較更易主音以示過去爲少者，今則反爲通則矣。

三　惰性　好逸惡勞，避繁趨簡，人類之惰性影響於語言者至巨。因此而字義變遷者，如『朋』本是『鳳』字，假爲朋友之『朋』，而『鳳』義遂失。『來』本義爲周瑞麥來牟，借爲行來之『來』，而來牟之義亡。『莫』字之形日在茻中，本爲日『暮』之字，自借爲無義，而日暮之義遂湮。『笑』之本字爲『媄』，本義女子笑貌，遷就爲一切之笑，而其義遂擴張。凡六書之假借，及後世用字法之引伸，皆惰性之表現於義訓者也。其以惰性而字音生變化者，循言語學之歷史考之，則有力之硬音，常變爲無力之軟音。如我國古重脣音之一部分後變爲輕脣音，（ㄅㄆ變爲

ㄈㄇ變爲万。）舌上音之一部分今變爲舌前音是也。（ㄍㄎㄫㄏ變爲ㄐㄑㄬㄒ。）方言之歧出，大率以此爲之主因。英語中名詞之變化，動詞之變化，狀詞之變化，冠詞之變化，均已由繁趨簡，假設語氣與直叙漸歸一致，皆以此也。

右說雖分三事，而惰性又似爲其總因。摹倣與比照，亦惰性之表現耳。言語有變遷，則語法亦隨之而變。我國向來獨立華夏，比鄰民族，文化大都遠居其後，故其言語文字不易受外來之影響，因而文法亦無多大之變更，然亦未嘗絕不蒙影響也。由今論之，凡有四事。

其一　佛教輸入我國，不惟思想界大受其影響，而文字之形式，亦大有變更。例如：

金剛經云：如是我聞。

心經云：亦無無明盡，……亦無老死盡。

維摩詰所說經云：時我——世尊！——聞此，茫茫然不識是何言，不知以何答。

又云：當知！——阿難！——諸如來身，卽是法身，非思欲身。

維摩經云：爲問何生得受記乎？過去耶，未來耶，現在耶？若過去生，過去生已滅；若未來生，未來生未至；若現在生，無住。

此等句例，與向來中國之文字組織大異，可以見也。

其二　元人入主中國，多數之蒙古語，遂雜入我國語中。今試取元曲選觀之，如『兀的不』『顛不剌的』等詞觸目皆是。

其三　自清光緒甲午中日戰役以後，我國士人多往日本遊學，於是日本名詞『手續』『目的』『不經濟』等詞，輸入無限，而文句之組織亦蒙變遷之影響。如云『有……之必要』之類，皆前此所無也。

其四　最近我國文學界受西洋文學之影響，文句之組織多染橫行文字之風。如周作人君之文字，其尤著者也。今舉數例爲證。

我們不必舉古今的事實來作例證，便是直覺的也能覺到有那三峽以上的奇偉的景物的地方，當然有奇偉的文學會發生出來。（讀草堂）

這一小篇裏實在藏著非常微妙的人情，——雖然在感情變了粗暴的人們或者不能理

會。（愛羅先珂君的失明）

結果是熱度增加，天國裏終於沒有去；但是兩隻眼睛卻因此熱壞了。（同上）

沒有自己私有的工夫可以如意的處置，正是使我們的生活更爲單調而且無聊的地方。（綠洲序）

中國近代刀劍的護手，至少據我們所見，都沒有什麼裝飾。（綠洲一）

他在鄉間學校裏當理化隨後是博物的教師。（綠洲二）

見到這個布羅凡斯的科學的詩人的著作，不禁引起舊事，羨慕有這樣好書看的別國的少年；也希望中國有人來做這編纂的事業，即使在這現在的混亂穢惡之中。（同上）

右陳四變，第一事直限於佛學，第二事但見於詞曲。然第一變之遺蛻至今存在，第二變至今已不可見者，則以印度思想崇高詞有內蘊；元人本無文化，詞無內蘊，故只能流行於一時，無傳世之價故也。第三第四，貌若兩事，實即一端。蓋日本本無固有之文化，以前襲我，今則襲歐，吾國語言蒙彼之影響，實則間接受歐洲之影響耳。如前云『有……之必要』，亦彼翻譯歐文之形式耳。（有……之必要乃 To have the necessity ……之譯語。）

丁　言語之類別及國語

言語學依據語範——內範及外範——及歷史上之法則以定言語之親族關係而類別之者，因其見地不同，分類之法約有三說（一）就語範上觀察，是爲形態分類法。（二）於語範之外更察其實質，是爲統系分類法。（三）則觀察言語思想之關係，是爲心理分類法。而以形態之分類爲最通行，其法別語言爲三類，即：

一　單節語(monosyllable language)

二　關節語(agglutinative language)

三　屈折語(inflective language)

一　單節語　此種一名孤立語。(isolating language)大多數之語言，可以分析爲二部：一爲意義音，亦名語根；一爲形式音，亦名語尾。單節語之特質，語根固絕無變化，名動諸詞亦絕無語尾變化。一詞無論在文句中居何等之位置，其語形毫無變更。其詞之職分，全視其所居之位置而定。屬於此類者，爲中國，西藏，安南，暹邏，緬甸，等國語。

二　關節語　關節語之特質，在語根不變化，而以形式音附加於各詞，以表示種種之意義及文法上之關係。卽如日本語中表示名詞之格，則以『テ』『ニ』『ヲ』『ハ』表示之；動詞之語根絕無變化，而語尾則爲種種之變化，以與他詞相聯絡。屬於此種者，有日本，土耳其，琉球，朝鮮，諸國語。

三　屈折語　關節語語根與語尾各自獨立，不相融合；屈折語則不然。彼之語根與語尾各有變化，而又互相融合。屬於此種者今日歐洲諸國是也。

右述三種，亦不過大致之區別；卽欲以此三種統括今日世界所有之言語，亦有未能；以尙有多種語言不能歸入何種故也。且如中國文有介詞，卽有關節語之性質；而土耳其語中之語尾亦有與語根融合而類似屈折語者。故知上所云云：亦不過言其大較而已。

形態分類法學者之言曰：屈折語，最進化者也；關節語次之；單節語則最幼稚。蓋彼等最重視文法上之變化，以爲文法上之變化愈複雜，則其文字爲愈完備；愈簡單，則其文字爲愈幼稚。以此彼等對於變化繁複之古語如梵語，希臘語，臘丁語等備極推崇；而於吾國語，以其無文法上之變化，視爲最幼稚；甚或謂吾國語全無文法。蓋彼等幾視變化爲文法之全體矣。

形態分類之說，在一千八百五六十年間最爲盛行。然其立說之根據，乃基於偏見，故不免於獨斷。千八百八十年以後，歐洲言語學者，漸持反對之論；在現在已不能成立矣。

形態分類之說，在語言學上爲前期進化說；反對此說者爲後期進化說。後期進化說以『適應環境』與『經濟』兩條件爲標準，此則爲科學的而非如前期進化說之爲武斷的矣。前期進化說以英語之變化愈趨於簡，視爲最退化的；而後期則謂英語爲最進化的。兩說之相差，亦可以見矣。

後期進化說學者對於我國語之批評，分爲兩派：甲派之言曰：觀於英語進化之情形，可以斷定將來最進步的語言，當與中國語相似。蓋在現在語言中，中國語爲最進步的；蓋其變化期在有史以前早已經過故也。乙派之言曰：英語進化之途徑雖極分明；然其最後之進步達於何象，無從預料。至中國語則尙爲最幼稚之語言。蓋彼尙未入變化期。彼之進化，必須先經過變化繁複之一期，然後漸入於英語所經進化之境耳。主持甲派之說者，爲丹麥之葉斯丕孫 (Otto Jespersen) 教授；乙派之說，一般之語言學者皆持之。

戊　國語之緣起及其發展

我國語之緣起，有五端：

一　緣同一聲類而起　例如刻物曰『契』，破物曰『缺』，以齒切物曰『決』，切腹曰『桀』，切足曰『刖』。字形雖殊，音近而義相類似。『弗』『勿』『莫』『沒』『末』『靡』『無』『亡』『毋』『无』諸字聲並『明』母，義皆否定之辭。又上古人造字，以聲爲綱，以形爲目，凡同聲之字，多可通用。

二　緣反訓而起　初民知識渾沌，一事二面，不能精析，故吾國語言中有反訓之例；例如『亂』又訓『治』；『苦』又訓『快』；『徂』訓『往』，又訓『存』；『故』訓『舊』，又訓『今』；『離』

訓『去』，又訓『遭逢』；『夫』訓『此』，又訓『彼』之類是也。此種語言，今猶有存者；如『買賣』，『受授』，『糴糶』是也。（說詳余所著古書疑義舉例續補。）然一字兼含相反之二義，必有淆混之處。於是或取某字之聲而變其韻以表其相對或相反之義，則此意義相對或相反之二字為雙聲；例如對於『天』而言『地』，對於『古』而言『今』，對『疾』言『徐』，對『加』言『減』，對『夫』言『婦』，對『規』言『矩』，是也。與此相反，但取某字之韻而變其聲以表其相對或相反之義，則此意義相反或相對之二字為疊韻；例如對『旦』言『晚』，對『老』言『幼』，對『寒』言『暖』，對『新』言『陳』，是也。

三　緣音之長短起種種之語意　例如：『好』訓愛而不釋，動詞也；轉而為『美好』之意，則為形容詞，其音稍長矣；此以短長辨詞類也。又如『出』，短音，自出也；非自出而出之，則由入聲轉為去聲；此以短長辨詞用也。要之音容之變，所以補音之不足也。

緣懸擬而起　例如：曰思想深遠，曰度量寬宏，深所以度水，遠所以記里，寬宏所以形狀空中之器者，皆以有形形無形而懸擬之也。又如『鳳』有朋聚之性，懸之以擬朋友；『豪』有剛直之鬣懸之以擬豪傑；人呼出口氣謂之吹，借以擬風之鳴，人從阜下曰降，借以懸擬雨之降：皆其例也。

五　緣類推而起　例如：牧，牛飼也；其後羊飼馬飼亦用牧，更後撫育人之人亦用牧，（堯之四牧，後世之州牧是也。）又由牧畜擴張而稱管理者亦曰牧，（禮月令之舟牧是也。）此以約推廣也。亦有由廣趨約者，如『金』本五金之總名，有五色之別，而無五種之稱；迨後各得名稱，金之名乃爲黃金所專有矣。

上文所述，乃國語之緣起也。至於國語之發展，大抵以複合語之增加爲主。蓋思想愈趨複雜，則語言不得不增；而單節之語言，又有所限。以意義之引伸爲語言之化分，其辨甚微，斯同音異義之語甚多，而聞者又虞淆惑；故作複合語以補其缺憾。此其例，徵之左傳，亦已多矣。如成十三年左傳載呂相絕秦書云：申之以『盟誓』，重之以『婚姻』，……躬擐『甲冑』，『跋履』『山川』，『踰越』『險阻』，……『散離』我『兄弟』，『撓亂』我同盟，『傾覆』我『國家』，……又欲『闕剪』我公室，『傾覆』我『社稷』，帥我『蝥賊』，以來『蕩搖』我『邊疆』。其語今皆常用。又考諸口語單音語而變爲複合語者尤衆，此實國語發展自然之趨勢。至複合而流爲形式者，『驢兒』『枝子』添『兒』『子』等字於名詞，『前頭』『後面』附『頭』『面』等字於『前』『後』等形容詞，『屋中』『樹上』附中上等字於名詞，其數雖不多，要皆晚近國語發達日就二節以上之傾向也。

己　文法學之歷史觀

吾國舊時所謂文法，其所講述，有所謂起承轉合，謀篇布局之法者，或應爲今修辭學之所研究，有所謂神韻氣味者，則神祕之談也。若夫分析詞類，辨別詞位，如今之所謂文法學者，在周代已有其萌芽，觀春秋公羊穀梁二傳之文，可見也。今舉公羊傳之文數則爲例，其詳當另篇述之。

隱元年經云：元年春王正月。傳云：曷爲先言王而後言正月？王正月也。

按正月屬於王，故必先言王而後言正月。此謂被領位之名詞當在領位名詞之後也。

隱元年經云：九月，及宋人盟於宿。傳云：孰及之？內之微者也。

按二年經云:『公及戎盟於唐,』有公字爲主語。而此經動詞盟字上無主語,故傳發問。

桓三年經云:有年。傳云:此其曰有年何?僅有年也。彼其曰大有年何?大豐年也。

按科學之成立,其初必由於比較。上條及此條,皆公羊傳中由比較所生之問答也。上條不及被比較之事,然可以推知之;此條則顯列兩事而比較之矣。無『大』字爲僅有年,有『大』字爲大豐年。此所以明有副詞與無副詞之差別也。而以『大豐年』釋『大有年,』又可以知形容詞與副詞消息相通之故矣。

僖元年經云:邢遷於陳儀。傳云遷者何?其意也;遷之者何?非其意也。

按此亦由比較所發之問。單云『遷,』則遷爲內動詞;遷之之遷,則外動詞矣。邢遷於陳儀,由邢主動,邢之所欲也;故云其意。莊十年云:『宋人遷宿,』則宿爲被遷者,而宋爲主動之人,遷非宿之本意,故云非其意也。此發明同一動詞有內動外動兩法及其區別。

觀右諸條,傳文所言,大都精確。其他或頗有附會不當之說,然在科學初發生時,所當不免。惜無繼續精求者,此學遂致中廢耳。

舊時學者於文字有『實字』『虛字』『活字』『助字』之區別。虛實之區別，頗無定說。清初袁某著虛字說一書，其所錄爲介助諸詞，薛傳均說文答問疏證卷五云：

說文西舌貌，徐鍇繫傳云：『人舌出西西然。西爲舌貌，故卽以舌西物爲西。此古人反實字爲虛字之例也。』

薛氏謂舌出西西然之西爲實字，以西物之西爲虛字，是以形容詞爲實字，動詞爲虛字也。曾國藩答李梅生書謂『春風風人，』『夏雨雨人，』『解衣衣我，』『推食食我，』『入其門無人門焉者，』諸句中第二『風』『雨』『衣』『食』『門』字爲實字虛用，是以動詞爲虛字，雖與薛氏同，而實字則謂名詞也。薛氏有活字之名，乃指動詞而言，（見疏證卷一豐字卷三豫字下。）則又與其動詞爲虛字之說相矛盾也。（馬氏文通亦云動字與活字無別，見一卷四頁。）助字之說，更無界限。試觀劉淇助字辨略一書所錄，則代名詞，動詞，形容詞，副詞，介詞，連詞，嘆詞，皆入焉，不僅今之所謂助詞也。

清朝儒者精研小學訓詁，雖不能創造文法學，然能心知其意者，則高郵王氏念孫引之父子二人是也。惟其如此，故彼校訂古書，能怡然理順，渙然冰釋。今舉讀書雜志及經義述聞各數條於下。

讀書雜志卷之一云：

逸周書廣訓篇『力爭則力政，力政則無讓。』念孫按：政與征同。力征，謂以力相征伐。吳語曰：以力征一二兄弟之國。大戴記用兵篇曰：諸侯力政，不朝於天子，是也。孔註云：『政者，征伐之政。』則誤讀爲政事之政矣。

按孔註以『政』爲名詞，故『力政』不可通，王氏改釋爲動詞。

又卷四之八云：

漢書楚元王傳：『棺槨之麗，宮館之盛，不可勝原。』師古曰：言不可盡其本數。念孫案：師古以原爲本數，非也。原，量也，度也；言其麗盛不可勝量也。廣雅曰：量，謜，度也。謜與原古字通。

按顏註釋『原』爲『本數』，乃訓原爲本，以本字義不可通，遂增一『數』字以足其義。本數爲一名詞。王氏知此句『原』字不當爲名詞，故改釋爲動詞量度之義，而有文從字順之妙矣。

經義述聞卷十九云：

左傳隱六年商書曰：『惡之易也，如火之燎於原，不可鄉邇，其猶可撲滅！』杜解『惡之易』曰：『言惡易長。』家大人曰：杜讀『易』爲難易之『易』，而以長字增成其義，殆失之迂矣。案易者，延也；謂惡之蔓延也。大雅皇矣篇：『施于孫子，』鄭箋曰：施猶易也，延也。爾雅：弛，易也。郭注曰：相延易。

按杜釋『易』爲難易之『易』，是釋爲形容詞，故不能不增動詞『長』字以足其義。王氏知其不合，故釋爲內動詞延易之義。

又云：

九年傳：『宋公不王。』杜注曰：『不共王職。』家大人曰：諸侯見於天子曰王。王之言往也，往見於天子也。宋公不王，猶言宋公不朝。

按杜注以『王』爲名詞，而不『王』不可通，故又增字釋之而以爲『不共王職。』實於本文之外增『共』『職』二字。王氏直釋爲動詞，則不必增字矣。

又云：

十一年傳：『君與滕君辱在寡人。』杜注不解在字。引之謹按：爾雅曰：在，存也。存問之也。聘禮禮記曰：子以君命在寡君，鄭注曰：在，存也。……

按舊注無釋，王氏恐人誤以爲內動詞存在之在，故以外動詞存問之義釋之。

又云：

『寡人唯是一二父兄不能共億，其敢以許自爲功乎？』杜注曰：『共，給；億，安也；』家大人曰：杜訓共爲給，億爲安，給與安各爲一意，則文不相屬。今按共字當讀去聲，共億猶今人言相共安也。一二父兄不能共安，猶下文言寡人有弟不能和協也。

按杜訓共爲給，是以爲動詞。王氏則改釋爲副詞。

又云：桓三年：『今滅德立違。』杜注曰：『謂立華督違命之臣。』家大人曰：違，邪也。與回邪之回聲近而義同。立違，謂立姦回之臣。

按杜釋『違』爲『違命,』是以違爲外動詞。外動詞必伴賓語,故不能不於本文外增一命字。王氏改釋爲形容詞,則不必增字矣。

讀書雜志云:

莊子秋水篇井鼃不可以語於海者,拘於虛也。崔注拘於虛曰:拘於井中之空也。按崔訓虛爲空,非也。虛與墟同。廣雅曰:墟,居也。文選西征賦注引聲類曰:墟,故所居也。凡經傳言邱墟者,皆謂故所居之地。言井魚拘於所居,故不知海之大也。

觀右諸條,知前人須增字爲釋,或釋而結鞠難通者,王氏改釋之,則怡然渙然。此何故?以王氏有文法觀念故也。淸以來解釋古書者多矣,而不能盡當人意如王氏者,坐不通文法耳。今當文法大明之世,篤舊者猶詆諆文法,可謂大愚矣。

然王氏雖心知其意,猶未遑創立文法學之術語也。金壇段氏玉裁小學與王氏齊名,必知名動之分,而亦未能創立名字。彼說文注梳字下云:

器曰梳,用之理髮因亦曰梳。凡字之體用同稱如此。

其他類此之語甚多，未能以一簡括之名表之也。然精思所積，荒徑漸開，在吾國文法界中首創新名者，則朱氏駿聲其人也。朱著說文通訓定聲（卷一）云：

攻假借爲工。爾雅釋詁『攻，善也。』西周策『是攻用兵。』注：巧也。小爾雅廣詁：攻，治也。考工記『凡攻木之工七。』按猶詩『雉離于羅，』『薪是獲薪』『景行行止』『如塗塗附』『行彼周行』『載輸爾載，』『於時廬旅，』『言授之縶，以縶其馬。』儀禮『士羞庶羞，』論語『求善賈而沽諸？』皆一靜字，一動字也。

朱氏創立動字靜字之名，實爲後來馬氏文通所本。然細按彼所舉諸例，訓巧之攻爲形容詞，訓治之攻爲動詞，離動詞，羅名詞，二薪字，二行字，二塗字，二行字，二載字，二縶字，二羞字皆一動一名，廬旅一動一名，賈沽亦一動一名。然則朱云動字，固即今之動詞，而靜字則兼包名詞形容詞二事，（馬氏靜字即形容詞。）分析猶未免不精也。朱氏之後，小學家王筠亦有動字之名。說文句讀卷二十五云：

紡，網絲也。案網似借爲動字。

記曰：『嗜欲將至，有開必先，』朱王二氏精治小學，後先創動靜之名，斯馬氏之先河，不容末殺者矣。（朱氏書自序於道光十三年，（一八三三）王氏書自序道光三十年。（一八五〇））

庚　文法學之發生

科學之發生，最初必由於比較，前既言之矣。比較而後，各取其相同者爲一類，而後大類分；大類之中又細別其同異而後小類立；復有異者，仍細分之。科學之成，大都由此；其在文法，何莫不然。今據此推論，以想像文法之所由發生，法當如下：

例一

1　之

滕文公爲世子，將之△楚，過宋而見孟子。（孟子滕文公上）

有爲神農之言者許行，自楚之△滕。（同）

先生將何之△？（又告子下）

——往也爲『之』之第一類。

學而時習之，不亦悅乎？（論語學而）
栽者培之，傾者覆之。（禮記中庸）
君子依乎中庸，遯世不見知而不悔，惟聖者能之。（又）
賢士大夫有肯從我游者，吾能尊顯之。（漢書高祖紀）

與口語他字相當。爲『之』之第二類。

之子于歸，百兩御之。（詩召南鵲巢）
之人也，之德也，將磅礴萬物以爲一世蘄乎亂。（莊子逍遙游）
之二蟲又何知？（同）
公行之計，是其於主也至忠矣！（國策韓策）
異哉！之歌者非常人也。（呂覽舉難）

此也。是也。爲『之』之第三類。

之死而致死之，不仁；之死而致生之，不知。（禮記檀弓）
人，之其所親愛而辟焉。（又大學）

於也。爲『之』之第四類。

使三軍饑而居鼎旁，適爲之甑，則莫宜之此鼎矣。（呂覽應言）

類。

惟有司之牧夫。（書立政）

作其鱗之而。（周禮考工記）

天子親載耒耜，措之於參保介之御間。（禮記月令）

初，宋武公之世，鄋瞞伐宋，司徒皇父帥師禦之。耏班御皇父充石，公子穀甥爲右，司寇牛父駟乘，以敗狄於長丘，獲長狄緣斯。皇父之二子死焉。（左傳文十一年）

與也爲「之」之第五類。

玼兮玼兮，其之翟也。（詩君子偕老）

公罔之裘。（禮記射義）

介之推。（左傳僖二十四年）

鸜之鵒之，公出辱之。（又昭十五年）

語助無意義爲「之」之第六類。

2 以

何其久也？必有以也。（詩邶風旄丘）

宋人執而問其以。（列子周穆王）

太史公讀列侯至便侯，曰：有以也夫！（史記惠景侯表）

——故也。爲「以」之第一類。

視其所以，觀其所由，察其所安。（論語爲政）

可以而不可使也。（荀子性惡）

霸主將德是以，而二三之，其何以長有諸侯乎？（左傳成八年）

我辭禮矣，彼則以之。猶有鬼神，於彼加之。（又襄十年）

——用也。爲「以」之第二類。

乃孔子則欲以微罪行，不欲爲苟去。（孟子）

乃欲以一笑之故殺吾美人，不亦傎乎！（史記平原君傳）

趙氏以原屏之難怨欒氏。（左傳襄二十三年）

——因也。爲「以」之第三類。

君子不以言擧人。（論語衛靈公）

季康子問：使民敬忠以勸，如之何？（論語爲政）

賦常棣之七章以卒。（左傳襄二十年）

與也。爲「以」之第四類。

賓入大門而奏肆夏，示易以敬也。（禮記郊特牲）

對揚以辟之勤大命施於烝彝鼎。（禮記祭統）

大夫君子，凡以庶士，小大莫處，御於君所。（禮記射義引詩）

且無梁孰與無河內急？王曰：梁急。無梁孰與無身急？王曰：身急。曰：以三者，身，上也；河內，其下也。秦未索其下而王效其上，可乎？（魏策）

此也。爲「以」之第五類。

孟子自齊葬於魯，反於齊，止於嬴。充虞請曰：前日不知虞之不肖，使虞敦匠事。嚴，虞不敢請。今願竊有請也。木若以美然？（孟子公孫丑下）

甚也。太也。爲「以」之

周公之非管仲，且亦以明矣！（韓非難一）
晉陽處父聘於衛，反過甯，甯嬴從之，及溫而還。其妻問之，嬴曰。以剛。（左傳文五年）

——第六類。

于以采蘩？于沼于沚；于以用之？公侯之事。（詩召南采蘩）
于以采蘋？南澗之濱；于以采藻？于彼行潦。（又采蘋）
爰居爰處，爰喪其馬。于以求之？于林之下。（又邶風擊鼓）

——何也。為『以』之第七類。

3　上下

人倫明於上，小民親於下。（孟子滕文公上）
用下敬上，謂之貴貴；用上敬下，謂之尊賢。（同萬章下）

——指上下之地位及在其位之人。為『上』『下』之第一類。

上下怨疾。（左傳昭二十年）
君子不欲多上人。（左傳桓五年）

——勝也。

上山求魚。（易林）

——登也。為『上』『下』之第

慮以下人。（論語顏淵）讓也。——二類。

上其手，下其手。（左傳襄二十六年）

君子上交不諂，下交不瀆。（易）使上下也。

君子上達，小人下達。（論語憲問）

敏而好學，不恥下問，是以謂之文也。（又公治長）

鳶飛戾天，魚躍于淵，言其上下察也。（禮記中庸）

向上向下之義為『上』『下』之第三類。

是以君子惡居下流。（論語子張）

蓋上世常有不葬其親者。（孟子滕文公上）

上士倍中士，中士倍下士。（又萬章下）

『在上之』『在下之』之義為『上』『下』之第四類。

4　與

一曰征，二曰象，三曰與，四曰謀。（周禮春官太卜）後鄭云：「與，謂所與共事。」

陶誕比周以爭與（荀子彊國）
不欺其與（又王霸）
羣臣連與成朋，非毀宗室。（漢書燕王旦傳）

——一共事之人，或黨與之義。為『與』之第一類。

冉子與之粟五秉。（論語雍也）——給也。
吾與汝，弗如也。（同公治長）——許也。
一與一，誰能懼我？（左傳襄二十五年）——當也。
聞子皮之甲不與攻己也，喜曰：子皮與我矣。（同襄三十年）——黨也，助也。

——為『與』之第二類。

帝者與師處，王者與友處，霸者與臣處，亡國與役處。（燕策）
諸君子皆與驩言，孟子獨不與驩言。（孟子離婁下）
蛤蟹珠龜，與月盛衰。（淮南子地形訓）
夫子之言性與天道，不可得聞也。（論語公治長）

——與口語和字相當。為『與』之第三類。

子謂顏淵曰：用之則行，舍之則藏，惟我與爾，有是夫！（又述而）
子罕言利與命與仁。（又子罕）
——及也。爲『與』之第四類。

賂外嬖梁五與東關嬖五。（左傳莊二十八年）
其人能靖者與有幾？（左傳僖二十三年）
是盟也，其與幾何！（又襄二十九年）
若壅其口，其與能幾何？（國語）
——語助，無義。爲『與』之第五類。

5　已

令尹子文，三仕爲令尹，無喜色；三已之，無慍色。（論語公冶長）
已而已而，今之從政者殆而！（又微子）
病旋已；（史記倉公傳）
——止也。爲『已』之第一類。

食已乃還致詔。（漢書王尊傳）
老父已去，高祖適從旁舍來。（史記高祖紀）
田生已得金，卽歸齊。（又荊燕世家）
列侯畢已受封。（又蕭何世家）

既也。爲『已』之第二類。

已而不知其然謂之道。（莊子齊物論）
已而爲知者，殆而已矣。（又養生主）
已雖無除其患，天地之間，六合之內可陶冶而變化也。（淮南子道應訓）

此也。爲『已』之第三類。

公定，予往已。（書洛誥）
生事畢而鬼事始已。（禮記檀弓）

助句，無義。爲『已』之第四類。

已！予惟小子。（書大誥）
已！女惟小子？（又康誥）

歎聲，無義。爲『已』之第五類。

已我安逃此而可？（莊子庚桑楚）

6 斯

墓門有棘，斧以斯之。（詩陳風）

趙孟見桑下餓人，與之脯一朐，曰：斯食之！（呂覽報庚）析也

華胥氏之國不知斯齊國幾千里。（列子）

析也，離也。爲『斯』之第一類。

魯無君子者，斯焉取斯！（論語公冶長）

有美玉於斯。（同子罕）

杜蕢入歷階升，酌曰：曠飲斯！又酌曰：調飲斯！（禮記檀弓）

此也。獨立用爲『斯』之第二類。

杖者出，斯出矣。（論語鄉黨）

我欲仁，斯仁至矣。（同述而）

所謂立之斯立，道之斯行，綏之斯來，動之斯和。（同子張）

恩斯勤斯，鬻子之閔斯。（詩）

則也，乃也。爲『斯』之第三類。

二爵而言言斯。（禮記玉藻）
色斯舉矣。翔而後集。（論語鄉黨）

語助，無義。爲「斯」之第四類。

斯人也而有斯疾也！（論語雍也）
斯子也，必多曠於禮矣夫。（禮記檀弓）

此也，非獨立用。爲「斯」之第五類。

7 爲

爾爲爾，我爲我。雖袒裼裸裎於我側，爾焉能浼我哉！（孟子公孫丑上）
桀溺曰：子爲誰？曰：爲仲由。（論語微子）

與是字相當。爲「爲」之第一類。

曷爲先言王而後言正月？王正月也。（公羊傳隱元年）
天子爲兄弟之故，不忍。（史記五宗世家）
吾所以有大患者，爲吾有身。（老子）

因也。「爲」之第二類。

克告於君，君爲來見也。（孟子梁惠王下）

盧綰妻子亡降漢，會高后病，不能見，舍燕邸，爲欲置酒見之。高后竟崩，不得見。（史記盧綰傳）

將也。爲『爲』之第三類。

單于愛之，詳許甘言，爲遣其太子入漢爲質。（史記匈奴傳）

爲此行也，荆敗我，諸侯必叛之。（晉語）

爲臣死乎，君必歸之楚而寄之。（管子戒篇）

爲我死，王則封女，女必無受利地！（列子說符）

如也，若也。爲『爲』之第四類。

重丘人閉門而詢之，曰：親逐爾君，爾父爲厲，是之不憂，而何以田爲？（左傳襄十七年）

亡人得生，又何不來爲？（楚語）

兩君合好，夷狄之民何爲來爲？（穀梁傳定十年）

助句，無義。爲『爲』之第五類。

8　則

伐柯伐柯，其則不遠。（詩豳風伐柯）

天生烝民，有物有則。（又大雅烝民）

抑抑威儀，維民之則。（又抑）

模法也。爲『則』之第一類。

故舊不遺，則民不偷。（論語泰伯）

是故財聚則民散，財散則民聚。（禮記大學）

仁則榮，不仁則辱。（孟子公孫丑上）

與口語『便』字相當。爲『則』之第二類。

河出圖，洛出書，聖人則之。（易繫辭）

行父還觀莒僕，莫可則也。（左傳文十八年）

則后稷之烈。（鹽鐵論）

效法也。爲『則』之第三類。

各詞因其用法之不同，既各得若干類，總爲四十類如此。（之字六類，以字七類，上下字四類，與字五類，已字五類，斯字五類，爲字五類，則字三類。凡四十類。）然此四十類，雖字異而義不同，然其抽象的用法不能全然相異也。於是

『以』之第一類（故）

『上』『下』之第一類（上下之地位或在其他位之人）
『與』之第一類（共事之人或黨與）
『則』之第一類（模法）
——皆所以指各人與事物者，爲詞之第一種。

『之』之第二類（他）
『以』之第七類（何）
『已』之第三類（此）
『斯』之第二類（此）
——皆所以代指事物者，爲詞之第二種。

『之』之第一類（往）
『以』之第二類（用）
『上』『下』之第二類（勝，登，讓。）
『與』之第二類（給，許，當，助。）
『已』之第一類（止）
——皆所以表示行動，爲詞之第三種。

『斯』之第一類（析，離。）
『爲』之第一類（是）
『則』之第三類（效法）
『之』之第三類（此）
『以』之第五類（此）
『上』『下』之第四類（在上的，在下的。）
『斯』之第五類（此）

皆不獨立用，而用以區別第一種指明事物之詞者，爲詞之第四種。

『以』之第六類（太，甚。）
『上』『下』之第三類（向上，向下。）
『已』之第二類（旣）
『爲』之第三類（將）

用以修飾第三種或第四種之詞者，爲詞之第五種。

『之』之第四類（於）

「以」之第三類（因）
「與」之第三類（和）
「爲」之第二類（因）
「之」之第五類（與）
「以」之第四類（與）

皆提絜第一種之詞，以修飾第三種之詞者，爲詞之第六種。

「與」之第四類（及）
「斯」之第三類（則）
「爲」之第四類（如）
「則」之第二類（便）

皆用以連絡詞或句者。爲詞之第七種。

「之」之第六類
「與」之第五類
「已」之第四類

皆用以輔助語句，本身無意義。爲詞之第八種。

『斯』之第四類
『爲』之第五類
『已』之第五類

一種發聲，亦無意義，然與第八種無意義者異，故獨爲一種。此爲詞之第九種。

種別既定，於是各用一至簡括之名稱以表示之，於是得九種詞之名稱如下：

第一種　名詞
第二種　代名詞
第三種　動詞
第四種　形容詞
第五種　副詞

第六種　介詞

第七種　連詞

第八種　助詞

第九種　嘆詞

此詞類之所由成立也。每一詞類又細分爲各小類。其方法準此。

例二

1　仁者安人；智者利人。（論語里仁）

2　人潔己以進。（論語述而）

3　人不知而不慍，不亦君子乎！（論語學而）

4　言人之不善當如後患何？（孟子離婁下）

5　人能充無受爾汝之實，則義不可勝用也。（孟子盡心下）

6　人之言曰：爲君難，爲臣不易。（論語子路）

7 夫子循循然善誘人。（論語子罕）

8 爲人謀，而不忠乎？（論語學而）

9 晏平仲善與人交。（論語公冶長）

10 不以人廢言。（論語衞靈公）

11 匿怨而友其人。（論語公冶長）

12 在陋巷，人不堪其憂。（論語雍也）

13 女得人焉爾乎？（又）

14 人之生也直。（又）

15 誨人不倦。（論語述而）

16 丘也幸，苟有過，人必知之。（又）

17 己所不欲，勿施於人。（論語顏淵）

18 節用而愛人。（論語學而）

19 夫子之求之也，其諸異乎人之求之與。（論語學而）

20 不患人之不己知。（論語憲問）

右人字之例句凡二十。細觀其位置，則亦有別：

2 人潔己以進。

3 人不知。

5 人能充無受爾汝之實。

12 人不堪其憂。

16 人必知之。

皆以「人」字爲主題而就以言事，爲第一種。

1 仁者安人；知者利人。

7 夫子循循然善誘人。

8 爲人謀。

9 善與人交。

10 不以人廢言。

11 匿怨而友其人。

13 汝得人焉爾乎。

15 誨人不倦。

17 勿施於人。

19 節用而愛人。

人字皆在動詞或介詞之下，受其管制，與第一種不同，爲第二種。

4 言人之不善。

6 人之言曰。

14 人之生也直。

19 其諸異乎人之求之與。

20 不患人之不己知。

人字皆在『之』字之上，其『之』字之下另有一詞屬之。與第一第二種皆不同，是爲第三種。

一名詞之位置不相同如此，於是亦各立一簡括之名稱以表示之。於是

第一種爲　名詞之主位。

第二種爲　名詞之賓位。

第三種爲　名詞之領位。

此則名詞三位之所由成立也。

例三

1　寡人好貨。（孟子梁惠王下）

2　客何好？（史記孟嘗君傳）

1首主語，次動詞好，次賓語；而2則首主語，次賓語，次動詞好；位次不同。由比較而懷疑，此必然之勢也。於是更觀他例：

1　客何事？（史記）

2　吾何修而可以比於先王觀也？（孟子梁惠王下）

3　夫何憂何懼？（論語顏淵）

4 客何爲者也？（史記平原君傳）

5 樊遲曰：何謂也？（論語）

6 有是三者，何鄉而不濟？（左傳昭四年）

7 生揣我何念？（史記陸賈傳）

8 夫子所論，欲以何明。（史記自序）

9 夫何恃而傲？（釋言）

10 何憚而不爲此？（漢書賈誼傳）

11 終南何有？有條有枚。（詩秦風終南）

由此可以知『何』字爲外動詞之賓語，必居外動詞之前，非僅與動詞『好』字連用時如此。然『何』以外之字則何如，則又觀他例：

誰　寡人有子，未知其誰立焉。（左傳閔二年）

朕非屬趙君，當誰任哉？（史記趙高傳）

吾誰欺？欺天乎！（論語子罕）

孰　王者孰謂？謂文王也。（公羊傳隱元年）

奚　衞君待子而爲政，子將奚先？（論語子路）

問臧奚事，則挾策讀書；問穀奚事，則博簺以遊。（莊子駢拇）

由此可知凡疑問代名詞爲外動詞之賓語，必居外動詞之前，不僅『何』字爲然。然則此規則之所由成立也。試又觀疑問代名詞爲介詞所介紹，則何如：

何　何由知吾可也？（孟子梁惠王上）

誰　誰爲爲之？（史記自序）

誰與嬉遊？（韓文）

孰　孰從而問之？（韓文）

奚　晨門曰：奚自？（論語微子）

由之瑟奚爲於丘之門？（論語先進）

水奚自至？（呂氏春秋貴直）

曷 曷爲先言王而後言正月？（公羊傳隱元年）

夫畚曷爲出乎閨？（公羊傳宣六年）

胡 胡爲乎泥中？（詩邶風式微）

惡 君子去仁，惡乎成名？（論語里仁）

由此可知疑問代名詞爲介詞之賓語時，亦當在介詞之前。綜合上二事，可知疑問代名詞爲賓語時，不論爲外動詞之賓語或介詞之賓語，必先置。試又觀：

于何從祿？（詩小雅正月）

彼人之心，于何其臻？（又菀柳）

于何不臧？（又十月之交）

吾于何逃聲哉？（列子湯問）

民衣霧，主吸霜，間可倚杵于何藏？（易緯是類謀）

于何　於何

異類衆夥，于何不育？（左太沖蜀都賦）
四海之議，於何逃責？（任彥昇爲齊明帝讓宣城郡公表）
於何考德而問業焉？（韓文）

推誠永究，爰何不藏？（漢書外戚傳）——爰何

所謂伊人，于焉逍遙？（詩小雅白駒）
所謂伊人，于焉嘉客？（又）——于焉

伊于胡底？（又小旻）——于胡

于以采蘩？于沼于沚；于以采藻？于彼行潦。（詩召南采蘩）
于以采蘋？南澗之濱。（又采蘋）
于以湘之？惟錡及釜；于以盛之？惟筐及筥。（又）
于以求之？于林之下。（又邶風擊鼓）——于以

由此又可知凡疑問代名詞爲介詞『于』字『於』字之賓語時，必在『于』『於』之後，

爲一絕對嚴確之例外。此例外爲余與胡君適之討論詩經『于以』時所發見，可謂之『原則的例外，例外的原則。』（討論詩經『于以』書二通見拙著詞詮附錄內。）

此法果名何法？所謂歸納法是也。科學之成，大抵由於此法。吾人繼此研究國文法，亦當以此法爲主。國文法之研究，方在初期，當尙有若干通則待吾人之發見耳。

其他研究國文法次要之方法有二：一爲比較的研究法，一爲歷史的研究法。今取胡君適之之言以實吾書。

1 比較的研究法　比較研究法，可分作兩步講。

第一步，積聚些比較參考的材料，越多越好。在文言文的文法學上，這種材料可分做三類：

1 中國各地口語的文法。

2 東方古今語言的文法，如滿蒙文法，梵文法，日本文法等。

3 西洋古今語言的文法，英文法，德文法，法文法，希臘拉丁文法等。

第二步，遇著困難的文法問題時，我們可尋思別種語言裏有沒有同類或大同小異的法。若有這種類似的例，我們便可拿他們的通則來幫助解釋我們不能解決的例句。若沒有比較參考的材料，處處全靠我們從事實裏擠出一些通則來，那就眞不容易了。譬如前面我所舉的『吾我』的例，那便是沒有參考的材料的緣故。故有了參考比較的文法資料，一個中學堂的學生可以勝過許多舊日的大學問家。反過來說，若沒有參考比較的文法資料，大學問家俞樾有時候反不如今日的一個中學生。

2　歷史的研究法　從孔子到孟子的二百年中間，文法的變遷已就很明顯了。孔子稱他弟子爲『爾汝』，孟子便稱『子』了。孔子時代用『斯』，孟子時代便不用了。陽貨稱孔子用『爾』，子夏曾子相稱亦用『爾汝』，孟子要人『充無受爾汝之實』可見那時的『爾汝』已變成輕賤的稱呼了。顧亭林日知錄云：

論語之言『斯』者七十，而不言『此』。檀弓之言『斯』者五十有二，而言『此』者一而已。大學成於曾氏之門人，而一卷之中言『此』者十九，語言輕重之間，世代之別，從可知矣。

歷史的研究法，可分作兩層說。

第一步，舉例時，當注意每個例發生的時代。每個時代的例排在一處，不可把論語的例歐陽修的例排在一處。

第二步，先求每一個時代的通則，然後把各時代的通則互相比較。

甲　若各時代的通則是相同的，我們便可合爲一個普遍的通則。

乙　若各時代的通則彼此不同，我們便應該進一步，研究各時代變遷的歷史，尋出沿革的痕跡和所以沿所以革的原因。

歸納法是基本方法，比較法是幫助歸納法的，是借給我們假設的材料的，歷史的研究法是用時代的變遷一面來限制歸納法，一面又推廣歸納法的效用，使他組成歷史的系統。（胡適文存卷三）

第二章 名詞

子 名詞之種類

一 獨有名詞 馬氏名本名。 如孔丘 長沙 漢 開元 黃河等。

二 公共名詞 馬氏名公名。 如人 鳥 橋 屋等。

三 物質名詞 馬氏無。 如酒 水 空氣 木 布帛等。

四 集合名詞 馬氏無。 如師 旅 民族等。

五 抽象名詞 馬氏名通名。 如道德 學問 是非等。

丑 名詞之三位

一 主位 馬氏名主次。

例　仲尼祖述堯舜。（禮記中庸）

二　賓位　馬氏名賓次。

例　叔孫武叔毀仲尼（論語子張）（外動詞之賓語）

顏回聞道於仲尼（介詞之賓語）

三　領位　馬氏名偏次。

例　仲尼之徒，無道桓文之事者。（孟子梁惠王上）

馬氏立正次之名以與偏次相對，今名爲被領位，不列於三位之後者，以被領位但對於領位而設此稱。若在句中，彼不在主位，卽在賓位故也。

一　凡呼人時被呼之名，爲在主位。

夫差！爾忘越人之殺而父乎？（左傳定十四年）

賜也！非爾所及也！（論語公冶長）

按『夫差』『賜』皆在主位。

二　凡爲副詞之名詞，爲在賓位。

今日割五城，明日割十城。（蘇洵六國論）

權使其士，虜使其民。（史記魯仲連傳）

按『今日』『明日』，『權』『虜』四詞皆在賓位。此種副詞之所以爲在賓位者，以此等本副詞語之省略。『今日』『明日』上本有介詞『於』字，『權』『虜』上本當有介詞『以』字。諸詞本各爲其介詞之賓語，今介詞雖省去，而其詞爲在賓位猶自若也。近日文法書多有別立『副格』之名者，乃不明原理者之所爲耳。

三　凡補足語，補足主語者爲在主位，補足賓語者爲在賓位。

亞父者，范增也。（史記項羽本紀）

梁父卽楚將項燕。（同）

按『范增』『項燕』兩名詞，所以補足主語『亞父』及『梁父』者，故皆在主位。

楚人謂乳穀，謂虎於菟。（左傳）

謂其臺曰靈臺，謂其沼曰靈沼。（孟子梁惠王上）

『穀』字補足『乳』字，『於菟』補足『虎』字，『靈臺』補足『臺』字，『靈沼』補足『沼』字，『乳』『虎』『臺』『沼』諸字皆賓語，故補足之之詞皆在賓位。

四　凡爲加詞之名詞，視其被加之詞之位爲位。

右丞相陳平患之。（史記陸賈傳）

侍中樂陵侯高帷幄近臣。（漢書黃霸傳）

名詞『右丞相』爲加詞，加於『陳平』之上。『侍中』『樂陵侯』二名詞爲加詞，加於『高』之上。『陳平』『高』二詞在主位，故『右丞相』『侍中』『樂陵侯』三詞亦在主位。

項王乃謂海春侯大司馬曹無咎曰：謹守成皋！（史記項羽本紀）

括嘗與其父奢言兵事。（史記廉頗傳）

『海春侯』『大司馬』二名詞爲加詞，加於『曹無咎』之上。名詞『父』加於『奢』

之上。『曹無咎』『奢』在賓位，故『海春侯』『大司馬』『父』三詞皆在賓位。

秦之所惡，獨畏馬服君趙奢之子趙括爲將耳。（史記廉頗傳）

乃求爲丞相文信侯呂不韋舍人。（又李斯傳）

名詞『馬服君』爲加詞，加於『趙奢』之上。『丞相』『文信侯』二名詞爲加詞，加於『呂不韋』之上。『趙奢』『呂不韋』在此文中爲領位，故『馬服君』『丞相』『文信侯』三名詞亦在領位。

寅　名詞之通假

A　用獨有名詞爲公共名詞

在於王所者，長幼卑尊皆薛居州也，王誰與爲不善？在王所者，長幼卑尊皆非薛居州也，王誰與爲善？一薛居州，獨如宋王何？（孟子滕文公下）

周孔數千，無所復角其聖；賁育百萬，無所復售其勇矣。（仲長統昌言）

『辟居州』『周』『孔』『賁』『育』皆獨有名詞此用爲公共名詞。

B　抽象名詞之來源

一　來自形容詞

甲　性態形容詞

天之蒼蒼；其正色邪！（莊子逍遙遊）

白馬之白也，無以異於白人之白也。（孟子告子）

天之高也，星辰之遠也，苟求其故，千歲之日至可坐而致也。（孟子離婁下）

乙　數量形容詞

士之二三；猶喪妃耦，而況霸主！（左傳）

道生一；一生二；二生三；三生萬物。（老子）

天得一以淸，地得一以寧。（又）

二　二來自動詞

夫易彰往而知來（易繫辭）

與其進也，不與其退也。（論語述而）

樂民之樂者民亦樂其樂，憂民之憂者民亦憂其憂。（孟子梁惠王下）

有不虞之譽，有求全之毀。（又離婁上）

卯　名詞之省略（凡省略之處以口表之）

甲　省在主位之名詞

楚人爲食，吳人及之口口奔，口口食而從之。（左傳定四年）

本當云『楚人奔，吳人食而從之，』承上省去。

大都，不過三國之一，中口五口之一；小口，九口之一。（左傳隱元年）

本當云『中都』『小都，』承上省略。『五』『九』下又各省去領位名詞國字。

旦日客從外來口與坐談，問之客曰：『吾與徐公孰美？』（齊策）

本當言『忌與坐談』『忌』字省去。

今郤伯之語犯，叔□□迂，季□□伐。（國語周語下）

乙　省在賓位之名詞

景公問於晏子：治國何患？對曰：患夫社鼠。夫國亦有□□焉，人主左右是也。（晏子春秋）

本當云：夫『國亦有社鼠』承上省去。下文云：『夫國亦有猛狗，用事者是也；』『猛狗』二字卽不省。

丙　省在領位之名詞

君羔䄏虎犆，大夫齊車；□鹿䄏豹犆，□□朝車；（禮記玉藻）

俞樾云：此言人君羔䄏虎犆之車，爲大夫之齊車；人君鹿䄏豹犆之車，爲大夫之朝車也。『鹿䄏』上亦當有『君』字，『朝車』上亦當有『大夫』字，承上而省也。

剽姚校尉去病斬單于大父行籍若侯產，生捕□□季父羅姑比。（史記衞青傳）

按季父亦單于之季父也。不言者，承上省。

丁　省在被領位之名詞

其南爲丈夫口，北爲女子喪。（史記天官書）

方進雖受穀梁，然好左氏傳天文星歷。其左氏，則國師劉歆口，星歷則長安令田終術師也。（漢書翟方進傳）

第三章　代名詞

甲　代名詞之種類

一　人稱代名詞　『我』『爾』『汝』『彼』等

二　指示代名詞　『此』『彼』『斯』『之』『其』等

三　疑問代名詞　『誰』『孰』『何』等

四　複牒代名詞　『者』

一　人稱代名詞

A　自稱

壹　古書中之自稱代名詞

子　朕

皋陶曰：朕言惠。（書皋陶謨）

朕皇考曰伯庸。（離騷）

按蔡邕獨斷云：朕，我也。古者尊卑共之，貴賤不嫌，則可同號之義也。秦始皇二十六年，制定朕爲天子自稱，後世因而不改。

丑　台

祗台德先。（書禹貢）

僞孔傳云：台，我也。

非台小子敢行稱亂。（又湯誓）

馬注云：台，我也。

朝夕納誨以輔台德。（又說命）

寅　卬

肆予沖人不卬自恤。（書大誥）

肆予曷敢不越卬敉寧王大命？（又）

人涉卬否，卬須我友。（詩邶風匏有苦葉）

卬烘於煁。（又小雅白華）

卬盛於豆。（又大雅生民）

書釋文及小爾雅廣言後漢書張衡傳注云：『卬，我也。』

卬　身

魯人從君戰，三戰三北。仲尼問其故。對曰：吾有老父，身死，莫之養也。（韓非子五蠹）

王令三將軍爲臣先，曰：『視卬如身。』是重臣也。（呂氏春秋應言）

按卬謂孟卬。

不身自恤。（漢書翟方進傳）

按爾雅釋詁云：『身，我也。』漢書所載爲莽誥，襲書大誥句法。

先主使飛將二十騎拒後。飛據水斷橋，瞋目橫矛曰：『身是張翼德也！可來共決死！』敵皆

無敢近者。（三國志張飛傳）

按郭注爾雅云：今人亦自呼爲身。

辰　予

予既烹而食之。（孟子萬章上）

神明詔告，屬予以天下兆民。（漢書王莽傳上）

予甚祗畏，敢不欽受？（又）

巳　余

余，而所嫁婦人之父也。（左傳成二年）

余言女於君。（又昭二十一年）

公若欲使余，余不可而扶余。（又昭二十五年）

午　臣

臣，市井鼓刀屠者，而公子親數存之。（史記魏公子傳）

按此及下『僕』『走』皆謙稱。古人臣字爲通稱，後世始專爲對君之稱。

末 走

走雖不敏，庶斯達矣。（張衡東京賦）

按小爾雅廣言云：走，我也。

申 僕

僕雖不敏，亦嘗奉教於君子矣。（太史公報任安書）

按漢書高帝紀云：『始大人嘗以臣亡賴，不能治產業，不如仲力。今某之業所就孰與仲多？』又楚元王傳云：『高祖曰：某非敢忘封之也，爲其母不長者。』又王莽傳云：『赤帝行璽某傳予黃帝金策書。』三某字乃史家避諱改稱，非人可自稱某也。

貳 自稱人稱代名詞之音系

1 『吾』『我』『卬』三字舊皆屬疑母。

2 『台』『余』『予』三字舊皆屬喻母，古音蓋當屬定母。

3『朕』舊屬澄母，『身』舊屬審母，古音蓋當屬端定母。

按謙稱不入系。

叁　我之擴張用法

生而有文在其手，曰：『爲魯夫人』故仲子歸於我。（左傳隱元年）

勍敵之人，隘而不列，天贊我也。（又僖二十二年）

按我，子魚謂宋國。

我能往，寇亦能往。（又文十六年）

齊師伐我北鄙。（春秋襄十八年）

我指魯國。

按漢書敍傳如淳注：『台，我也；我國家也。』按我字本義但指自身，故說文云：『我，施身自謂也。』而擴張用之，則指一國；戰陳之時，則指己師。是爲我字擴張用法。

肆　我字用於領位表親愛

子曰：述而不作，信而好古，竊比於我老彭。（論語述而）

按老彭非孔子一人之老彭，然言我者，親之之詞也。古人稱人爲「吾子」，亦相親之詞。鄭注儀禮士冠禮云：「吾子，」相親之辭。子，男子之美稱。蓋古人稱「吾子，」猶今人稱「我公」矣。

伍　我字作己字用

萬物皆備於我矣。反身而誠，樂莫大焉！（孟子盡心上）

楊子取爲我；拔一毛而利天下，不爲也。（又）

趙注云：爲我，爲自己也。

其子下車牽馬，父推車，請造父助我推車。（韓非子外儲說右下）

孝惠爲人仁弱，高祖以爲不類我；常欲廢太子，立戚姬子如意。如意類我。（史記呂后本紀）

諸公要人爭欲令出我門下，交口薦譽之。（韓愈柳子厚墓誌）

陸　吾我作領位其字用

孔子至舍，哀公館之，聞斯言也，言加信，行加義，終沒吾世，不敢以儒爲戲。（禮記儒行）

莊周終身不仕，以快吾志焉。（史記老子韓非傳）

宛貴人以爲昧蔡善諛，使我國遇屠，乃相與殺昧蔡。（又大宛傳）

君平卜筮於成都市，以爲卜筮者賤業，而可以惠衆人。有邪惡非正之問，各因勢導之以善，從吾言者，已過半矣。（漢書王貢兩龔鮑傳）

柒　古書中連用兩自稱代名詞之例

人涉卬否，卬須我友。（詩邶風匏有苦葉）

卬主位；我，領位。

善爲我辭焉！如有復我者，則吾必在汶上矣。（論語雍也）

二三子以我爲隱乎？吾無隱乎爾。（又述而）

太宰知我乎！吾少也賤，故多能鄙事。（又子罕）

吾有知乎哉？無知也！有鄙夫問於我，空空如也，我叩其兩端而竭焉。（又子罕）

夫召我者，而豈徒哉！如有用我者，吾其爲東周乎！（又陽貨）

伐我，吾求救於蔡而伐之。（左傳莊十年）

今者吾喪我。（莊子齊物論）

吾與汝兄善，今兒迺毀我。（漢書爰盎傳）

以上諸例，吾字皆居主位，我字皆居賓位。惟論語第五例第二我字居主位。

予惟往求朕攸濟。（書）

予居主位。朕居領位。

越予沖人，不卬自恤。（又大誥）

肆予曷敢不越卬敉寧王大命？（又）

予居主位，卬居賓位。

今予動吾天機而不知其所以然。（莊子秋水）

予居主位，吾居領位。

我張吾三軍而被吾甲兵。（左傳桓六年）

我善養吾浩然之氣。（孟子公孫丑上）

彼以其富，我以吾仁；彼以其爵，我以吾義。（又公孫丑下）

以上三例，『我』居主位，『吾』居領位。

相國爲民請吾苑，不許，我不過爲桀紂；而相國爲賢相。吾故繫相國，欲令百姓聞吾過。（漢書蕭何傳）

『我』居主位，『吾』居賓位。惟第二吾字居主位。

B　對稱

一　古書中之對稱代名詞

子　若

五侯九伯，若實征之，以夾輔王室。（史記齊太公世家）

若歸，試私從容問而父！（又曹相國世家）

若△雖長大，好帶刀劍，中情怯耳！（又淮陰侯傳）

大宛見騫，喜，問曰：若△欲何之？（又大宛傳）

比若△，還北軍必敗矣。（後漢書彭寵傳）

我將立若△爲後。（史記衞世家）

成王與叔虞戲，削桐葉爲珪，以與叔虞，曰：以此封若△。（又晉世家）

吾翁即若翁△。（又項羽本紀）

我，康叔也。令若△子必有衞。（又衞世家）

丑　女

女△爲君子儒，毋爲小人儒！（論語雍也）

女△爲惠公來求殺余，命女△三宿，女△中宿至。（左傳僖二十四年）

人奪女△妻而不怒，一抶女△，庸何傷？（又文十八年）

與女△約，過女△，女△給人馬酒食。（史記陸賈傳）

寅　而

嗟爾朋友；予豈不知而作！？（詩大雅桑柔）

箋云：而猶女也。

余，而所嫁婦人之父也。（左傳成二年）

而先皆季氏之良也。（又定八年）

且而與其從避人之士也，豈若從避世之士哉！（論語微子）

必欲烹而翁，則幸分我一杯羹！（史記項羽紀）

呂后眞而主矣！（又留侯世家）

若歸，試私從容問而父。（又曹相國世家）

按『而』多用於領位。章炳麟新方言云：蘇州謂『女』爲『而』，音如耐，亦與今言『乃』近。按耐從而聲，而古音本如耐。

卯　爾

子貢欲去告朔之餼羊。子曰：爾愛其羊，我愛其禮。（論語八佾）

以吾一日長乎爾，毋吾以也！如或知爾，則何以哉？（又先進）

爾無我詐，我無爾虞。（左傳成元年）

爾來何遲也？（禮記檀弓）

智，譬則巧也；聖，譬則力也。由射於百步之外也。其至，爾力也；其中，非爾力也。（孟子萬章下）

辰　乃　迺

余嘉乃德。（書微子之命）

古我先王暨乃父胥及逸勤。（又盤庚）

王曰：舅氏！余嘉乃勳。（左傳僖十二年）

呂后復問其次。上曰：此後亦非乃所知也。（漢書高帝紀）

必欲烹乃翁，幸分我一杯羹。（又項羽傳）

今欲發之，乃能從我乎？（又翟義傳）

且所給備善則已；不備善而苦惡，則候秋熟，以馬馳蹂迺稼穡也。（又匈奴傳）

巳　戎

戎雖小子，而式弘大。（詩大雅民勞）

箋云：戎猶女也。式，用也。弘猶廣也。今王女雖小子自遇，而女用事於天下甚廣大也。

戎有良翰。（又崧高）

箋云：戎猶女也。翰，幹也。言女乎有善君也。

纘戎祖考，王躬是保。（又烝民）

纘戎祖考，無廢朕命！（又韓奕）

幹不庭方，以佐戎辟。（又）

肇敏戎公。（又江漢）

毛傳云：肇，謀；敏，疾。箋云：今謀女之事乃有敏德。按章炳麟云：今江南浙江濱海之地，謂女爲『戎』，音如『農』。古音『日』紐歸『泥』，此音猶本於古。

將子無怒！（詩衞風氓）

公曰：吾不能早用子；今急而求子，是寡人之過也。然鄭亡，子亦有不利焉。（左傳僖三十年）

衞君待子而爲政，子將奚先？（論語子路）

亦以新子之國。（孟子滕文公上）

按子以下皆敬稱。

或問乎曾西曰：吾子與子路孰賢？（孟子公孫丑）

吾子以爲奚若？（莊子）

未　公

上謂袁盎曰：吾不聽公言，卒亡淮南王。（史記淮南王傳）

王曰：苟如公言，不可僥幸邪？（又）

公列九卿，不早言之，公與之俱受其僇矣。（又汲黯傳）

申　君

君薄淮陽邪？吾今召君矣！顧淮陽吏民不相得，吾徒得君之重，臥而治之。（史記汲黯傳）

酉　夫子

夫子固拙於用大矣。（莊子逍遙遊）

仲尼答葉公子高曰：夫子其行可矣！（又人間世）

戌　卿

卿以爲奚如？（史記虞卿傳）

亥　先生

楚襄問宋玉曰：先生其有遺行與？何士民衆庶不譽之甚也？（楚策）

秦王曰：先生何以幸教寡人？（史記范雎傳）

二　對稱代名詞之音系

1　『若』『女』『戎』『爾』『而』五字舊屬日母。

2 乃舊屬泥母。

章太炎云：『日』母之字，古音歸『泥』母。然則『若』『女』『爾』『而』古音與『乃』字聲母同，在古音實只一系也。又按敬稱不入系。

三　爾汝表輕賤或親愛

『禹告舜曰：「安汝止！」（按見臯陶謨。鄭君云：安汝之所止，無妄動，動則擾民。）伊尹告太甲，呼爾者四，呼汝者三。箕子戒武王陳洪範，呼汝者十有三。金縢呼三王爲爾者六。召誥呼汝者七。立政呼爾者二，詩卷阿呼爾者十三，又民勞「王欲玉汝。」古君臣尚質，不加嫌忌。孟子盡心下篇云：「人能充無受爾汝之實，則義不可勝用也。」此可知孟子時爾汝二字已爲輕賤之稱。魏書陳奇傳云：「游雅常衆辱奇，或爾汝之。」隋書楊伯醜傳：「見公卿，不爲禮；無貴賤，皆汝之。」亦以爾汝爲輕賤之稱』。然輕賤之稱，往往兼含親愛之意。例如：

禰衡與孔融爲爾汝交。（文士傳）

忘形到爾汝（杜詩）

四　古書中連用兩對稱代名詞之例

曾子怒曰：商！汝何無罪也！吾與汝事夫子於洙泗之間，汝退而老於西河之上，使西河之民疑汝於夫子，爾罪一也；喪爾親，使民未有聞焉，爾罪二也；喪爾子，喪爾明，爾罪三也。而曰汝何無罪歟！（禮記檀弓）

此例爾汝二字並用，汝用於主位與賓位，爾用於領位。

若纂乃祖服。（禮記祭統）

注云：若乃，猶女也。若在主位，乃在領位。

汝知而心與左右手背乎？（史記孫子吳起傳）

汝在主位，而在領位，與檀弓同。

始吾從若飲，我不盜而璧，若笞我。若善守汝國，我顧且盜而城！（又張儀傳）

第一若字賓位，第二三若字主位，二而字，一汝字，皆在領位。

子胥大笑曰：我令而父霸，我又立若。若初欲分吳國半予我，我不受已，今若反以讒誅我。

（又越世家）

C 他稱

一 古書中之他稱代名詞

子 彼

彼；丈夫也；我，丈夫也。吾何畏彼哉？（孟子滕文公上）

御者且羞與射者比，比而得禽獸，雖若丘陵弗爲也。如枉道而從彼；何也？（又滕文公下）

彼必自負其材，故受辱而不羞。（史記季布傳）

及燕置酒，太子侍，四人者從太子；年皆八十有餘，鬚眉皓白，衣冠甚偉。上怪之，問曰：彼何爲者？（又留侯世家）

蘇代曰：王不若重其贄厚其祿以迎之。使彼來，則置之鬼谷，終身勿出。（又甘茂傳）

魏豹彭越懷畔逆之意，及敗，不死而虜囚，身被刑戮，何哉？彼無異故，智略絕人，獨患無身耳。（又魏豹傳）

彼顯有所出事，迺以自爲他故；說者與知焉，則身危。（又韓非傳）

丑 夫

夫焉能相與羣居不亂乎？（禮記三年問）

荀子禮論篇夫作彼。

夫豈不知？（左傳桓十三年）

夫不惡女乎？（又二十六年）

夫獨無族姻乎？（又襄二十六年）

楚語作彼有公族甥舅。

使夫往而學焉，夫亦愈知治矣！（又襄三十年）

我皆有禮，夫猶鄙我。（又昭十六年）

彼好專利而妄，夫見君之入也，將先道焉。（又哀二十五年）

夫爲君勤也。（齊語）

管子小匡篇夫作彼。

夫何敢！是將爲亂乎！夫何敢！（公羊傳莊三十二年）

彼且爲我死，故吾得與之俱生；彼且爲我亡，故吾得與之俱存；夫將爲我危，故吾得與之俱安。（漢書賈誼傳）

按此例以夫與彼互用。

獨貴獨富，君子恥之，夫也中之矣！（大戴禮衛將軍文子）

夫由賜也見我。（禮記檀弓）

按夫古音如能，彼古音如波，一聲之轉也。

又按後漢書方術傳云：長房曾與人共行，見一書生，黃巾被裘，無鞍騎馬，下而叩頭。長房曰：『還他馬，赦汝罪。』人問其故，長房曰：『此狸也；盜社公馬耳！』按此例似以『他』字作人稱代名詞『彼』字用，與今口語同。以他書罕見，姑附記於此。

D　人稱代名詞加字表衆數

1　加儕字

吾儕小人皆有闔廬以辟燥溼寒暑。（左傳襄十七年）

吾儕小人食而聽事，猶懼不給命而不免於戾，焉與知政！（又襄三十年）

2　加等字

公等皆去，吾亦從此逝矣！（史記高祖紀）

公等碌碌，所謂因人成事者也。（又平原君傳）

3　加曹字

上以若曹無益於縣官，今欲盡殺若曹。（漢書東方朔傳）

顯謂禹，雲，山：女曹不務奉大將軍餘業，今大夫給事中，他人壹間女，能復自救耶？（又霍光傳）

我曹言：願自殺。（又外戚傳）

吾愛之重之，不願汝曹效之也。（馬援誡兄子書）

吳漢曰：卿曹努力！（後漢書光武紀）

雍齒尚爲侯，我屬無患矣。（史記留侯世家）

4 加屬字

吾幷斬若屬矣！（漢書灌夫傳）

吾屬不死，命乃且縣此兩人。（又外戚傳）

而屬父子宗族，蒙漢家力，富貴累世。（又元后傳）

E 表己身諸字

一 己

己則反天，而又以討人，難以免矣。（左傳文十五年）

己所能見夫人者，有如河。（又昭三十一年）

他日歸，則有饋其兄生鵝者，己頻顣曰：惡用是鶃鶃者爲哉！（孟子滕文公下）

按以上例己居主位。

詘己而事之，北面而受學，則百己者至。（燕策）

士爲知己者死，女爲悅己者容。（史記刺客傳）

顯內自知擅權，事柄在掌握，恐天子一旦納用左右耳目，有以間己，乃時歸誠取一言以爲驗。（漢書佞幸傳）

顯恐天下學士姍己，病之。（又）

視天下悅而歸己，猶草芥也。（孟子）

禍福無不自己求之者。（又）

按以上例己居賓位。

堯以不得舜爲己憂，舜以不得禹皋陶爲己憂。夫以百畝之不易爲己憂者，農夫也。（又）

按上例己居領位。

二　身

女則從，龜從，筮從，卿士從，庶民從，是之謂大同。身其康彊，子孫其逢吉。（書洪範）

神農之教曰：士有當年而不耕者，則天下或受其饑矣；女有當年而不績者，則天下或受其寒矣。故身親耕，妻親績，所以見致民利也。（呂氏春秋二十一愛類）

乃遣其子宋襄相齊，身送之。（史記項羽紀）

吾起兵至今八歲矣，身七十餘戰。（又）

廣身自射彼三人者。（又李廣傳）

陛下之與諸公，非親角材而臣之也，又非身封王之也。（漢書賈誼傳）

按以上例身居主位。

親於其身爲不善者，君子不入也。（論語）

按此例身居賓位。

三　自

殺人之父，人亦殺其父；殺人之兄，人亦殺其兄。然則非自殺之也，一間耳。（孟子）

是自求禍也。（又）

許子冠乎？曰：冠。曰：奚冠？曰：冠素。曰：自織之與？曰：否，以粟易之。（又滕文公上）

陛下幸而赦遷之，自疚而死。（漢書賈誼傳）

按以上例自居主位。

夫人必自侮，然後人侮之；家必自毀，而後人毀之；國必自伐，而後人伐之。（孟子離婁上）

自暴者不可與有言也，自棄者不可與有爲也。（又）

公則自傷，鬼惡能傷公！（莊子達生）

山木自寇也，膏火自煎也。（又人間世）

分財則多自與。（史記管仲傳）

溯文辭不遜，高自稱譽。（又東方溯傳）

其自爲謀也則過矣，其爲吾先君謀也則忠。（左傳成二年）

遣人立六國後，自爲樹黨，爲秦益敵也。（又張耳陳餘傳）

按以上例自居賓位。

二　指示代名詞

A　近稱『此』義諸字

1　此

陳衰，此其昌乎！（左傳莊二十二年）

按『此』謂陳敬仲。

信至國，召辱己之少年令出胯下者，以爲楚中尉。告諸將相曰：此壯士也。（史記淮陰侯傳）

敦外親小童及幸臣董賢等，在公門省戶下。陛下欲與此共承天地，安海內，甚難。（漢書鮑宣傳）

按以上諸例指人。

孟子見齊宣王，王立於沼上，顧鴻雁麋鹿，曰：賢者亦樂此乎？（孟子梁惠王上）

按右例指物。

所謂誠其意者，毋自欺也；如惡惡臭，如好好色：此之謂自慊。（禮記大學）

兩人所出微，不可不爲擇師傅賓客。乃選長者士之有節行者與居。竇長君少君由此爲退讓君子。（史記外戚世家）

項王見人恭敬慈愛，言語嘔嘔；人有疾病，涕泣分食飲。至使人有功當封爵者，印刓弊，忍不能予。此所謂婦人之仁也。（又淮陰侯傳）

諸將因問信曰：兵法右倍山陵，前左水澤。今者將軍令臣等反背水陳，然竟以勝。此何術也？信曰：此在兵法，顧諸君不察耳！兵法不曰陷之死地而後生，置之亡地而後存？（又）

功冠諸侯，用此得王。（又黥布傳）

且太子所與俱諸將，皆嘗與上定天下梟將也。今使太子將之，此無異使羊將狼也。（又留侯世家）

按以上諸例指事。

今王鼓樂於此。（又）

按上例指地。

且智調藏於胸懷，權略應時而發。此之有無，焉可豫設也！（蜀志孟光傳）

此之爲愆，實由於疇。（吳志孫皓傳注）

按疇，邵疇。

至於呂據朱異，無此之尤，而反懼殃者，所遇之時殊也。（又朱治等傳評）

按以上諸例用在領位。

陛下起布衣，以此屬取天下，此屬畏陛下不能盡封，恐又見疑平生過失及誅，故卽相聚謀反耳。（史記留侯世家）

景帝聞之，使使盡誅此屬。（漢書游俠傳）

春秋二百四十二年，變異爲衆，莫若日蝕大。自漢興，日蝕亦爲呂霍之屬見。以今揆之，豈有此等之效與？（又外戚傳）

按以上諸例，下附『屬』字『等』字，與人稱代名詞下加字表衆數之例同。

2　茲　爾雅云：茲，此也。

念茲在茲。（書大禹謨）

好生之德，洽于民心，茲用不犯于有司。（又）

按『茲用』爲『用茲』之倒文。

文王既沒，文不在茲乎？（論語子罕）

3　斯

子謂子賤：君子哉！若人！魯無君子者，斯焉取斯？（論語公冶長）

子在齊聞韶，三月不知肉味。曰：不圖爲樂之至於斯也。（又述而）

唐虞之際，於斯爲盛。（又泰伯）

有美玉於斯。（又子罕）

杜蕢入，歷階升，酌曰：曠飲斯！又酌曰：調飲斯！（禮記檀弓）

4　是

女既勤君而興諸侯，牽帥老夫以至于此，既無武守，而又欲易余罪，曰：是實班師。不然，克矣！

余羸老也，可重任乎！（左傳襄十年）

齊侯圍郕，孟孺子速徼之。齊侯曰：是好勇，姑去之以爲之名。（又襄十六年）

左史倚相過，王曰：是良史也！子善視之！是能讀三墳五典八索九丘。（又昭十二年）

是食言多矣，能無肥乎！（又哀十五年）

五官之長曰伯，是職方。（禮記曲禮）

長沮桀溺耦而耕，孔子過之，使子路問津焉。長沮曰：夫執輿者爲誰？子路曰：爲孔丘。曰：是魯孔丘與？曰：是也。曰：是知津矣。（論語微子）

今之孝者，是謂能養。（又爲政）

齊強而厲公居櫟，卽不從，是率諸侯伐我，內厲公。我不如往。（又鄭世家）

王既罷兵歸，而代王來立，是爲孝文帝。（史記齊悼惠王世家）

至於閭巷之俠，修行砥名，聲施於天下，莫不稱賢，是爲難耳！（又游俠傳）

按以上諸例是字皆在主位。

晉國之命，未是有也。（又襄十四年）

雍子之父兄譖雍子，君與大夫不善是。（又襄二十六年）

平人而有慮者，使是治國家而長百姓。（大戴禮文王官人）

或說陳王曰：客愚無知，顓妄言輕威，陳王斬之，諸陳王故人皆自引去，由是無親陳王者。（史記陳涉世家）

今足下戴震主之威，挾不賞之功；歸楚，楚人不信；歸漢，漢人震恐。足下欲持是安歸乎？（又淮陰侯傳）

內見疑彊大，外依蠻貊以爲援，是以日疏。（又韓王信傳）

是何足與言仁義也云爾！則不敬莫大乎是。（孟子公孫丑下）

反是不思，亦已焉哉！（詩氓）

非盡族是；天下不安。（史記高帝紀）

按以上諸例是字皆在賓位。（孟子公孫丑例第一是字在主位）

5 時

帝曰：我其試哉！女于時，觀厥刑于二女。（書堯典）

惟時懋哉！（又）

按史記五帝紀作『是勉哉。』

禹曰：惟德動天，滿招損，謙受益，時乃天道。（又大禹謨）

時乃功。（又皋陶謨）

禹曰：吁！咸若時，惟帝其難之。（又）

按史記夏本紀作『皆若是。』

予創若時。（又益稷）

朕之愆，允若時。（又無逸）

按郝懿行云：時者，是聲之輕而浮者也。古人謂是爲時，今人謂時爲是。是時一聲也，時是一義也。詩內時字，傳箋訓是者非一。

6 實

實來。（春秋桓六年）

公羊傳云：『實來者何？猶曰是人來也。』穀梁傳云：『實來者，是來也。』王引之云：實與是同義，故書秦誓『是能容之，』大學作實。

7 爾

公會諸侯盟於薄，釋宋公。傳曰：執未有言釋之者，此其言釋之，何？公與爲爾也。公與爲爾奈何？公與議爾也。（公羊傳僖二十一年）

王引之云：與爲爾，與爲此也；與議爾，與議此也。

孔子在衞，有送葬者，而夫子觀之，曰：善哉爲喪乎！足以爲法矣！子貢曰：夫子何善爾也。（禮記檀弓）

今二君勤勤，援引漢高河山之誓，孤用恧然。雖德非其疇，猶欲庶幾。事亦如爾；故未順旨。（吳志周瑜傳）

君不得爲爾。（世說）

8 鮮

知恤鮮哉！（書立政）

阮氏元云：書云：惠鮮鰥寡。又曰：知恤鮮哉。詩云：鮮民之生。鮮者，斯字之叚借。

故士有畫地爲牢，勢不入；削木爲吏，議不對：定計於鮮也。（太史公報任少卿書）

9 已 以

爾雅云：已，此也。

近可遠在已。（史記夏本紀）

按：書作『邇可遠在茲。』

鬭伯比曰：以爲後圖。（左傳桓六年）

子問公叔文子於公明賈曰：信乎，夫子不言不笑不取乎？公明賈曰：以告者過也。（論語憲問）

未死而言死，不論。以雖知之，與勿知同。（呂氏春秋貴直論知化篇）

故周書曰：『允哉允哉！』以言非信則百事不滿也。（又離俗覽貴信篇）

夫再實之木根必傷，掘藏之家必有殃；以言大利而反爲害也。（淮南子人閒訓）

10　今　說文云：今，是時也。引申爲『此』義『是』義。

惠王十五年，有神降於莘。王問於內史過曰：今是何神也？（周語）

崔杼不悅，直兵造胸，句兵鉤頸，謂晏子曰：子變子言，則齊國吾與子共之；子不變子言，則今是矣。（呂氏春秋恃君覽知分）

吾聞囿者之國，箝馬秣之，使肥者應客。今何子之情也？（韓詩外傳二）

公羊宣十五年傳今作是。

B　近稱『如此』『如是』義諸字

1　爾

：

相曰王自使人償之。不爾；是王爲惡而相爲善也。（漢書田叔傳）

我功當爲王。但爾者，陛下忘我邪？（後漢書彭寵傳）

蜀卓氏寡女亡奔司馬相如，貴士風俗，何以乃爾乎？（蜀志張裔傳）

諸葛亮見顯有本末，終不爾也。（又費詩傳）

臣不意永昌風俗敦直乃爾！（又呂凱傳）

人與相逢及屬城長吏接待隆厚者，乃與交歡。不爾；即放所將奪其資貨。（吳志甘寧傳）

蘇飛免分裂之禍，受更生之恩，逐之尚必不走，豈當圖亡哉？若爾；寧頭當代入函。（又注引吳書）

解人不當爾邪！（又孫霸傳）

不爾以往，無所成也。（又周魴傳）

正始之音，正當爾耳。（世說）

2 然

其然；將具敝車而行。（左傳襄二十三年）

故君子之於學也，藏焉，修焉，息焉，游焉。夫然；故安其學而親其師，樂其友而信其道。（禮記

學記）

事君者，量而后入，不入而后量，凡乞假於人，爲人從事者亦然。然故上無怨而下遠罪也。（又少儀）

聖君置儀設法而固守之。然故諶杵習士聞識博學之人不可亂也；衆彊富貴私勇者不能侵也；信近親愛者不能離也；珍怪奇物不能惑也；萬物百事非在法之中者不能動也。今天下則不然：皆有善法而不能守也。然故諶杵習士聞識博學之士能以其智亂法惑上；衆彊富貴私勇者能以其威犯法侵陵；鄰國諸侯能以其權置於立相；大臣能以其私附百姓，翦公財以祿私士。（管子任法）

聖君設度量，置儀法，如天地之堅，如列星之固，如日月之明，如四時之信。然故令往而民從之。（又）

遵主令而行之，雖有功利，罪死。然故下之事上也，如響之應聲也；臣之事主也，如景之從。（又）

從士以上皆羞利而不與民爭業，樂分施而恥積藏。然故民不困財；貧窶者有所竄其手。（荀子大略）

人人皆以我爲好士。然故士至。（又堯問）

力盡其事，歸利於上者必聞，聞者必賞；汙穢爲私者必知，知者必誅。然故忠臣盡忠於公，民士竭力於家，百官精勉於上。（韓非子難三）

按以上諸例，然字皆當讀斷。王引之以「然故」連讀，釋爲「是故」，非也。

今庶人屋壁得爲帝服，倡優下賤得爲后飾。然而天下不屈者，殆未有也。（賈誼治安策）

3　若

爾知寧王若勤哉。（書大誥）

此若字以代名詞作副詞用，互見副詞篇。

有去大人之好，聚珠玉鳥獸犬馬，以益衣裳宮室甲盾舟車之數於數倍乎？若則不難。（墨子節用上）

以若所爲，求若所欲，猶緣木而求魚也。（孟子梁惠王）

言如此所爲，如此所欲也。

故人苟生之爲見，若者必死；苟利之爲見，若者必害。（荀子禮論）

言如此者必死，如此者必害也。

廉恥不立，且不自好，苟若而可。（漢書賈誼傳）

4 已 爾雅釋詁云：已此也。實爲『如此』之義。

庸也者，用也；用也者，通也；通也者，得也。適得而幾已，因是已。已而不知其然謂之道。（莊子齊物論）

吾生也有涯，而知也無涯。以有涯隨無涯，殆已。已而爲知者，殆而已矣。（又養生主）

田駢以道術說齊王。王應之曰：寡人所有，齊國也；道術難以除患，願聞齊國之政。田駢對曰：臣之言，無政而可以爲政。願王察其所謂而自取齊國之政焉。已雖無除其患害，天地之間，六合之內，可陶冶而變化也。齊國之政，何足問哉？（淮南子道應訓）

於臣之計，先誅先零。已則罕开之屬不煩兵而服矣。（漢書趙充國傳）

5 云

介葛盧聞牛鳴，曰：是生三犧，皆用之矣。其音云。（左傳僖二十九年）

子之言云，又焉用盟！（又襄二十八年）

上曰：吾欲云云。（漢書汲黯傳）

按：師古曰：云云猶言如此如此也。

文學儒吏時有奏記稱說云云。（又朱博傳）

善爲政者欲除煩去苛，并官省職，爲之以無爲，事之以無事，何子之言云云也？（後漢書仲長統傳）

6 乃

孟孫氏特覺人哭亦哭，是自其所以乃。（莊子大宗師）

C 近稱『於是』義諸字

1　焉　馬氏云：於，介字也，不司之字，凡用於之兩字之處，『焉』字代焉。高郵王氏云焉於是也。

愛之能勿勞乎？忠焉能勿誨乎？（論語憲問）

馬氏云：忠焉者，忠於君也。忠爲內動字，不若愛爲外動字也。上云愛之，則下句當云忠於是矣。而於是不習用，故以焉字代焉。

制，巖邑也。虢叔死焉。（左傳隱元年）

虢叔死焉者，虢叔死於此也。

昔陪臣書能輸力於王室，王施惠焉。（又襄二十年）

王施惠焉者，施惠於書也。

君何患焉？（西周策）

史記周本紀作君何患於是。

其存君興國而欲反覆之，一篇之中，三致意焉。（史記屈原傳）

三致意焉，三致意於是也。

雲雨之山，有木名曰欒，羣帝焉取藥。（山海經大荒南經）

馳椒邱且焉止息。（離騷）

2 之

淵深而魚生之，山深而獸往之，人富而仁義附焉。（史記貨殖傳）

三句之焉二字互用，生之往之，猶生焉往焉也。否則不可通。

初，單于好漢繒絮食物。中行說曰：匈奴人衆不能當漢之一郡；然彼所以強之者，以衣食異，无卬於漢。今單于變俗好漢物；漢物不過什二，則匈奴盡歸漢矣。（漢書匈奴傳）

D 遠稱『彼』義諸字

一 彼

息壤在彼。（國策秦策）

以德若彼，用力如此，蓋一統若斯之難也！（史記秦楚之際月表序）

陛下患使者有司之若彼；悼不肖愚民之若此。（又司馬相如傳）

由是觀之，在彼不在此。（又酷吏傳）

二 匪

如匪行邁謀，是用不得於道。（詩小雅小旻）

王念孫云：襄八年左傳引此詩，杜注云：匪，彼也。如匪行邁謀，是用不得於道，猶下文言『如彼築室於道謀，是用不潰於成』。又猶雨無正篇言『如彼行邁』也。樹達按古人無輕脣音，國音匚母之字古皆讀ㄅ母。彼匪二字古同音，故二字作一字用也。

E 遠稱『其』義諸字 其義諸字習用於領位。

1 其

民之窮困而受盟于楚，孤也與其二三臣不能禁止。（左傳襄八年）

君欲楚也夫！故作其宮。（又襄三十一年）

元尚享衞國，主其社稷！（又昭七年）

有扈氏威侮五行，怠棄三正，天用勦絕其命。（書甘誓）

君子賢其賢而親其親，小人樂其樂而利其利。（禮記大學）

學問之道無他，求其放心而已矣。（孟子）

親之欲其貴也，愛之欲其富也。（孟子萬章上）

2 厥

今時既墜厥命。（書）

厥土黑墳，厥草惟繇，厥木惟條；厥田惟中下，厥賦貞。（又禹貢）

先王有服，恪謹天命，茲猶不常寧，不常厥邑，于今五邦。（又盤庚）

王播告之修，不匿厥指。（又）

女不和吉言于百姓，惟女自生毒，乃敗禍姦宄，以自災于厥身。（又）

女無侮老成人，無弱孤有幼，各長于厥居，勉出乃力！（又）

盤庚既遷，奠厥攸居，乃正厥位。（又）

3　乃

既備乃事。（詩小雅大田）

各修乃職，考乃法，待乃事。（周禮小宰）

使乃好惡喜怒未嘗差。（春秋繁露王道通三篇）

大中大夫宋漢清修雩白，正直無邪，前任方外，仍統軍實，懷柔異類，莫匪嘉績。戎車載戢，邊人用寧。予錄乃勳，引登九列。（後漢書宋漢傳）

4　若

若考作室，厥子乃弗肯堂，矧肯構！（書大誥）

我亦惟茲二國命，嗣若功。（書召誥）

王引之云：若，其也。嗣其功者，嗣二國之功也。某氏傳訓若爲順，非是。

今人處若家得罪，將猶有異家所以避逃之者矣；今人處若國得罪，將猶有異國所以避逃之者矣。（墨子天志）

宋人有嫁其子者，告其子曰。嫁未必成也。有如出，不可不私藏。私藏而富，其於以復嫁易。其子聽父之計，竊而藏之。若公知其盜也，逐而去之。（淮南子氾論）

欲使仲子處於陵之地，避若兄之宅，吐若兄之祿，耳聞目見，昭晳不疑，仲子不處不食明矣。（論衡刺孟）

孔子生，不知其父，若母匿之。吹律，自知殷宋大夫子氏之世也。（又實知）

F 泛稱『之』義諸字。用於賓位者爲常。

1 之

虞舜側微，堯聞之聰明，歷試諸艱。（書序）

有臣柳莊也者，非寡人之臣，社稷之臣也。聞之死，請往。（禮記檀弓）

立身則輕楛，事行則蠲疑，進退貴賤則舉佞侻，之所以接下之人百姓者，則好取侵奪；如是者危殆。（荀子王制）

卿大夫以下吏及賓客見參不事事，來者皆欲有言。至者，參輒飲以醇酒；度之欲有言，復飲

以酒。（漢書曹參傳）

按以上諸例『之』字用於主位。

政自之出久矣。（左傳昭二十五年）

子曰：學而時習之；不亦悅乎！（論語學而）

與人飲，使之嚼，非其任，彊必灌之。（史記游俠傳）

易王母，文侯夫人也；與蘇秦私通。燕王知之，而事之加厚。（又蘇秦傳）

及帝欲廢太子而立戚姬子如意，大臣固爭之；莫能得。（又周昌傳）

高祖持御史大夫印弄之。（又）

賢士大夫有肯從我遊者，吾能尊顯之。（漢書高帝紀）

按以上諸例『之』字用於賓位。

天子樹瓜華，不斂藏之種也。（禮記郊特牲）

子文以爲之功，使爲令尹。（左傳僖二十二年）

牽牛以蹊人之田而奪之牛。（又宣十二年）

昔我先君桓公與商人皆出自周，庸次比耦以艾殺此地，斬之蓬蒿藜藋而共處之。（又昭十六年）

邾莊公與夷射姑飲酒，私出，閽乞肉焉。奪之杖以敲之。（又定二年）

千室之邑，百乘之家，可使爲之宰也。（論語公冶長）

赤也爲之小，孰能爲之大？（又先進）

欲見賢人而不以其道，猶欲其入而閉之門也。（孟子萬章下）

紾兄之臂而奪之食。（又告子下）

夫薄願厚，惡願美，狹願廣，貧願富，賤願貴：苟無之中者，必求於外。故富而不願財，貴而不願勢：苟有之中者，必不及於外。（荀子性惡）

是乃冥之昭，亂之定，毁之成，危之寧，故殷周以亡，比干以死。（呂氏春秋謹聽）

惠子曰：有人於此，必擊其愛子之頭，石可以代之。匡章曰：公取之代乎？其不歟？（又愛類）

吳之无道也愈甚，請與王子往奪之國。（又忠廉）

傳曰；河海潤千里，盛德及四海，況之妻子乎！（鹽鐵論）

故衡山王吳芮有大功，諸侯立以爲王。項羽侵奪之地，謂之番君。（漢書高帝紀）

按以上諸例『之』字用於領位。

2　旃

舍旃舍旃。（詩唐風采苓）

尚愼旃哉？（又魏風陟岵）

初，虞叔有玉，虞公求旃；弗獻。（左傳桓十年）

天其殃之也，其將聚而殲旃。（又襄二十八年）

高豎致盧而出奔晉，晉人城緜而寘旃。（又襄二十九年）

舉茲以旃；不亦寶乎？（漢書王貢兩龔傳）

願勉旃，毋多談！（楊惲報孫會宗書）

按旃字但用於賓位。

3 諸　士昏禮注云：諸，之也。

羿猶不悛，將歸自田，家衆殺而烹之，以食其子；其子不忍食諸，死於窮門。（左傳襄四年）

冬，晉薦飢，使乞糴於秦。秦伯謂子桑：與諸乎？……謂百里：與諸乎？（左傳僖十三年）

能事諸乎？曰：不能。（又傳文元年）

楚世家諸作之。

孔子曰：吾聞諸，惜其腐餘而欲以務施者，仁人之偶也。（說苑貴德）

夫有刀者礱諸；有玉者錯諸；不礱不錯，焉攸用？礱而錯諸，質在其中矣。（法言學行）

聖人之治天下也，礙諸以禮樂。（又問道）

4 諸　諸爲『之於』之合聲，故作『之於』二字用。互見介詞篇。

子張書諸紳。（論語衞靈公）

宋芮司徒生女子，赤而毛，棄諸堤下。（左傳襄二十六年）

使有司求諸故府。（魯語）

5　諸　諸又爲『之乎』之合聲。互見助詞篇。

犂牛之子，騂且角。雖欲勿用，山川其舍諸！（論語雍也）

博施濟衆，堯舜其猶病諸！（又）

有美玉於斯，韞匵而藏諸？求善價而沽諸？（又子罕）

子路問：聞斯行諸？子曰：有父兄在，如之何其聞斯行之？冉有問：聞斯行諸？子曰：聞斯行之。（又先進）

有人於此，欲其子之齊語也，則使齊人傳諸？使楚人傳諸？（孟子滕文公）

6　焉

若大盜，禮焉以君之姑姊與其大邑。（左傳襄二十一年）

衆好之，必察焉；衆惡之，必察焉。（論語衛靈公）

子女玉帛，則君有之；羽毛齒革，則君地生焉。（左傳僖二十五年）

太守甚任之，吏民愛敬焉。（史記循吏傳）

此三例皆『之』『焉』互用。

二世曰：先帝後宮非有子者，出焉；不宜，皆令從死。（又始皇紀）

夫史舉，下蔡之監門也，大不爲事君，小不爲家室，以苟賤不廉聞於世，甘茂事之，順焉。（又甘茂傳）

諸公聞之，皆多解之義，益附焉。（又游俠傳）

7 其

故欲以刑罰慈民，辟其；猶以鞭狎狗也，雖久弗親矣。欲以簡泄得士，辟其；猶以弧怵鳥也；雖久弗得矣。（賈子新書大政篇）

G 通稱『者』字 但附於他詞以爲用，不能獨立用也。

一 附於形容詞

仁者安人，知者利人。（論語里仁）

事其大夫之賢者，友其士之仁者。（又衞靈公）

若至力農畜工虞商賈爲權利以成富，大者傾都，中者傾縣，下者傾鄉里者，不可勝數。（史記貨殖傳）

故善治生者能擇人而任時。（又）

按『善治生者』猶言『善於治生者，』此善字乃形容詞，非副詞。不可誤會。說詳詞詮卷五善字下。

橫來！大者王，小者侯。（漢書高帝紀）

二　附於內動詞

不有居者，誰守社稷？不有行者，誰扞牧圉？（左傳僖二十八年）

三　附於外動詞

爲此詩者，其知道乎！（孟子公孫丑上）

是故知命者不立乎巖牆之下。（又盡心上）

爲機變之巧者無所用恥焉。（又）

樂天者保天下，畏天者保其國。（又梁惠王下）

以力假人者，霸霸必有大國，以德行仁者，王王不待大。（又公孫丑上）

彼竊鈎者誅，竊國者爲諸侯。（莊子胠篋）

夫爲天下者亦奚以異乎牧馬者哉！亦去其害馬者而已矣！（又徐無鬼）

奪項王天下者，必沛公也。（史記項羽紀）

H 指示代名詞之重指用法

甲 前詞爲名詞而重指之者

1 重指主語 『此』『是』『茲』『其』諸字。

子 此

隳枝體，黜聰明，離形去知，同於大道，此謂坐忘。（莊子大宗師）

丈五之溝，漸車之水，山林積石，經川邱阜，草木所在，此步兵之地也。（漢書鼂錯傳）

夫可與樂成，難與慮始，此乃衆庶之所爲耳。（又劉歆傳）

丑　是

醉而不出，是謂伐德。（詩小雅賓之初筵）

今之孝者，是謂能養。（論語爲政）

禮義廉恥，是謂四維。（管子）

寅　茲

京房易傳曰：欲德不用茲謂張。（漢書五行志）

臣有緩，茲謂不順。（又）

卯　其

秦人，其生民也陿阸，其使民也酷烈。（荀子議兵）

齊晉秦楚，其在成周微甚。（史記十二諸侯年表）

2　重指賓語　用之字。

聖人，吾不得而見之矣。（論語述而）

險阻艱難，備嘗之矣；民之情僞，盡知之矣。（左傳僖十三年）

漢陽諸姬，楚實盡之。（又）

百畝之田，匹夫耕之。（孟子盡心上）

此被指之賓語，謂之先行賓語。

3　重指在領位之名詞　用其字。

回也，其心三月不違仁。（論語雍也）

諸侯之會，其德刑禮義，無國不記。（左傳僖七年）

梓匠輪輿，其志將以求食也。（孟子滕文公下）

今游俠，其行雖不軌於正義，然其言必信，其行必果。（史記游俠傳）

寗戚商歌車下，桓公喟然而悟，至精入人深矣。故曰：樂，聽其音則知其俗，見其俗則知其化。（淮南子主術訓）

王念孫云：樂字與下文義不相屬，當有脫文。樹達按王不知此爲先行領位，故以爲有脫，其說非也。

此被重指之領位名詞，謂之先行領位名詞。

乙 前詞爲代名詞而重指之者

天下之水，莫大於海。萬川歸之，不知何時止而不盈；尾閭泄之，不知何時已而不虛。春秋不變，水旱不知。此，其過江河之流，不可爲量數。（莊子秋水）

號物之數謂之萬，人處一焉。大率九州穀食之所生，舟車之所通，人處一焉。此，其比萬物也，不似毫末之在馬體乎？（又）

彼，其所保與衆異，而以義喩之，不亦遠乎？（又人間世）

彼，其所殉仁義也，則俗謂之君子；其所殉貨財也，則俗謂之小人。（又駢拇）

今以夫先王之道，仁義之統，以相羣居，以相持養，以相藩飾，以相安固邪？以夫桀跖之道，是，其爲相縣也，幾直夫芻豢稻粱之縣糟糠爾哉？（荀子榮辱）

按舊讀皆以『此』『彼』『是』連下作一句讀者，非也。

I 其他之指示代名詞

一 他指

甲 他 它

遭天人世子之喪，君不受，使大夫受于廟。其他如遭君喪。（儀禮聘禮）

且夫兄弟之怨，不徵於它；徵於它，利乃外矣。（國語周語中）

王顧左右而言他。（孟子梁惠王下）

高明光大，不在乎他；在乎加之意而已。（漢書董仲舒傳）

昔詩人所刺，春秋所譏，指象如此，殆不在它。（又杜鄴傳）

爲人少文，居宅惛惛不辨；至於中尉，則心開。（又王溫舒傳）

乙 異

吾以子爲異之問，曾由與求之問！（論語先進）

秦王身問之：子孰誰也？棼冒勃蘇對曰：臣非異；楚使新造盩棼冒勃蘇。（國策楚策一）

二　虛指

甲　某　代人兼代事物。按慧琳音義引倉頡篇云：某，語設事也。

師冕見，子告之曰：某在斯，某在斯。（論語衞靈公）

筮某之某爲尸。（儀禮特牲饋食禮）

哀子某爲其父某甫筮宅。（儀禮）

按以上三例某皆代人名。

哀子某來日某卜葬其父某甫。（又）

按第一某字第三某字代人名，第二某字代日名。

靈公心怍焉，欲殺之，於是使勇士某者往殺之。（公羊傳宣二年）

卽奏事，上善之，曰：臣非知爲此奏，乃正監掾史某爲之。（史記張湯傳）

上二例皆代人名。

張儀知楚絕齊也，乃出見使者曰：從某至某廣從六里。（戰國策秦策二）

代地名。

此某之龜也。（史記龜策傳）

太山琅琊賊勞丙等復叛，遣御史中丞趙某持節督州郡討之。（後漢書桓帝紀）

李賢注：史失名。

章德竇皇后諱某，扶風平陵人。（又皇后紀）

荆州牧某發奔命二萬人攻之。（又劉玄傳）

乙　或

或謂孔子曰：子奚不爲政？（論語爲政）

魯欲背晉合於楚，或諫，乃否。（史記魯世家）

楚欲殺之，或諫，乃歸解揚。（又晉世家）

三　無指

甲　莫

非是，莫喪羊舌氏矣。（左傳昭二十八年）

子曰：莫我知也夫！（論語憲問）

見而民莫不敬。（禮記中庸）

晉國，天下莫強焉。（孟子梁惠王）

莫非命也，順受其正。（又盡心上）

君仁莫不仁，君義莫不義。（又離婁）

魯人從君戰，三戰三北。仲尼問其故，對曰：吾有老父，身死，莫之養也。（韓非子五蠹）

狂者傷人，莫之怨也；嬰兒詈老，莫之疾也。（淮南子說林）

代王曰：宗室將相王侯以爲莫宜寡人，寡人不敢辭。（史記文帝紀）

按莫宜寡人者，無人宜於寡人也。宜下省介詞於字。

與匈奴間中有隙地，莫居；千餘里，各居其邊爲甌脫。（又匈奴傳）

孟嘗君將入秦，賓客莫欲其行，諫，不聽。（又孟嘗君傳）

平曰：陛下將用兵有能過韓信者乎？上曰：莫及也。（又陳平世家）

吾視沛公大度，此眞吾所願從游，莫爲我先。（又酈生傳）

故詬莫大於卑賤，而悲莫甚於窮困。（又李斯傳）

東西南北，莫可奔走。（鹽鐵論非鞅）

蓋聞王者莫高於周文，伯者莫高於齊桓。（漢書高帝紀）

乙 毋 無

上察宗室諸竇，毋如竇嬰賢。（史記竇嬰傳）

盡十二月，郡中毋聲，毋敢夜行。（又酷吏傳）

相人多矣，無如季相。（又高帝紀）

奮無文學，恭謹無與比。（又萬石君傳）

丙 末

說而不釋，從而不改，吾末如之何也已矣！（論語子罕）

不曰如之何如之何者，吾末如之何也已矣。（又衛靈公）

丁　靡

物靡不得其所。（史記司馬相如傳）

四海之內，靡不受獲。（又）

四　逐指　每

妾伏自念入椒房以來，遺賜外家未嘗踰故事，每輒決上，可覆問也。（漢書外戚孝成許后傳）

按顏注云：每事皆奏決于天子乃敢行也。故此每字爲『每事』之義。

或問：小每知之，可謂師乎？曰：是何師與！是何師與！天下小事爲不少矣，每知之，是謂師乎？（法言問明）

按小每知之，謂小事每事知之也。

三　疑問代名詞

A　代人的疑問代名詞

子　誰

誰生厲階？至今爲梗。（詩大雅桑柔）

毛傳云：厲，惡；梗，病也。

誰能執熱，逝不以濯？（又桑柔）

寡人有子，未知其誰立焉。（左傳閔二年）

吾誰欺？欺天乎！（論語子罕）

朕非屬趙君，當誰任哉？（史記李斯傳）

丑　孰

百姓足，君孰與不足？百姓不足，君孰與足？（論語顏淵）

王者孰謂？謂文王也。（公羊傳隱元年）

然則孰狩之薪采者也？（又哀十四年）

有以告者曰：有麕而角者。孔子曰：孰爲來哉？孰爲來哉？（又）

漢王曰：孰能爲我使淮南，使之發兵背楚？（漢書黥布傳）

父與夫孰親？（左傳）

子謂子貢曰：女與回也孰愈？（論語公冶長）

哀公問：弟子孰爲好學？（又雍也）

子貢問：師與商也孰賢？（又先進）

上問朝臣：兩人孰是？（史記魏其侯傳）

寅　疇　爾雅云：疇，誰也。字或作𠷎，說文云：誰也。

疇咨若時登庸？（書堯典）

按史記五帝本紀譯作『誰可順此事。』

疇逆失而能存？（漢書司馬相如傳）

B　代事物及處所的疑問代名詞

子　何

有是三者，何鄉而不濟？（左傳昭四年）

軫不之楚，何歸乎？（史記陳軫傳）

按此二例代處所。

內省不疚，夫何憂何懼？（論語顏淵）

元年者何？君之始年也。春者何？歲之始也。（公羊傳隱元年）

何以不言卽位？成公志也。（又）

吾所以有天下者何？項氏之所以失天下者何？（史記高帝紀）

試爲我著秦之所以失天下，吾所以得之者何？（又陸賈傳）

生揣我何念？（又陸賈傳）

夫子所論，欲以何明？（又太史公自序）

諸將云何？（漢書陳平傳）

武帝問：言何？（又酷吏傳）

按諸例皆代事物。

丑　奚

衞君待子而爲政，子將奚先？（論語子路）

問臧奚事，則挾策讀書；問穀奚事，則博塞以遊。（莊子駢拇）

奚以知其然也？（又逍遙遊）

卿以爲奚如？（史記虞卿傳）

按此數例奚字皆代事物。

子路宿於石門，晨門曰：奚自？（論語憲問）

水奚自至？（呂氏春秋貴直）

按此二例代處所。

寅　曷　害　表事物。

曷為先言王而後言正月？王正月也。（公羊隱元年）

夫暮曷為出乎閨？（又宣六年）

今歲豐廡未報，鼎曷為出哉？（史記封禪書）

曷為與人俱稱王，卒就脯醢之地？（又魯仲連傳）

曷為久居此圍城之中而不去？（又）

害澣害否？歸寧父母。（詩周南葛覃）

卯　惡

君子去仁，惡乎成名？（論語里仁）

魯侯之美惡乎至？（公羊傳莊十二年）

卒然問曰：天下惡乎定？曰：定於一。（孟子梁惠王）

敢問夫子惡乎長？曰：我知言，我善養吾浩然之氣。（又公孫丑）

辭尊居卑，辭富居貧，惡乎宜乎？抱關擊柝。（又萬章下）

按『惡乎』之『乎』乃介詞，以『惡』爲疑問詞，故『乎』置於『惡』之下。公羊傳何注禮記檀弓鄭注並云：『惡乎猶於何也。』其說正合。王引之云：『惡乎猶言何所，不必訓於何，』非是。

按以上諸例代事。

居惡在？仁是也；路惡在？義是也。（孟子盡心上）

爲民父母行政，不免於率獸而食人，惡在其爲民父母也？（又梁惠王上）

伯高死於衞，赴於孔子。曰：吾惡乎哭諸？兄弟，吾哭諸廟；父之友，吾哭諸寢門之外；所知，吾哭諸野。於野則已疏，於寢則已重。夫由賜也見我，吾哭諸賜氏。遂命子貢爲之主。（禮記檀弓）

其賤奈何？外淫也。惡乎淫？淫於蔡。（公羊傳桓六年）

按以上例皆代處所。

自吾母而不得用吾情，吾惡乎用吾情？（禮記檀弓）

按此例似代人。

辰　安

泰山其頽，吾將安仰？梁木其壞，吾將安放？（禮記檀弓）

賢人深謀於廊廟，論議朝廷；守信死節隱居巖穴之士，設爲名高者，安歸乎？歸於富厚也。（史記貨殖傳）

按以上例代事物。

王室多故，予安逃死乎？（史記鄭世家）

騫曰：臣在大夏時，見邛竹杖蜀布。問曰：安得此？大夏國人曰：吾賈人往市之身毒。（又大宛傳）

有其書無有？皆安受學？（又倉公傳）

又問臣意：師慶安受之？（又）

姬侍王，從容語次譽賁赫長者也。王怒曰：女安從知之？（漢書黥布傳）

按以上例皆代處所。

己　焉

莊公病，將死，謂季子曰：寡人即不起此病，吾將焉致乎魯國？季子曰：般也存，君何憂焉！（公羊傳莊三十二年）

按此例代人。

所謂伊人，於焉逍遙？（詩小雅白駒）

所謂伊人，於焉嘉客？（又）

按鄭箋云：於何逍遙也。

視其所以，觀其所由，察其所安，人焉廋哉？人焉廋哉？（論語爲政）

天下之父歸之，其子焉往？（孟子）

且焉置土石？（列子湯問）

按以上例代方所。

今穀嗛未報，鼎焉爲出哉？（漢書郊祀志）

按此例代事物。

午　胡

微君之躬，胡爲乎泥中？（詩邶風式微）

窋既洗沐歸，時間自從其所諫參。參怒而笞之二百。曰：趣入侍！天下事非乃所當言也。至朝時，帝讓參曰：與窋胡治乎？乃者我使諫君也！（漢書曹參傳）

未　孰　孰字代人之外，兼代事物。

禮與食孰重？（孟子告子下）

事孰爲大？事親爲大；守孰爲大？守身爲大。（又梁惠王上）

乃十一月，日有食之，菑孰大焉？（史記文帝紀）

申　台

夏罪其如台？（書湯誓）

按史記殷本紀譯作『夏罪其奈何。』

乃曰：其如台？（又高宗肜日）

按殷本紀譯作『乃曰其奈何。』

今王其如台？（又西伯戡黎）

按殷本紀作『今王其奈何。』

卜稽曰：其如台？（又盤庚）

按王引之云：此謂卜問其奈何也。

莊周申韓不乖寡聖人而漸諸篇，則顏氏之子，閔氏之孫其如台？（法言問道）

按王引之云：此言三子若不詆訾聖人，則顏閔之徒其奈之何也。

躔白門而東馳兮，云台行乎中野？（張衡思玄賦）

今其如台而獨闕也？（後漢書班固傳）

按此二例代名詞作副詞用。

酉　以

按台從㠯聲，有『何』字之義。古人假『㠯』爲『台』，故亦有何義。『以』則『㠯』之隸變也。

于以采蘩？于沼于沚；于以用之？公侯之事。于以采蘩？于澗之中；于以用之？公侯之宮。（詩召南采蘩）

按第一第三第四以字代處所，第二以字代事物。

于以采蘋？南澗之濱；于以采藻？于彼行潦。于以盛之？惟筐及筥；于以湘之？惟錡及釜。于以奠之？宗室牖戶；誰其尸之？有齊季女。（又）

按第一第二以字代處所，第三第四以字代事物，第五以字代處所。

爰居爰處，爰喪其馬。于以求之？于林之下。（又邶風擊鼓）

按此例以字代處所。

戌　曷

膠鬲見武王於鮪水，曰：西伯朅來？無欺我也！武王曰：不子欺，將伐殷也。膠鬲曰：朅至？武王曰：將以甲子日至。（呂氏春秋）

按第一朅字代處所，第二朅字代事物。

亥　那　爲奈何之合聲。

牛則有皮，犀兕尚多，棄甲則那？（左傳宣二年）

按杜注云：那猶何也。日知錄卷三十二云：直言之曰那，長言之曰奈何，一也。

四　複牒代名詞　者

於是盡滅春申君之家，而李園女弟初幸春申君有身而入之王所生子者遂立，爲楚幽王也。（國策楚策）

按『所生子者』，此『者』字亦指子言，於文似爲複贅；但『子』字爲上文動詞『生』字之賓語，不能兼作下文『立』字之主語，故複牒一『者』字耳。

單于以徑路刀金留犁撓酒，以老上單于所破月氏王頭爲飲器者共飲血盟。（漢書匈奴

傳下）

按『者』字重指飲器。所以必須重指者，以『飲器』二字乃外動詞『爲』字之賓語，不能復爲介詞『以』字之賓語故也。或云：『者』字重指『月氏王頭』，則『爲飲器』爲形容部分，與下三例同。說亦可通。

他小渠披山通道者不可勝言。（史記河渠書）

按『他小渠披山通道者，』猶言『他披山通道之小渠。』原文『小渠』在前，則形容語之『披山通道』無所附麗，故非複牒一『者』字不可。

請益其車騎壯士可爲足下輔翼者。（又刺客傳）

按『可爲足下輔翼，』所以形容『車騎壯士』也。以車騎壯士四字在上文，故『可爲足下輔翼』六字下無『者』字，則意不明。

呼韓邪單于歸庭數月，罷兵，使各歸故地，乃收其兄呼屠吾斯在民間者立爲左谷蠡王。（漢書匈奴傳下）

按『收其兄呼屠吾斯在民間者』猶今言『收其在民間之兄呼屠吾斯。』原文『呼屠吾斯』先置，形容語『在民間』後置，故不得不複牒一『者』字；否則文義不明。

乙 代名詞之省略（凡省略處，以□表之。）

子 省略『之』

禮爲舊君有服，何如斯可爲□服矣？（孟子離婁）

本章云：『何如斯可爲之服矣，』之字省略；下文云：『如此，則爲之服矣，』即有之字；可證。

君聞□而賢之。（韓非子說難）

史記韓非傳不省之字。

丑 省略『其』

兵未戰而先見□敗徵，此可謂知兵矣。（史記項羽紀）

當云『先見其敗徵，』此省其字。

寅　省略『者』

黃帝上騎，羣臣後宮從上龍□七十餘人。（史記封禪書）

擇可立□立之。（史記）

當云『擇可立者立之，』省者字。高紀云：『擇子弟可立者立之，』者字不省，可證。

魯相初到，民自言相訟王取其財物□百餘人。（史記田叔傳）

當云『訟王取其財物者，』者字省去。

擇羌人可使□使罕，諭告以大軍當至。（漢書趙充國傳）

丙　代名詞之變用

A　代名詞作動詞用

且也相與吾之耳矣！庸詎知吾所謂吾之乎？（莊子大宗師）

信臣精卒，陳利兵而誰何（賈誼過秦論）

加以年齒方剛，涉學日寡，驚忽臣下，不自宅於太后。（漢書宣元六王傳）

文帝且崩時，屬孝景曰：綰長者，善遇之！及景帝立，歲餘，不孰何綰。（又衞綰傳）

游雅嘗衆辱奇，或爾汝之。（魏書陳奇傳）

見公卿，不爲禮，無貴賤，皆汝之。（隋書楊伯醜傳）

B　代名詞作副詞用

匪言不能，胡斯畏忌？（詩大雅桑柔）

言『何如此畏忌也。』鄭箋云：『然不言之，何也？此畏懼犯顏得罪罰。』以『胡』爲一讀，非是。

以鶉首而賜秦，天胡爲而此醉？（庾信哀江南賦）

按言何如此之醉也。

何彼襛矣，華如桃李？（詩召南何彼襛矣）

富歲，子弟多賴；凶歲，子弟多暴。非天之降才爾殊也。（孟子告子）

按爾，如此也。

子產蹵然改容更貌，曰：子無乃稱。（莊子德充符）

按王引之云：子無乃稱，子無稱是言也，以乃字爲代字，爲稱字之賓語。劉淇云：此乃字合訓如此，言無爲如此稱也。釋乃爲副詞。今按劉說是。

爾知寧王若勤哉！（書大誥）

按莽誥襲此作若此勤。

君若謹行，常在朕躬。（史記公孫弘傳）

必若云，是高皇帝代秦卽天子之位非邪？（漢書儒林傳）

帝謂文王：無然畔援！無然歆羨！（詩大雅皇矣）

按傳訓是，箋訓如是。

天之方難，無然憲憲！天之方蹶，無然泄泄！（又板）

天之方虐，無然謔謔！（又）

第四章 動詞

甲 動詞之種類

一 內動詞
（一）普通內動詞
（二）不完全內動詞……是義，非義，若義，猶義諸字，帶補足語。
（三）關係內動詞……在義，往義，過義諸字，帶轉詞。

二 外動詞
（一）普通外動詞
（二）不完全外動詞……謂義，奈義等字，帶補足語。
（三）雙賓外動詞……與義，授義等字，帶雙賓語。

三 同動詞

四 助動詞

1　普通內動詞

大多數之內動詞，都屬此類。以太多，不記述。

2　不完全內動詞

不完全內動詞，有是義非義等字。凡此等動詞之下，必有補足語以說明主語。此類動詞爲數有限，故今取古書中所有此類之動詞記述之。

A　『是』義『爲』義諸字

一　是

知之爲知之，不知爲不知，是知也。（論語爲政）

長沮曰：夫執輿者爲誰？子路曰：爲孔丘。曰：是魯孔丘歟？曰：是也。（又微子）

桀溺曰：子爲誰？曰：爲仲由。曰：是魯孔丘之徒與？對曰：然。（又）

王之不王，是折枝之類也。（孟子梁惠王）

我今破齊還報，是益呂氏資也。（史記齊悼惠王世家）

今又立齊王，是欲復爲呂氏也。（又）

陳平曰：我多陰謀，是道家之所禁。（又陳平世家）

二　爲

有子曰：禮之用，和爲貴；先王之道，斯爲美。（論語學而）

桀溺曰：子爲誰？曰：爲仲由。（又微子）

子路問曰：子見夫子乎？丈人曰：四體不勤，五穀不分。孰爲夫子？（又）

萬取千焉，千取百焉，不爲不多矣。（孟子）

故事半古之人，功必倍之，惟此時爲然。（又）

獨以德爲可以除之。（史記越世家）

三　乃

臣竊矯君命，以責賜諸民，民稱萬歲，乃臣所以爲君市義也。（齊策）

呂公女乃呂后也。（史記高帝紀）

樊噲，帝之故人也；功多，且又乃呂后弟呂須之夫。（又陳丞相世家）

臣非知君，知君乃蘇君。（又張儀傳）

嬴乃夷門抱關者也。（又信陵君傳）

臨大澤，無崖，蓋乃北海云。（又大宛傳）

此蓋乃昔所謂西戎在于街冀豲道者也。（魏志東夷傳注）

四　則

雖隕於深淵，則天命也。（左傳哀十五年）

是非王之夫子母弟甥舅也，則皆荊蠻戎狄之人也；非親則頑，不可入也。（鄭語）

天下之言性也，則故而已矣。（孟子）

此則寡人之罪也。（又）

夫章子豈不欲有夫妻子母之屬哉？爲得罪於父，不得近，出妻屏子，終身不養焉。其設心以爲不若是，是則罪之大者，是則章子已矣！（又離婁下）

卿則州人，昔又從事。（吳志太史慈傳）

五　即

民死亡者，非其父兄，卽其子弟。（左傳襄八年）

梁父卽楚將項燕。（史記項羽紀）

博士諸生三十餘人前曰：人臣無將，將卽反。（又叔孫通傳）

少府徐仁，卽丞相車千秋女壻也。（漢書杜延年傳）

宮卽曉子女。（又外戚傳）

游公母卽祁太伯母也。（又原涉傳）

六　曰

一曰水，二曰火，三曰木，四曰金，五曰土。（書洪範）

水曰潤下，火曰炎上，木曰曲直，金曰從革，土爰稼穡。（又）

八庶徵：曰雨，曰暘，曰燠，曰寒，曰風，曰時，五者來備，各以其敍，庶草蕃廡。（又）

一曰乾豆，二曰賓客，三曰充君之庖。（公羊傳桓四年）

國無九年之蓄曰不足，無六年之蓄曰急。（禮記王制）

按以上例『曰』字獨用。

是其生也與吾同物，命之曰同。（左傳桓六年）

命曰勞酒。（禮記月令）

命之曰暢月。（又）

百官族人可謂曰智。（孟子）

按以上例用於外動詞『命』『謂』等字之下。

七　謂

醉而不出，是謂伐德。（詩小雅賓之初筵）

是謂觀國之光。（左傳莊二十二年）

一之謂甚，其可再乎？（又僖五年）

此之謂多矣。若能少此，吾何以得見？（又昭元年）

佻之謂甚矣，而壹用之，將誰福哉？（又昭十年）

八年之謂多矣！何以能久？（晉語）

生之謂性。（孟子）

此之謂大丈夫。（又）

於是上亦問左丞相平。平曰：有主者。上曰：主者謂誰？（史記陳丞相世家）

八 惟 維

文選甘泉賦注云：惟，是也。玉篇云：惟，爲也。

厥草惟夭，厥木惟喬，厥土惟塗泥，厥田惟下下。（書禹貢）

萬邦黎獻，共惟帝臣。（又皐陶謨）

非予自荒茲德，惟女含德不惕予一人。（又盤庚）

人有小罪，非眚，乃惟終。乃有大罪，非終，乃惟眚災。（又康誥）

予克受，非予武，惟朕文考無罪；受克予，非朕文考有罪，惟予小子無良。（又泰誓）

非我有周秉德不康寧，乃惟爾自速辜。（又多方）

我民用大亂喪德，亦罔非酒惟行；越小大邦用喪，亦罔非酒惟辜。（又酒誥）

周雖舊邦，其命維新。（詩大雅文王）

九　有

眇能視，不足以有明也；跛能履，不足以有行也。（易）

克國得妃，其有吉孰大焉？（晉語一）

按昭五年左傳云：『其爲吉孰大焉。』同一句法，『有』作『爲』。

人之有道也，飽食煖衣逸居而無教，則近於禽獸。（孟子滕文公）

按此言人之爲道如此也。孟子同篇又云：『民之爲道也，有恆產者有恆心。』句例相同，『有』卽作『爲』。

十　緊

民不易物，惟德緊物。（左傳僖五年）

釋文云：繄，是也。

此三王四伯，豈繄多寵，皆亡王之後也。（周語）

君王之於越也，繄起死人而肉白骨也。（吳語）

韋昭注幷云：繄，是也。

豐繄好剛。（漢書敍傳下）

顏注云：繄，是也。

十一　斯

彼爾維何？惟常之華；彼路斯何？君子之車。（詩小雅采薇）

斯亦維也，互文耳。維惟同字，亦爲也。

十二　實

爾雅釋詁云：實，是也。

聰明其至矣乎！不聽，實無耳也；不明，實無目也。（法言問明）

十三　然

始也我以汝爲聖人邪！今然君子也。（莊子天地）

偶親而先俯，非恐懼也，然夫士欲獨修其身，不以得罪於比俗之人也。（荀子修身）

譬其若去日之明於庭而就火之光於室也，然可以小見而不可以大知。（新書修政語）

十四　伊

蓼蓼者莪，匪莪伊蒿。（詩小雅蓼莪）

B　『非』義諸字

一　非　玉篇云：非，不是也。

此莫非王事，我獨賢勞也。（孟子萬章上）

莊子與惠子遊於濠梁之上。莊子曰：儵魚出遊從容，是魚之樂也！惠子曰：子非魚，安知魚之樂？莊子曰：子非我，安知我不知魚之樂？惠子曰：我非子，固不知子矣。子固非魚也，子之不知魚之樂全矣。（莊子秋水）

且夫天下非小弱也，陳涉之位，非尊於齊楚燕趙韓魏宋衛中山之君；鉏擾棘矜，非銛於句

戟長鎩也。適戍之衆，非抗於九國之師；深謀遠慮行軍用兵之道，非及鄉時之士也。（賈生過秦論）

爲畔逆以憂太后，非長策也。（史記吳王濞傳）

二　匪

廣韻云：匪，非也。

匪寇婚媾。（易屯六二）

匪來貿絲，來卽我謀。（詩衞風氓）

匪適株林。（又陳風株林）

蓼蓼者莪，匪莪伊蒿。（又小雅蓼莪）

三　否　不

女何擇否人，何敬不刑，何度不及？（墨子尙賢）

此引書呂刑篇文。

先王之書相年之道曰：『夫建國設都，乃作后王君公，否用泰也；卿大夫師長，否用佚也；維辯使治天均。』則，此語古者上帝鬼神之建設國都立正長也，非高其爵，厚其祿，富貴遊佚而錯之也；將以爲萬民興利除害，富貴貧寡安危治亂也。（又尚同）

按墨子以『非』字釋書『否』字。

苟不至德，至道不凝焉。（禮記中庸）

按正義云：不，非也；言苟非至德也。

苟不固聰明聖知達天德者，其孰能知之？（又）

先生不受，豈不命耶！（莊子讓王）

人主欲得善射射遠中微者，縣貴爵重賞以招致之，內不可以阿子弟，外不可以隱遠人，能中是者取之：是豈不必得之之道也哉。（荀子君道）

虧損聖德，誠不小愆。（漢書孔光傳）

上之所賞，命固且賞，非賢固賞也；上之所罰，命固且罰，不暴故罰也。（墨子非命）

右例不與非互用。不非古同聲，故可通用。

四　無

苟無忠信之人，則禮不虛道。（禮記禮器）

易繫辭傳云：『苟非其人，道不虛行。』句例正同，無卽作非。

無德厚以安之，無度數以治之，則國非其國，而民無其民。（管子形勢解）

五　微

微我無酒，以遨以遊。（詩邶風柏舟）

按：鄭箋云：非我無酒。

子夏曰：微悁而勇若悁者，可乎？（韓詩外傳六）

六　彼

彼交匪敖。（詩小雅桑扈）

按：左傳襄二十七年說此詩云：匪交匪敖，福將焉往。

彼交匪紓。（又采菽）

按荀子勸學篇引作匪交匪紓。

彼交匪敖。（左傳成十四年引詩）

按漢書五行志重引作匪徼匪敖。

3 關係內動詞

按此種內動詞，說文法者皆視與普通內動詞同。今因其用法必帶轉詞，故依亡友陳君承澤國文法草創之說，別立爲一種焉。

大抵此類動詞，靜表其『所在』『所居』『所止，』動表其『所過』『所往』『所至，』而其轉詞必爲表示方所之名詞。茲但舉若干字爲例，不能盡也。

A 帶介詞『於』字者。按此爲正例。

在　魚在於藻。（詩小雅魚藻）

在於王所者，長幼卑尊，皆薛居州也，王誰與爲不善？（孟子滕文公）

入　鼓方叔入於河；播鼗武入於漢；少師陽擊磬襄入於海。（論語微子）

出　仲尼適楚，出於林中。（莊子達生）

造　今病小愈，趨造於朝。（孟子公孫丑）

由　臨南驋馬而由乎孟氏。（公羊傳定八年）

次　楚師伐鄭，次於魚陵。（左傳襄十八年）

宿　孟子去齊，宿於晝。（孟子公孫丑）

坐　坐於沙中。（國策齊策）

至　齊太子光宋向戌先至於鄭。（左傳襄十一年）

臣始至於境，問國之大禁。（孟子梁惠王）

順流而東行，至於北海。（莊子秋水）

至乎王堤而死。（公羊傳三十二年）

放　放於琅邪。（又梁惠王）

歸　鄭世子忽復歸於鄭。（左傳桓十五年）

反　孟子自齊，葬於魯，反於齊，止於嬴。（孟子公孫丑下）

浮　乘桴浮於海。（論語公冶長）

遊　孔子遊於匡。（莊子秋水）

行　莊子行於山中。（又山木）

涉　君其涉于江而浮于海。（又）

止　止于蕩陰。（國策齊策）

居　春，公至自乾侯，居於鄆。（左傳昭二十九年）

之　无幾何而使梱之於燕，盜得之於道。（莊子徐无鬼）

B　省略介詞『於』字者。按此爲變例。

在　公在□乾侯。（春秋昭三十年）

在□王所者，長幼卑尊皆非薛居州也，王誰與爲善？（孟子滕文公）

入　子入□太廟，每事問。（論語八佾）

出　叔孫通已出□宮，反□舍。（史記叔孫通傳）

造　昔者有王命，有采薪之憂，不能造□朝。（又公孫丑）

居　孟子去齊，居□休。（又）

適　太師摯適□齊，亞飯干適□楚。（論語微子）

之　有爲神農之言者許行，自楚之□滕。（孟子滕文公）

過　滕文公將之楚，過□宋而見孟子。（又）

詣　代王乘傳詣□長安。（史記文帝紀）

反　吾自衞反□魯，然後樂正。（論語子罕）

至　吾嘗西至□崆峒，北過□大陸。東漸於海，南浮□江淮矣。（史記五帝紀贊）

涉　右師城上棘，遂涉□潁。（左傳襄十八年）

如　公子翬如□齊逆女。（左傳桓二年）

按古書中，變例多於正例。馬氏文通以省『於』字者爲常，但從例句之多寡爲言，不從文法之理論爲說，非是。

4　普通外動詞

大多數外動詞，都屬此類。字數無限，不能一一列舉。惟其用法，於普通用法外，有『致動用』與『意動用』之二法，不可不知。故今略舉例言之。

A　外動詞之致動用法

凡外動詞對於其賓語有『使然』或『致然』之意者，謂之外動詞之致動用法。此種用法之外動詞，或由名詞轉來，或由形容詞轉來，或由內動詞轉來，或本是外動詞，由普通用法轉而爲致動用法。今逐一舉例說明之。

一　名詞轉爲外動詞致動用

其圉人曰：吾以劍過朝，公若必曰：誰之劍？吾稱子以告，必觀之。吾僞固而授之末，則可殺也。使如之。公若曰：爾欲吳王我乎？遂殺公若。（左傳定十年）

『吳王我』者，謂使我爲吳王。

吾見申叔，夫子，所謂生死而肉骨也。（又襄廿二年）

『肉骨』者，謂使骨爲肉。

齊桓公合諸侯而國異姓。（史記晉世家）

封異姓使爲國，故云『國異姓。』

今我在也，而人皆藉吾弟，令我百歲後，皆魚肉之矣！（又竇嬰田蚡傳）

二　形容詞轉爲外動詞致動用

甲　狀態形容詞轉爲外動致動用

人潔已以進。（論語述而）

潔已者，謂使已潔。

欲潔其身而亂大倫。（又微子）

潔身者，謂使其身潔。

正其衣冠。（又堯曰）

正其衣冠，謂使其衣冠正。

既庶矣，又何加焉？曰：富之。（又子路）

富之者，謂使之富。

厚其垣牆。（左傳襄三十一年）

厚其垣牆，謂使其垣牆厚。

冬，浚洙。浚洙者，深洙也。（穀梁傳）

深洙，謂使洙水深。

夫固國者在親仁而善鄰。（國語晉語）

「固國」謂使國固。

夫民勞而實費，又無尺寸之功，破宋肥讐而世負其禍矣。（國策二十九）

肥讐謂使讐肥。

乃召莊而貴之。（又趙策）

『貴之』者，謂使之貴。

古之爲治者將以愚民。（老子）

『愚民』者，謂使民愚。

君子之於禽獸也，見其生不忍見其死，聞其聲不忍食其肉；是以君子遠庖廚也。（孟子梁惠王上）

『遠庖廚』謂使其庖廚遠隔。

工師得大木，則王喜；匠人斲而小之，則王怒。（又梁惠王下）

『小之』者，謂使之小。

故天將降大任於是人也，必先苦其心志，勞其筋骨。（又告子下）

苦其心志，謂使其心志勞苦；勞其筋骨，謂使其筋骨勞苦。

足以合大衆，美國家。（荀子）

『美國家』謂使其國家美。

靜耳而不聽。（列子）

『靜耳，』謂使其耳靜。

虛囹圄而免刑戮。（賈誼過秦論）

『虛囹圄，』謂使囹圄空虛。

上求魚臣乾谷。（淮南子說山）

，乾谷謂使谷乾。

彊本弱支幹之勢也。（史記）

『彊本弱支幹，』謂使本彊，使支幹弱。

上素驕淮南王，弗爲置嚴傅相，以故至此。（史記淮南王傳）

吾寧不能言而富貴子？子不足收也！（又張儀傳）

衣以温膚。（論衡道虛）

『温膚』謂使膚温。

乙　數量形容詞轉爲外動致動用

士也罔極，二三其德。（詩衛風氓）

六先景之乘。（漢書揚雄傳）

六素虯。（又）

三　內動詞轉爲外動致動用

龍蛇之蟄，以存身也。（易繫辭）

按謂使身存。

夫子所謂生死而肉骨也。（左傳襄二十二年）

『生死』，謂使死人生。

沈其二子於河。（左傳）

譯爲今語，當云將二子弄沈在河裏。

我落其實而取其材。（又宣十五年）

譯文當云將實落下。

華元登子反之牀，起之。（又）

起之者，謂使之起。

小子鳴鼓而攻之。（論語先進）

鳴鼓者，謂使鼓鳴。

吾欲輔重耳而入之晉，何如？（韓非子十過）

入之晉謂使之入於晉。

靈王於是獨徬徨山中，野人莫敢入王。（史記楚世家）

入王者，謂使之入。

反周公。（又魯世家）

反周公，謂使周公反。

齊女乃與趙衰等謀醉重耳，載以行。（又晉世家）

『醉重耳』謂使重耳醉。

蘇秦乃激怒張儀，入之於秦。（又蘇秦傳）

進不滿千錢，坐之堂下。（又高帝紀）

使之坐堂下。

走白羊樓煩王。（又衞青傳）

走者謂使之走。

建陰結交，欲告敗太子，以其父代之。（又淮南王傳）

告敗太子，謂告太子使敗也。

買臣深怨，常欲死之。（漢書朱買臣傳）

『死之』者，謂致之死。

匈奴使其貴人居漢，病，服藥，欲愈之。（又匈奴傳）

欲愈之，謂欲使之愈。

蔡澤以噤吟而笑唐舉。（揚雄解嘲）

笑唐舉謂使唐舉笑。

故爲風雨以還吾師。（吳越春秋）

還吾師，謂使吾師還。

徒屈指心計盡發疑謬。（三國志）

屈指謂使指屈。

寢其女於帳中。（北史）

寢其女於帳中，謂使其女寢於帳中。

四　普通外動詞轉作致動用

負{普通用　世負其禍矣。（國策）
　{致動用　負之不義之名。（漢書黥布傳）

按『負之不義之名。』謂使之負不義之名。

禽
普通用　越王勾踐戰敝卒三千人，禽夫差於干遂。（史記蘇秦傳）
致動用　夫割地包利，五伯之所以覆軍禽將而求也。（同）
按禽將，謂使其將見禽。

嘗
普通用　君賜食，必先嘗之。（論語鄉黨）
致動用　嘗人，人死；食狗，狗死。（呂氏春秋）
按嘗人者，使人嘗之。

疑
普通用　三人疑之，其母懼焉。（史記甘茂傳）
致動用　今尊立其子，將疑衆心。（後漢書張步傳）
按疑衆心者，謂使衆心疑。

從
普通用　吾從衆。（論語）
致動用　吳王反，欲從閩越，閩越未肯行。（史記東越傳）
按從閩越者，謂使閩越從已。

按此種既同是外動詞，形式又無可區別，最易生誤解。學者宜詳之。

B　外動詞之意動用法

凡外動詞，對於其賓語有『認爲』『以爲』之意者，爲外動詞之意動用法。此種用法之外動字，或由名詞轉來，或由形容詞轉來。

一　名詞轉爲外動詞意動用

言夫人必以其氏姓。言夫人而不以氏姓，非夫人也，立妾之辭也；非正也。夫人之，我可以不夫人之乎？（穀梁傳僖八年）

諸侯用夷禮，則夷之。（韓文）

以之爲夷。

人其人。（又）

以其人爲人。

二　形容詞轉爲外動詞意動用

此其言國，何也？久之也。（穀梁傳）

按久之，謂以爲太久。

登東山而小魯，登太山而小天下。（孟子盡心上）

按謂認魯與天下爲小。

孔子賢之。（孟子）

按謂認之爲賢。

彼長而我長之，非有長於我也；猶彼白而我白之，從其白於外也。（又告子上）

按長之白之，謂認之爲長，認之爲白。

人主自智而愚人，自巧而拙人。（呂氏春秋審分覽知度）

按愚人拙人，謂以人爲愚，以人爲拙。

細萬物，則心不惑矣。（淮南子精神）

按細萬物，謂以萬物爲細。

上壯而許之。（漢書趙充國傳）

時充國年七十餘，上老之。（又）

按老之以爲年太老。

乃勇子胥也。（越絕書）

按勇子胥，謂認子胥爲勇。

少年壯其意，又素受恩，皆許諾。（後漢書劉盆子傳）

按壯其意，謂認其意爲壯。

復使將其部曲至鄴，武叩頭辭以不願。世祖愈美其意。（又馬武傳）

按美其意，謂以其意爲美。

人狂我，我焉得不狂也？（邯鄲人士小傳）

按狂我，謂以我爲狂。

天下不多管仲之賢，而多鮑叔能知人也。（史記管仲傳）

管仲，世所稱賢臣，然孔子小之。（又）

顯王左右素習知蘇秦，皆少之，弗信。（又蘇秦傳）

注意　形容詞既可作外動致動用，又可作外動意動用，故有同一詞而兼致動意動兩用法者。如前舉例中：

小——致動用：匠人斲而小之。
小——意動用：管仲，世所稱賢臣，然孔子小之。

愚——致動用：古之爲治者，將以愚民。
愚——意動用：人主自智而愚人。

美——致動用：足以合大衆，美國家。
美——意動用：世祖愈美其意。

5　不完全外動詞

A　『謂』義諸字

一　謂

婦人謂嫁曰歸。（爾雅）

楚人謂乳穀，謂虎於菟。（左傳宣四年）

文王以民力爲臺爲沼，而民歡樂之，謂其臺曰靈臺，謂其沼曰靈沼。（孟子梁惠王上）

二　爲

趙盾曰：天乎天乎！予無罪！孰爲盾而忍弒其君者乎？（穀梁傳宣二年）

管仲，曾西之所不爲也，而子爲我願之乎？（孟子公孫丑上）

華如誣，巧言令色足恭，一也；皆以無爲有者也。此之爲考志也。（大戴禮文王官人）

按上文『此之謂觀誠也』下文『此之謂視中也』字皆作謂。

宋，所爲無雉兔鮒魚者也。（墨子公輸）

按『所爲』即『所謂』，此被動用法。

動而爲之生，死而謂之窮。（淮南子詮言訓）

按此例「爲」「謂」互用。

書曰：享多儀，儀不及物。曰：不享。惟不役志於享，爲其不成享也。（孟子告子下）

王云：此言書之所言，謂其不成享也。

從命利君爲之順，從命病君爲之諫，逆命利君謂之忠，逆命病君謂之亂。（説苑臣術）

按此例亦爲謂互用，爲亦謂也。

三　與

獺獸祭魚，其必與之獸，何也？曰：非其類也。（大戴禮夏小正傳）

來降燕乃睇室，其與之室，何也？操泥而就家入人内也。（又）

王引之云：與之獸，謂之獸也；與之室，謂之室也。

四　名

暴其民甚則身弑國亡，不甚則身危國削。名之曰幽厲。（孟子離婁上）

五　命

君命太子曰仇，命其弟曰成師。（左傳桓二年）

是其生也，與吾同物，命之曰同。（又桓六年）

按此外尚有『號』『謚』等字，可以類推，不詳述。

B 『使』義諸字

一 使

上使御史簿責魏其。（史記魏其侯傳）

其春，武安侯病，專呼服謝罪。使巫視鬼者視之，見魏其灌夫共守笞，欲殺之。竟死。（又）

大將軍亦欲使敖與俱當單于。（又李將軍傳）

以秦攻之，譬如使豺狼逐羣羊。（又張儀傳）

惠王用張儀之計，遂散六國之從，使之西面事秦。（又李斯傳）

向使四君卻客而不內，疏士而不用，是使國無富利之實而秦無彊大之名也。（又）

二 令

令者，所以令△人知罪也。（管子七臣七主）

太子早死。臨死，謂其父昆莫曰：必以岑娶爲太子，無令△他人代之。（史記大宛傳）

平明，令△門下候伺，至日中，丞相不來。（又魏其侯傳）

武安遂怒，乃令△騎留灌夫。灌夫欲出，不得。籍福起爲謝，案灌夫項令△謝。夫愈怒，不肯謝。（又

君第重射！臣能令△君勝。（又孫武傳）

燕王昏亂，其太子丹乃陰令△荆軻爲賊。（又秦始皇紀）

C 『柰』義諸字　按此類外動字必有何字伴之，『柰……何』，卽今言『怎樣對之』之意，故爲不完全外動詞。

一　柰

吾君老矣，國家多難。伯氏不出，奈△吾君何？（晉語二）

於是項羽乃悲歌慷慨自爲詩曰：『力拔山兮氣蓋世，時不利兮騅不逝！騅不逝兮可奈何？虞兮！虞兮！奈△若何？』（史記項羽紀）

按『奈若何』謂『奈汝何。』

邊人奴婢愁苦，欲亡者多，曰：聞匈奴中樂，無奈候望急何。（又匈奴傳）

夫唐堯有丹朱，周文王有管蔡；此皆上聖，無奈下愚子何。（漢書王莽傳）

按『無奈候望急何』者，言『無法怎樣對付候望急』；『無奈下愚子何』者，言『無法怎樣對付下愚子』也。故此種『無』字實爲無指指示代名詞。宜注意！

二　若

寇深矣！若之何？（左傳僖十五年）

隨會在秦，賈季在狄，難日至矣！若之何？（又文十三年）

敝邑以政刑之不修，寇盜充斥，無若諸侯之屬辱在寡君者何，是以令吏人完客所館。（又襄三十一年）

叔父其茂昭明德，物將自至，余敢以私勞變前之大章！其若先王與百姓何？（周語）

內之，無若羣臣何！（魏策）

三　如

陳文子見崔武子曰：將如君何？（左傳襄二十四年）

按『將如君何，』當譯爲『將怎樣對付君。』

人而不仁，如禮何；人而不仁，如樂何？（論語八佾）

天生德於予，桓魋其如予何？（又述而）

不能正其身，如正人何？（又子路）

不曰如之何如之何者，吾末如之何也已。（又衛靈公）

君如彼何哉？（孟子）

吾如有萌焉何哉？（又）

一薛居州，獨如宋王何？（又）

此道不行一國與當年，其如天下與來世矣！（列子仲尼）

按此例省去『何』字，特爲罕見。

四　謂

豈不夙夜，謂行多露！（詩召南行露）

按此例省去『何』字。

天實爲之，謂之何哉！（又邶風北門）

救而棄之，謂諸侯何？（左傳僖二十八年）

以師伐人，遇其師而還，將謂君何？（又成二年）

君實有臣而殺之，其謂君何？（又成十七年）

雖惡於後王，吾獨謂先王何乎？（齊策）

殺之亡之，無謂天下何；內之，無若羣臣何。（魏策）

今縱不能博求天下賢聖有德之人而禪天下焉，而曰豫建太子，是重吾不德也，謂天下何？（史記文帝紀）

6　雙賓語外動詞

雙賓語者，一表人，爲間接賓語；一表物，爲直接賓語。此類動詞爲數亦有限，故今取古書中此類字略述之。

一 賚 爾雅釋詁云：賚，賜也。

夢帝賚予良弼。（書說命上）

賚爾秬鬯。（說文引周書）

二 釐 玉篇引蒼頡篇云：釐，賜也。

釐爾圭瓚。（詩江漢）

三 賜

余賜汝孟諸之麋。（左傳僖二十八年）

賜卿大夫爵則儐。（周禮小宗伯）

賜趙夙耿，賜畢萬魏。（史記晉世家）

四 錫 爾雅釋詁云：錫，賜也。

或錫之鞶帶。（易訟）

五　授

王使榮叔來錫桓公命。（左傳莊元年）

我欲中國而授孟子室。（孟子公孫丑下）

六　遺

陳餘亦遺章邯書。（史記項羽紀）

七　予

秦亦不以城予趙，趙亦終不予秦璧。（史記藺相如傳）

八　匃　廣雅釋詁云：匃，予也。

我匃若馬。（漢書西域傳）

雙賓語外動詞之句，可以他種形式表之。其形式有二種：（一）以介詞『以』介直接賓語，（二）以介詞『於』介間接賓語。

1 余賜汝孟諸之麋。

2 余賜汝以孟諸之麋。或余以孟諸之麋賜汝。

3 余賜孟諸之麋於汝。

7 同動詞

A 無義諸字

一 無 亡 毋

大車無輗，小車無軏，其何以行之哉？（論語爲政）

且司馬，令尹之偏，而王之四體也。絶民之主，去身之偏，艾王之體以禍其國，無不祥大焉。（左傳襄三十年）

夫無所發怒，乃罵臨汝侯。（史記竇嬰田蚡傳）

魏其良久乃聞，聞卽恚，病痱，不食欲死。或聞上無意殺魏其，魏其復食，治病。（又）

上以爲廉忠實無他腸，乃拜綰爲河間王太傅。（又萬石君傳）

使其中有可欲者，雖錮南山猶有郄；使其中無可欲者，雖無石槨，又何戚焉？（又張釋之傳）

無德厚以安之，無度數以治之，則國非其國，而民無其民。（管子形勢解）

按此例以『無』與『非』爲對文。

今入趙北地入燕東地入齊南地入韓魏，則君之所得民，亡幾何人。（史記白起傳）

軍亡導，或失道，後大將軍。（又李將軍傳）

亡是公者，無是人也。（漢書司馬相如傳）

有如兩宮螫將軍，則妻子毋類矣。（又魏其侯傳）

盡十二月，郡中毋聲。（又酷吏傳）

漢廷臣毋能出其右者。（又田叔傳）

毋城郭常處耕田之業，然亦各有分地。（又匈奴傳）

二　末

如有所立，卓爾。雖欲從之，末由也已。（論語子罕）

三　蔑

臣出晉君，君納重耳，蔑不濟矣。（左傳僖十年）

雖我小國，則蔑以過之矣。（又文十七年）

夫狡焉思啟封疆以利社稷者，何國蔑有？唯然，故多大國矣。（又成十年）

雖甚盛德，其蔑以加於此矣！（又襄二十九年）

四　罔

罔有攸赦。（書）

五　靡

物靡不得其所。（史記司馬相如傳）

四海之內，靡不受獲。（又）

六　莫

及平長，可娶妻，富人莫肯與者。貧者，平亦恥之。（史記陳平世家）

京師親戚冠蓋相望，亦古今常道，莫足言者。（漢書游俠傳）

爲京兆尹門下督，從至殿中，侍中諸侯貴人爭欲揖章，莫與京兆尹言者。（又）

七　非

死而非補。（賈子耳痺）

夫子則非罪。（史記孔子世家）

B　猶義諸字

一　猶

文莫吾猶人也；躬行君子，則吾未之有得。（論語述而）

聽訟吾猶人也；必也使無訟乎！（又顏淵）

以若所爲，求若所欲，猶緣木而求魚也。（孟子）

周公之不有天下，猶益之於夏，伊尹之於殷也。（又）

秦，形勢之國，地勢便利，其以下兵於諸侯，譬猶居高屋之上建瓴水也。（史記高祖紀）

吾今日見老子，其猶龍邪！（又老子傳）

今吳之有越，猶人之有腹心之疾也。（又伍子胥傳）

夫秦卒與山東之卒，猶孟賁之與怯夫。（又張儀傳）

斯其猶人哉！安足與謀？（又李斯傳）

二 由

人役而恥爲役，由弓人而恥爲弓，矢人而恥爲矢也。（孟子公孫丑上）

8 助動詞

一 可

天下國家可均也，爵祿可辭也，白刃可蹈也，中庸不可能也。（禮記中庸）

天之高也，星辰之遠也，苟求其故，千歲之日至可坐而致也。（孟子離婁下）

騎士曰：沛公不好儒，與人言，常大罵，未可以儒生說也。（史記酈食其傳）

事未可知，何早自殺爲？（又陸賈傳）

使者十輩來，皆言匈奴可擊。（又劉敬傳）

冒頓殺父代立，妻羣母，以力爲威，未可以仁義說也。（又）

呂后與陛下攻苦食啖，其可背哉？（又叔孫通傳）

君雖恨於臣，亦無可奈何。（又范睢傳）

詩書雖缺，然虞夏之文可知也。（又伯夷傳）

求人可使報秦者，未得。（又藺相如傳）

秦王以十五城請易寡人之璧，可予不？（又）

諸侯大驕，必生患，可適削地。（又袁盎傳）

司馬夜引袁盎起，曰：君可以去矣！（又）

但可敕會取艾，不足自往。（魏志鍾會傳）

軍中士大夫詣原者數百人：太祖怪而問之。時荀文若在坐，對曰：獨可省問邴原耳。（又邴原傳）

二　能而

今之事君者皆曰：我能為君辟土地，充府庫。（孟子告子下）

持方枘欲內圜鑿，其能入乎？（史記孟子荀卿傳）

當是時，諸公皆多季布能摧剛為柔。（又季布傳）

上欲廢太子，大臣多諫爭，未能得堅決者也。（又留侯世家）

富貴不能快意，非賢也。（又季布傳）

天子曰：非此母不能生此子。（又酷吏傳）

且帝寧能為石人邪？（又魏其侯傳）

布之初反，謂其將曰：上老矣，厭兵，必不能來。（又黥布傳）

今大臣雖欲為變，百姓弗為使，其黨寧能專一邪？（又孝文紀）

寡人已知將軍能用兵矣。（又孫子吳起傳）

夫習與正人居之，不能毋正，猶生長于齊，不能不齊言也。（漢書賈誼傳）

故古者聖王唯而審以尙同以爲正長，是故上下情通。（墨子尙同）

天下之所以治者，何也？唯而以尙同一義爲政故也。（又）

不而矯其耳目之欲。（又非命）

君以此思哀，則哀將焉而不至矣！（荀子哀公）

不逢湯武與桓繆兮，世孰云而知之？（楚辭九章）

管燕謂其左右曰：子孰而與我赴諸侯乎？（齊策）

秦始皇使遺君王后玉連環，曰：齊多知，而解此環不？（又）

按莊子逍遙遊篇云：『知效一官，行比一鄉，德合一君，而徵一國。』亦假『而』爲『能』，作名詞用。

三　克

先王克謹天戒，臣人克有常憲。（夏書）

秉文文王，克昌厥後。（詩）

四　任

是時，武安君病，不任行。（史記白起傳）

單于以疾病不任奉朝賀，遣使自陳。（漢書息夫躬傳）

皇帝年在襁褓，未任親政。（又王莽傳上）

卒腹痛，不任入。（吳志諸葛恪傳）

義眞輕訬，不任主社稷。（宋書廬陵王義眞傳）

五　足

不撎，參之肉其足食乎？（左傳宣十二年）

是四國者專足畏也。（又昭十二年）

王由足用爲善。（孟子）

王曰：婦言謂何？孟曰：『婦言：愼無爲楚相！不足爲也！』（史記滑稽傳）

無巖處奇士之行，而長貧賤，好語仁義，亦足羞也！（又貨殖傳）

盎乃驚謝曰：公幸有親！吾不足以累公。（又袁盎傳）

亞父受玉斗，置之地，拔劍撞而破之，曰：唉！豎子不足與謀！（又項羽紀）

鄒陽辭雖不遜，然其比物連類，有足悲者。（又鄒陽傳）

河南太守獨有雒陽耳！何足憂！（又淮南王傳）

荆軻曰：此國之大事也！臣駑下，恐不足任使。（又刺客傳）

夫以秦王之暴而積怒於燕，足爲寒心。（又）

夫秦雖積衆暴兵數十萬人，雖有覆軍殺將係虜單于之功，亦適足以結怨深讎，不足以償天下之費。（又平津侯傳）

王太后曰：太子小而傅太后抱養之，今至太子家，以乳母恩耳！不足有所妨。（漢書外戚傳）

鍾會所統，五六倍於鄧艾，但可敕會取艾，不足自往。（魏志鍾會傳）

忍病十年，壽俱當盡，不足故自刳裂。（又華佗傳）

六 得

先爲之極，又焉得立！（左傳閔二年）

王之所大欲，可得聞與？（孟子梁惠王）

是時王氏方盛，賓客滿門，五侯兄弟爭名，其客各有所厚，不得左右。（漢書樓護傳）

聖自以子必死，武平心決之，卒得不死。（又何武傳）

今壹受詔如此，且使妾搖手不得。（又外戚成許后傳）

田爲王田，賣買不得。（後漢書隗囂傳）

七　當

仲父不當盡語我昔者有道之君乎？（管子）

文帝曰：吏不當若是邪！（史記張釋之傳）

令尹曰：是固當反。（又黥布傳）

五日，良夜未半往。有頃，父亦來，喜曰：當如是。（又留侯世家）

黥布秦時爲布衣，少年，有客相之曰：當刑而王。（又黥布傳）

天下事非若所當言也。（又曹相國世家）

平身閒行杖劍亡。渡河船人見其美丈夫獨行，疑其亡將，要中當有金玉寶器，目之。（又陳平世家）

向使嬰有庸主之才，僅得中佐，山東雖亂，秦之地可全而有，宗廟之祀，未當絕也。（又秦始皇紀）

今上禱祠備謹，而有此惡神，當除去，而善神可致。（又）

斯曰：安得亡國之言！此非人臣所當議也！（又李斯傳）

卽宮車一日晏駕，非大王當誰立者？（又淮南王傳）

項王見人恭敬慈愛，言語嘔嘔，人有疾病，涕泣分食飲，至使人有功當封爵者，印刓弊，忍不能予。（又淮陰侯傳）

今政治和平，世無兵革，上下相安，何因當有大水一日暴至？（漢書王商傳）

曉人不當如此邪？（又薛廣德傳）

謂盆子曰：自知當死不？對曰：罪當應死。（後漢書劉盆子傳）

八　宜

是宜爲君，有恤民之心。（左傳莊十一年）

惟仁者宜在高位。（又離婁上）

臣宜從，病甚。（史記留侯世家）

顧上有不能致者，天下有四人。今公誠能無愛金玉璧帛，令太子爲書，卑辭安車，因使辨士固請，宜來。（又）

孝文帝召田叔問之，曰：公知天下長者乎？對曰：臣何足以知之！上曰：公，長者也；宜知之。（又田叔傳）

帝問：天下誰愛我？通曰：宜莫如太子。（又佞幸傳）

兩國相擊，此宜夸矜見所長。（又劉敬傳）

長者無他技能，宜可令收債。（又孟嘗君傳）

臣竊以爲其人勇士，有智謀，宜可使。（又藺相如傳）

蓋君子善善惡惡，君宜知之！（又平津侯傳）

使者及左將軍疑其爲變，謂太子：『已降服，宜命人毋持兵。』（又朝鮮傳）

今范陽令宜整頓其士卒以守戰者也。（又陳餘傳）

呂后數言：張王以魯元公主故，不宜有此。（又張耳傳）

酈生曰：必聚徒合義兵誅無道秦，不宜倨見長者。（又酈生傳）

平陽侯曹參身被七十創，攻城略地，功最多，宜第一。（又蕭相國世家）

於是二世令御史案諸言反者下吏，非所宜言。諸言盜者皆罷之。（又叔孫通傳）

將軍至尊，不宜入閭巷。（漢書樓護傳）

豈宜惟思所以清原正本之論，刪定律令？（又刑法志）

願將軍詳大義，參以蓍龜，豈宜褒顯，先使入侍，令天下昭然知之。（又丙吉傳）

九　如

巫尪何爲？天欲殺之，則如勿生。（左傳僖二十一年）

若愛重傷，則如勿傷；愛其二毛，則如服焉。（又僖二十二年）

有喜而憂，如有憂而喜乎？（又宣十一年）

若知不能，則如無出；今旣遇矣，不如戰也。（又成二年）

二三子若能死亡，則如違之以待所濟；若求安定，則如與之以濟所欲。（又昭十三年）

君若愛司馬，則如亡。（又昭二十一年）

　杜注云：若愛司馬，則當亡走失國。

不能，如辭。（又定五年）

曷爲大鄭伯之惡？母欲立之，已殺之，如勿與而已矣。（公羊傳隱元年）

孟子將朝王，王使人來曰：寡人如就見者也。（孟子公孫丑下）

不習爲吏，如視己事。（大戴禮保傅）

今天下莫爲義，則子如勸我者也，何故止我？（墨子貴義）

欲令都尉自送，則如勿收耶？（漢書翟義傳）

十　職

人之彥聖，其心好之，不啻若自其口出；是能容之，以保我子孫黎民，亦職有利哉！（書秦誓）

無已太康，職思其居。（詩唐風蟋蟀）

十一　合

然則受命之符，合在於此矣。（史記司馬相如傳）

皇后非正嫡，不合稱后。（後漢書獻帝紀）

臣愚以爲宜如舊制，不合翻移。（又杜林傳）

入此歲來已七十矣。宿素衰落，仍有失誤案之禮典便合傳家。（又鄭玄傳）

此婦甚無狀，而教充離閒母兄，罪合遣斥。（又獨行李充傳）

十二　容

然則建巳之月爲純陽，不容都無復陰也。（董生雨雹對）

公軍八月至潼關，閏月北渡河，則其年閏八月也。至此，容可大寒邪？（魏志太祖紀注）

雖千古茫昧，理世玄遠；遺文逸句，容或可尋。（水經注）

先王之樂，所以節百事也；故有五節，遲速本末以相及，中聲以降，五降之後，不容彈矣。（左傳昭元年）

固狂夫下愚，不達大體，竊感古人一飯之報，況受顧遇而容不盡乎？（後漢書李固傳）

父在無容稱廟，父歿何容輒呼？（顏氏家訓）

十三　庸

既而大叔命西鄙北鄙貳於己。公子呂曰：國不堪貳，君將若之何？欲與大叔，臣請事之；若弗與，則請除之。公曰：無庸，將自及。（左傳隱元年）

按『無庸』謂『無庸除之』，動詞省略耳。故『庸』爲助動詞。

竊爲君計者，莫若安民無事，且無庸有事於民也！（史記蘇秦傳）

十四　須

奉世上言：願得其衆，不須復煩大將。（漢書馮奉世傳）

如使子女誠能奉稱聖德，臣莽國邑足以共朝貢，不須復加邑地之寵。（又王莽傳）

適有事務，須自經營。（應璩與滿公琰書）

十五　至

使茲鄭無術以致人，則身雖絕，力至死，輦猶不上也。今身不至勞苦而輦以上者，有術以致人之故也。（韓非子外儲說右下）

春秋紀纖芥之失，反之王道，追古貴信結言而已。不至用牲盟而後成約。（春秋繁露王道）

天子嘗欲教之孫吳兵法。對曰：顧方略何如耳！不至學古兵法。（史記衞霍傳）

從昆弟假貸猶足爲生，何至自苦如此！（又司馬相如傳）

王曰：此可也。雖然，吾以爲不至若此。（又淮南王安傳）

且匈奴畔其主而降漢，漢徐以縣次傳之，何至令天下騷動，罷弊中國，而以事夷狄之人乎。（又汲黯傳）

爲治者不至多言，顧力行何如耳！（又儒林傳）

議者貴其辭約而指明，可於衆人之聽，不至繁文稠辭。（鹽鐵論水旱）

夫治亂之端，在於本末而已，不至勞其心而道可得也。（又憂邊）

衡曰：顧當得不耳！何至上書！（漢書匡衡傳）

十六　將

國不堪貳，君將若之何？（左傳隱元年）

太叔完聚，繕甲兵，具卒乘，將襲鄭，夫人將啓之。公聞其期；曰：可矣！（又）

將立州吁，乃定之矣！（又隱四年）

羽父請殺桓公，將以求太宰。（又隱十一年）

此行也，將鄭是訓定，豈敢求罪於晉？（又宣十二年）

今將借人之力以救其死，若之何銘之？（又襄十九年）

鄭國將有諸侯之事，子產乃問四國之爲於子羽。（又襄三十一年）

將奉贄幣以無失時，則國家多難是以不獲。（又昭三年）

今吾子相鄭國，作封洫，立謗政，制三辟，鑄刑書，將以靖民，不亦難乎？（又昭六年）

國家方危，諸侯方貳，將以襲敵，不亦難乎？（又定四年）

今將以小忿蒙舊德，無乃不可乎？（又定六年）

宋將叛晉，是棄溷也。（又定八年）

今諸侯會，而君將以寡君見晉君，則晉成爲伯矣。（又哀十三年）

行之克也，將以害之；若其不克，其因以罪之。（晉語）

天將以夫子爲木鐸。（論語八佾）

孔子曰：諾！吾將仕矣。（又陽貨）

孟子見梁惠王，王曰：叟！不遠千里而來，亦將有以利吾國乎？（孟子梁惠王上）

宋，小國也；今將行王政。（孟子）

井上有李，螬食者過半矣；匍匐往，將食之。（又）

君將何以教我？（楚詞卜居）

伍尙謂員：可去矣！汝能報父之讎，我將歸死。（史記伍子胥傳）

沛公大驚，曰：爲將奈何？（又留侯世家）

四人相謂曰。凡來者，將以存太子。（又）

君之危若朝露，尙將欲延年益壽乎？（又商君傳）

今王將繼簡襄之意以順先王之志，臣敢不聽命乎？（又趙世家）

且夫諸侯之爲從者，將以安社稷尊主彊兵顯名也。（又張儀傳）

今將以上庸之地六縣賂楚，以美人聘楚，以宮中善歌謳者爲媵。（又）

十七　敢

緜蠻黃鳥，止於丘隅。豈敢憚行，畏不能趨。（詩小雅緜蠻）

王非若主耶？何自敢言若主？（史記田叔傳）

上下明詔：趙有敢隨趙王，罪三族。（又）

於是下董仲舒吏當死，詔赦之。於是董仲舒竟不敢復言災異。（又儒林傳）

至禹本紀山海經所有怪物，余不敢言之也。（又大宛傳）

爲人請求事，事可出，出之；不可者，各厭其意，然後乃敢嘗酒食。（又游俠傳）

公子爲人仁而下士。士無賢不肖，皆讓而禮交之，不敢以其富貴驕士。（又信陵君傳）

秦王使使者告魏王曰：吾攻趙旦暮且下。而諸侯敢救者，已拔趙，必移兵先擊之。（又）

是後魏王畏公子之賢能，不敢任公子以國政。（又）

然鄭莊在朝，常趨和承意，不敢甚引當否。（又鄭當時傳）

書到，明以諭曉王！敢復懷詐，罪過益深。（漢書文三王傳）

按『敢』字用法，有流爲形式，無復『敢』字意義者：如左傳宣十二年云：『敢布腹心，君實圖之。』禮記投壺云：『賓曰：敢固辭。主人曰：敢固以請。』之類，但表冒昧之意耳。（儀禮鄭注云：敢，冒昧之辭。）

十八　忍

一朝而尸三卿，余不忍爲也。（左傳成十七年）

君子之於禽獸也，見其生，不忍見其死，聞其聲，不忍食其肉。（孟子梁惠王上）

匈奴冒頓新服北夷，來爲邊害，孟舒知士卒疲敝，不忍出言。（史記田叔傳）

女至不材，我不忍殺，不分一錢也。（又司馬相如傳）

十九　屑

古義訓『屑』爲『潔』，『不屑』謂『不以爲潔』。

是故諸侯雖有善其辭命而至者，不受也。不受也者，是亦不屑就已。（孟子公孫丑下）

於心有猜，則簋飧饌餔，猶不屑餐；旌瞀以之。（後漢書張衡傳）

二十　肯

惠然肯來。（詩邶風終風）

楚雖大，非吾族也，其肯字我乎？（左傳成四年）

其佐先穀，剛愎不仁，未肯用命。（又宣十二年）

單于終不肯爲寇於漢邊。（史記匈奴傳）

單于死，昆莫乃率其衆遠徙，中立，不肯朝會匈奴。（又）

呂后妒，弗肯白。（又淮南厲王傳）

公子聞之，往請，欲厚遺之，不肯受。（又信陵君傳）

公子欲見兩人，兩人自匿，不肯見公子。（又）

宛有善馬在貳師城，匿，不肯與漢使。（又大宛傳）

單于留之，曰：月氏在吾北，漢何以得往使？吾欲使越，漢肯聽我乎？（又）

今諸將皆陛下故等夷，乃令太子將此屬，無異使羊將狼，莫肯爲用。（又留侯世家）

御史大夫張湯智足以拒諫，詐足以飾非，務巧佞之語，辯數之辭，非肯正爲天下言。（又汲黯傳）

燕王韓廣亦不肯徙遼東。（漢書高帝紀）

二十一　見

盆成括見殺。（孟子盡心下）

按詩褰裳序疏云：『見者，自彼加己之辭。』『見殺』卽今言『被殺』也。

然而甚者爲戮，薄者見疑。（韓非子說難）

代君死而見戮，後人臣無忠其君者矣。（史記齊世家）

中郎將蘇武使匈奴，見留二十年。（漢書燕王旦傳）

使問曰：家豈有寃欲言事乎？式曰：臣生與人無分爭，式邑人貧者貸之，不善者教順之；所居人皆從式，式何故見寃於人？（又平準書）

漢已破矣，趣下三國！不且見屠。（又齊悼惠世家）

廷尉府盡用文史法律之吏，而寬以儒生在其間，見謂不習事。（漢書兒寬傳）

召丞相御史，問虜所入郡吏；吉具對；御史大夫卒遽不能詳知，以得譴讓；而吉見謂憂邊思職。（又丙吉傳）

按此二條之『見謂』，猶今言被評論如此如此也。

乃今日見教。（又司馬相如傳）

莽長子宇非莽鬲絕衞氏，恐帝長大後見怨；宇與吳章謀，夜以血塗莽門。（漢書云敞傳）

按『恐帝長大後見怨』謂帝長大後怨王氏也。或云：『見』上省去『王氏』或『己』字，『見』仍可釋爲『被』。

先生又見客。（又司馬相如傳）

按『先生又見客』，謂『先生又來此爲客也』。此及前例雖亦可如前條釋爲『被』，但實與下條例近。此一字用法逐漸變遷痕跡之可尋者。

卓又使布守中閤而私與傅婢情通，益不自安；因往見司徒王允，自陳卓幾見殺之狀。（後漢書呂布傳）

按此例當云『幾見殺於卓』，而云『卓幾見殺』者，蓋謂『卓幾殺己』耳。故此見字不復能以『被』字釋之。以釋爲『被』則與事實舛，不可通也。此所以爲見字之變用法也。

不爲酒困。（論語子罕）

胥之父兄爲戮於楚。（史記吳世家）

靈公少侈，民不附，故爲弑易。（又晉世家）

二十三　所

世子申生爲驪姬所譖。（禮記檀弓）

夫所借衣車者，非親友則兄弟也。（戰國策趙策）

嗜慾在外，則明所蔽矣。（淮南子說林）

陰陽之所壅沉不通者竅理之。（又覽冥）

衆雄而無雌，又何化之所能造乎？（又）

無本業所修，方術所務，焉得無有睥睨掩鼻之容哉？（又修務）

僕之先人，非有剖符丹書之功，文史星歷，近乎卜祝之間，固主上所戲弄，倡優所畜，流俗之所輕也。（文選太史公報任少卿書）

漢書司馬遷傳作倡優畜之。

民不足於糟糠，何橘柚之所厭？（鹽鐵論未通）

衛太子爲江充所敗。（漢書霍光傳）

騫曰：爲漢使月氏，而爲匈奴所閉道，今亡，唯王使人道送我！（又張騫傳）

食於道旁，乃爲烏所盜肉。（漢書黃霸傳）

所以微文深詆殺者甚衆。（又咸宣傳）

車騎大將軍鄧隲爲種羌所敗於冀西。（後漢書安帝紀）

當其寒也，何刑所斷？當其溫也，何賞所施？（論衡寒溫）

二十四　相

小生乃欲相吏耶？（漢書朱雲傳）

縱荆邦之賊者，我也；報荆邦之仇者，子也。兩俱不仁，何相問姓名爲？（越絕書荆平王）

二十五　與

吳王夫差棲越於會稽，勝齊於艾陵，遂與句踐禽，死於干隧。（秦策）秦與天下罷，則令不横行於周矣。（西周策）

今本作秦與天下俱罷，誤辨見讀書雜志。

二十六　遑　皇

我躬不閱，遑恤我後？（詩邶風谷風）

不遑啓居，玁狁之故。（又小雅采薇）

心之憂矣，不遑假寐。（又小弁）

爾之安行，亦不遑舍。（又何人斯）

我今不閱，皇恤我後？（禮記表記引詩）

朕獲承至尊休德，傳之亡窮而施之罔極，任大而守重，是以夙夜不皇康寧。（漢書董仲舒傳）

二十七　暇

今也制民之產，仰不足以事父母，俯不足以畜妻子；樂歲終身苦，凶年不免於死亡。此惟救死而恐不贍，奚暇治禮義哉！（孟子梁惠王上）

聖人之憂民如此，而暇耕乎？（又滕文公上）

周文王至於日昃不暇食。（漢書董仲舒傳）

乙　動詞之倒置

末之也已！何必公山氏之之也？（論語）

吾以子爲異之問，曾由與求之問！（又）

古者民有三疾，今也或是之亡也。（又）

吾斯之未能信。（又）

雖天地之大，萬物之多，而唯蜩翼之知。（莊子達生）

虢多涼德，其何土之能得？（左傳莊三十二年）

寡君其罪之恐，敢與知魯國之難！（又昭三十一年）

非子之求而蒲之愛。（又宣十二年）

僑聞君子長國家者非無賄之患而無令名之難。（又襄二十四年）

愎諫違卜，固敗是求。（又僖十五年）

除君之惡，唯力是視。（又僖二十三年）

率師以來，唯敵是求。（又宣十二年）

唯吾子戎車是利，無顧土宜。（又成二年）

余唯利是視。（又成十三年）

雞鳴而駕，塞井夷竈，唯余馬首是瞻。（又襄十四年）

釋君而臣是助，無乃不可乎！（又昭二十一年）

今吳是懼而城於郢，守已小矣。（又昭二十五年）

將虢是滅，何愛於虞！（又僖四年）

皇天無親，惟德是輔。（書蔡仲之命）

我周之東遷，晉鄭焉依。（左傳隱六年）

安定國家，必大焉先。（又襄三十年）

如松柏之茂，無不爾或承。（詩小雅天祿）

不念昔者，伊予來塈。（又邶風谷風）

于京斯依。（又大雅公劉）

四國于蕃；四方于宣。（又崧高）

鬼神非人實親；惟德是依。（左傳僖五年）

求而無之實難；過求何害！（又文六年）

按動詞倒置時，必有語中助詞『之』『是』『焉』『或』『來』『斯』『于』『實』等詞助之。

丙　古書中動詞之用法

1　二動詞或三動詞連用

季友母，陳女，故亡在陳，陳故佐送季友及子申。（史記魯世家）

齊伐取我隆。（又）

昭公朝晉至河，晉平公謝還之。（又）

秦虜滅韓王。（又燕世家）

惠公怨周之容舍黔牟。（又衞世家）

遂攻出獻公。（又）

魏囚殺懷君。（又）

故宋皇敗得囚華元。（又宋世家）

驪姬詳譽太子，而陰使人譖惡太子。（又晉世家）

太子何忍也其父而欲弒代之，況他人乎！（又）

周使召公過禮晉惠公。（又）

秦繆公乃發兵送內重耳。（又）

公令胥童以兵八百人襲攻殺三郤。（又）

楚王至孟，遂執辱宋公。（又楚世家）

齊襄公使彭生醉拉殺魯桓公。（又鄭世家）

激怒張儀。（又蘇秦傳）

2　以外動詞帶賓語之頓爲動詞

魏其武安俱好儒術，推轂趙綰爲御史大夫，王臧爲郎中令。（史記魏其侯傳）

其推轂士及官屬丞史，誠有味其言之也！（又鄭當時傳）

顏漢書注云：推轂，謂升薦之，若轉車轂之爲也。

巴蜀棧道千里，無所不通，唯褒斜綰轂其口。（又貨殖傳）

願君慎勿出於口，請別白黑所以異陰陽而已矣。（又蘇秦傳）

3　絕對散動詞

猶之與人也，出納之吝謂之有司。（論語堯曰）

民者，譬之馬也；堯舜御之，則天下端正；桀紂御之，則天下奔於歷山。（御覽七百四十六引尸子）

彼，觀其意，且欲得其當而報漢。（太史公報任少卿書）

總之，不離古文者近是。（史記五帝紀）

且先王昔言：事天子期無失禮，要之不可以說好語入見，入見則不得復歸，亡國之勢也。（又尉佗傳）

夫張儀之行事甚於蘇秦。然世惡蘇秦者，以其先死而儀振暴其短，以扶其說成其衡道。要之，此兩人眞傾危之士哉！（又張儀傳）

臣遷謹記高祖以來至太初諸侯，其下益損之時，令後世得覽：形勢雖強，要之以仁義爲本。

（又漢興以來諸侯表序）

然要其歸；必止乎仁義節儉君臣上下六親之施。（又孟荀列傳）

夫紆於物則非己，直於志則犯俗，辭其艱則乖義，徇其節則失身。統之；方軌易因，險塗難御。（後漢書胡廣傳）

丁　動詞之省略　省略之字，以□表之。

ㄅ　省略內動詞

則其無淫於觀，□於逸，□於遊，□於田，以萬民惟正之供。（書無逸）

先君以是舞也，習戎備也。今尹不尋諸仇讎，而□於未亡人之側，不亦異乎！（左傳莊二十八年）

凡諸侯之喪，異姓，臨於外；同姓，□於宗廟；同宗，□於祖廟；同族，□於禰廟。（又襄十二年）

躬自厚□而薄責於人，則遠怨矣。（論語衛靈公）

王不待大湯以七十里□，文王以百里□。（孟子公孫丑上）

號泣于旻天，□□于父母。（又萬章上）

善不善，本於義，不□於愛。（呂氏春秋聽言）

詩言契生卵，后稷□人迹者，欲見其有天命精誠之意耳。（史記三代世表序）

此例省動詞生字，並省介詞於字。

扜彌南與渠勒□，東北與龜茲□，西北與姑墨接。（漢書西域傳）

按：于闐下云：南與羌接，北與姑墨接。即不省。

具以春秋對，毋以蘇秦縱橫□。（又嚴助傳）

ㄆ　省略外動詞

君子是以知秦穆公之爲君也，舉人之周也，孟明之□臣也，其不解也，能懼思也。（左傳文三年）

醫和曰：上醫醫國，其次□疾，固醫官也。（晉語）

視天下悅而歸己，猶□草芥也。（孟子離婁上）

此類例有不省者：如國策蘇秦之楚章『楚王曰：寡人聞先生若聞古人，』下一『聞』字不省。

人傷堯以不慈之名，□舜以卑父之號，□禹以貪位之意，□湯武以放弒之謀，□五伯以侵奪之事。（呂氏春秋舉難）

爲客治飯而自□藜藿。（淮南子說林）

周封伯禽康叔於魯衞，地各四百里；□太公於齊，兼五侯地。（史記漢興以來年表）

祠參山八神於曲城，□蓬山石社石鼓於臨朐，□之罘山於腄，□成山於不夜，□萊山於黃。（漢書郊祀志下）

咸最先進年十八爲左曹；二十餘，□御史中丞。（又蕭育傳）

霸爲博士，堪□譯官令，（又儒林傳）

〔　〕省略外動詞與其賓語

故有得神以興，亦有□□以亡。（左傳莊王十二年）

予，天民之先覺者也，予將以斯道覺斯民也，非予覺之而誰□□也？（孟子萬章上）

吾聞其以堯舜之道要湯，未聞以割烹□□也。（又）

衛嗣君時，胥靡逃之魏。衛贖之百金，不與；乃請以左氏□□。（國策衛策）

楊子之鄰人亡羊，既率其黨□□，又請楊子之豎追之。（列子）

窺面於盤水則圓，□□於杯則隋。（淮南子齊俗）

於是梁亭乃每暮夜灌楚亭之瓜，楚亭旦而行瓜，則又皆以灌矣，瓜日以美。楚亭怪而察之，則乃梁亭□□也。（說苑復恩）

時上初卽位，思進賢良，多上書言便宜，輒下望之問狀。高者請丞相御史□□，次者中二千石試事，滿歲以狀聞。（漢書蕭望之傳）

按省試事二字。

前將軍出塞千二百餘里，至烏員，斬首捕虜；至候山，□□□□百餘級。（漢書匈奴傳）

按省『斬首捕虜』四字：

北宮伯子以愛人長者□，而趙同以星氣幸。（史記佞幸傳）

匸　省略被動式外動詞

丂　省略外動詞曰字

子曰：由也！女聞六言六蔽矣乎？對曰：未也。□居！吾語女。（論語陽貨）

按居吾語女乃孔子語，上省『曰』字。

子曰：食夫稻，衣夫錦，於女安乎？曰：安。□女安則爲之！（又）

按女安則爲之，孔子語。上省曰字。

曰：與少樂樂，與衆樂樂，孰樂？曰：不若與衆。□臣請爲王言樂。（孟子梁惠王下）

按臣請爲王言樂，乃孟子語，上省曰字。

敢問夫子惡乎長？曰：我知言，我善養吾浩然之氣。□：敢問何謂浩然之氣？（孟子公孫丑上）

公孫丑問，上省曰字。下文『何謂知言？』『然則夫子旣聖矣乎？』『敢問所安？』三句同，上亦無曰字。

孟子之平陸，謂其大夫曰：子之持戟之士一日而三失伍，則去之否乎？曰：不待三。□然則子之失伍也亦多矣！（又公孫丑下）

然則以下，孟子語，上省曰字。

曰：百工之事，固不可耕且爲也。□然則治天下獨可耕且爲與？（又滕文公上）

孟子曰：生之謂性也，猶白之謂白與？曰：然。□白羽之白也猶白雪之白；白雪之白，猶白玉之白與？曰：然。□然則犬之性猶牛之性，牛之性猶人之性與？（孟子告子上）

左師公曰：今三世以前，至於趙之爲趙，趙王之子孫侯者，其繼有在者乎？曰：無有。曰：微獨趙，諸侯有在者乎？曰：老婦不聞也。□此，其近者禍及身，遠者及其子孫，豈人主之子孫則必不善哉？位尊而無功，奉厚而無勞，而挾重器多也。（國策趙策）

此其近者以下，觸龍語，上省曰字。

悼公之喪，季昭子問於孟敬子曰：爲君何食？敬子曰：食粥，天下之達禮也。□吾三臣者之不

能居於公室也四方莫不聞矣。勉而爲瘠則吾能，毋乃使人疑夫不以情居瘠者乎！我則食食。（禮記檀弓）

吾三臣者以下，乃季昭子語。上省曰字。

ㄉ　省略助動詞

春秋伐者爲客，□伐者爲主。（公羊傳莊二十八年）

按何休注云：伐人者爲客，長言之；伐者爲主，短言之。此文無何注說明，竟不知其區別。此古書不明晰之處，不足爲法，不可不知。

故大國以下小國，則取小國；小國以下大國，則□取□大國。故或下以取，或下而□取。大國不過欲兼畜人，小國不過欲入事人。夫兩者各得其所欲，大者宜爲下。（老子六十一章）

『取大國』言見取於大國，或下而取，言或下而見取，皆省去見字。

大國之攻小國，□攻者農夫不得耕，婦人不得織，以守爲事。攻人者亦農夫不得耕，婦人不得織，以攻爲事。（墨子耕柱）

『攻者』當云『見攻者，』見字省去。

人固不易□知，知人亦未易也。（史記范雎蔡澤列傳）

此文上一知字，乃見知之義；見字省去，初學者乃不知與下一知字如何區別矣。

第五章　形容詞

甲　形容詞之種類

一　性態形容詞　｜馬氏名象靜字。

二　數量形容詞　｜馬氏名滋靜字。

三　指示形容詞
四　疑問形容詞 } ｜馬氏皆統合於代字，不別以爲靜字。

1　性態形容詞

性態形容詞字數甚多，無從列舉，故今略之。

2　數量形容詞

子　定數

一　計數

晉侯在外，十九年矣。（左傳僖二十八年）

二　序數　率用第字置數字之前表之。

蕭何第一，曹參次之。（史記蕭相國世家）

補上黨郡中令，治敢行，少蘊藉，縣無逋事，舉爲第一。（又義縱傳）

後爲茂陵令，會課，育第六。（漢書蕭育傳）

三　分數

第一式　母數十分十名詞十之十子數，（十乃加號。）

一月之日，二十九日八十一分日之四。（史記歷書正義）

冬至，日在斗二十一度四分度之一。（漢書律歷志）

此爲最完備之式。

第二式　前式省分字，其式爲母數十名詞十之十子數。

大都，不過參國之一。（左傳隱元年）

第三式　名詞見前文者，表分數時省名詞，其式爲母數十分十之十子數。

故關中之地，於天下三分之一。（史記貨殖傳）

第四式　取前式更省分字，其式爲母數十之十子數。

今行父雖未獲一吉人，去一凶矣。於舜之功，二十之一也。（左傳文十八年）

郴之爲州，在嶺之上；測其高下，得三之二焉。（韓送廖道士序）

第五式　省之字，其式爲母數十分十子數。

子一分，丑三分二；寅九分八；卯二十七分十六；辰八十一分六十四；巳二百四十三分一百二十八；午七百二十九分五百二十二。（史記天官書）

第六式　母數爲十百千萬等整數者，母數子數下各有名詞之字分字並省，其式爲母數十名詞十子數十名詞。

千人一兩人耳。（史記匈奴傳）

第七式　前式又省去名詞，其式爲母數十子數。

夏后氏五十而貢，殷人七十而助，周人百畝而徹，其實皆什一也。（孟子滕文公上）

漢兵物故什六七（史記匈奴傳）

會天寒，士卒墮指者十二三（又高帝紀）

今賓昏酒食，接連相因，析醒什半（鹽鐵論散不足）

胡不赴秦軍，且有十一二相全。（史記張耳陳餘傳）

卒之墮指者十一二（又匈奴傳）

初是充國計者什三，中什伍，最後十八（漢書趙充國傳）

今大王還兵疾歸，尚得十半（又枚乘傳）

故太尉楊秉知臣竊窺典籍，猥見顯舉，誠冀臣愚直，有補萬一。（後漢書劉瑜傳）

願歸農者十九（韓平淮西碑）

爲濱獺之笑者蓋十八九矣。（又應科目時與人書）

丑　不定數

一　計數

A　數

堂高數仞，榱題數尺，我得志弗爲也。食前方丈，侍妾數百人，我得志，弗爲也。（孟子盡心下）

B　幾

夫有大功而無貴仕，其人能靖者與有幾？（左傳僖二十三年）

韓子亦無幾求。（又昭十六年）

子來幾日矣？（孟子離婁上）

數問其家金餘尚有幾所？（漢書疏廣傳）

師古云：幾所猶言幾許。

然其儁桀指示陳政，言成文章，質之先聖而不繆，施之當世合時務，若此者亦亡幾人。（又梅福傳）

將軍度羌虜何如？當用幾人？（又趙充國傳）

C　幾何

問鄉之良家其所牧養者幾何人矣？問邑之貧人債而食者幾何家？（管子問）

意家居，詔召問：所爲治病死生驗者幾何人？主名爲誰？（史記倉公傳）

詔問故太倉長臣意方伎所長及所能治病者，有其書無有？皆安受學？受學幾何歲？（又）

君所治夷滅者幾何人矣？（又酷吏傳）

相曰：如此幾何頃乎？市令曰：三月頃。（又循吏傳）

於是王乃使人馳而往問泉陽令曰：漁者幾何家？名誰爲豫且？（又龜策傳）

D　若干

漢書食貨志下注云：若干；且設數之言也。干猶個也，謂當如此個數也。胡廣云：若，順也；干，求也。當順所求而與之矣。禮記曲禮疏云：干，求也。事本不定，當如此求之。

問天子之年，對曰：始服衣若干尺矣。（禮記曲禮）

某賢於某若干純。(又投壺)

令齊趙楚各爲若干國。(漢書賈誼傳)

E　若而

天子求后於諸侯，諸侯對曰：夫婦所生若而人，妾之子若而人，無女而有姊妹及姑姊妹，則曰：先守某公之遺女若而人。(左傳襄十二年)

君若不忘先君之好，惠顧齊國，辱收寡人，徼福於太公丁公，照臨敝邑，鎭撫其社稷，則猶有先君之適遺姑姊妹若而人。(又昭三年)

F　諸

諸大夫皆曰賢；未可也。諸大夫皆曰不可，勿聽。(孟子梁惠王下)

涇渭皆非大川，以近咸陽，盡得比山川祠，而無諸加。(史記封禪書)

十餘年而蒙恬死，諸侯畔秦，中國擾亂，諸秦所徙適戍邊者皆復去。(又匈奴傳)

冒頓大怒，曰：地者，國之本也，奈何予之？諸言予之者皆斬之。(又)

諸引弓之民並爲一家。（又）

諸言盜者皆能之。（又叔孫通傳）

貴戚諸有勢在己之右，不欲加禮，必陵之。（又魏其侯傳）

諸所與交通無非豪傑大猾。（又）

諸嘗與弘有郤者，雖詳與善，陰報其禍。（又公孫弘傳）

自今諸有大父母父母喪者，勿繇事。（漢書宣帝紀）

會稽東接於海，南近諸越。（又嚴助傳）

G　庶　按鄭注尚書云：庶，衆也。

庶尹允諧。（書益稷）

念用庶徵。（又洪範）

我事孔庶。（詩小雅小明）

羞庶羞。（儀禮大射儀）

庶功日進。(淮南子主術訓)

庶物時育。(張衡東京賦)

II 羣

羣后以師畢會。(書泰誓)

羣黎百姓,徧爲爾德。(詩小雅)

羣公子奔蕭。(左傳莊十二年)

冒頓殺父代立,妻羣母。(史記劉敬傳)

宣教授諸生滿堂,有狗從外入齧其中庭羣雁數十。(漢書翟義傳)

帝曰:善。恨相見晚,羣臣初無是言也。(後漢書蓋勳傳)

及義兵起,卓乃會公卿議大發卒討之,羣僚莫敢忤旨。(又鄭泰傳)

I 餘

式脫身出分,獨取畜羊百餘。(史記平準書)

封國八百，同姓五十有餘。（漢書諸侯王表）

地之相去也千有餘里；世之相後也，千有餘歲。（孟子盡心下）

諸侯軍鉅鹿下者十餘壁。（史記項羽紀）

往往而聚者百有餘戎。（又匈奴傳）

河間獻王采禮樂古事，稍稍增益至百餘事。（漢書禮樂志）

J 許

百姓化其恩禮，其出居者，皆歸養其父母，追行喪服，推財相讓者二百許人。（後漢書何敞傳）

李注云：東觀記曰：高譚等百八十五人推財相讓。『二百許人』，猶今言『二百來人』。

赴河死者五萬許人。（又皇甫嵩傳）

詔書未到，述果使其將謝豐、袁吉將衆十許萬，分爲二十餘營，並出攻漢。（又吳漢傳）

魴率吏士七十許人力戰連日。（又馮魴傳）

帝嘗幸其府，留飲十許日。（又）

轉入巴蜀，往來二十許年。（又申屠剛傳）

隴西人宗建在枹罕，自稱河首平漢王，署置百官，三十許年。（又董卓傳）

堂閣周回，可容三千許人。（又陶謙傳）

河決積久，日月侵毀，濟渠所漂，數十許縣。（又王景傳）

文姬曰：昔亡父賜書四千許卷，流離塗炭，罔有存者。（又列女傳）

堅又募諸商旅及淮泗精兵，合千許人，與儁幷力奮擊。（吳志孫堅傳）

初，張彌許晏等俱到襄平，官屬從者四百許人。（又孫權傳注引吳書）

旦等皆舍於民家，仰其飲食，積四十許日。（又）

K　所

高四尺所。（禮記檀弓）

良殊大驚，隨目之。父去里所，復還。（史記留侯世家）

廣令諸騎曰：前未到匈奴陳二里所，止。（又李將軍傳）

十八日所而病愈。（又扁鵲傳）

其巫，老女子也，年已七十，從弟子女十人所。（又滑稽傳）

天雨血一頃所。（漢書五行志）

數問其家金餘尚有幾所？（又疏廣傳）

涉居谷口半歲所，自劾去官。（又原涉傳）

才留三千所兵守武昌耳。（吳志周魴傳）

自後賓客絕百所日。（世說）

二　序數

第幾入必王某也。（韓王公神道碑）

3　指示形容詞

子　「此」義諸字

一　此

維此二國，其政不獲。（詩）

大任有身，生此文王。維此文王，小心翼翼。（又大雅大明）

此心之所以合於王者，何也？（孟子梁惠王上）

天子聞之，曰：非此母不能生此子。（史記酷吏傳）

二　是

是心足以王矣。（孟子梁惠王上）

予豈若是小丈夫然哉！（又公孫丑）

甚矣！安危在出令，存亡在所任，誠哉！是言也！（史記楚元王世家）

是日，微樊噲犇入營誚讓項羽，沛公事幾殆。（又樊噲傳）

上曰：吾弟老，有是一子，死以屬我。（漢書東方朔傳）

三　茲

帝曰：皋陶！惟茲臣庶，罔或干予正。（書大禹謨）

惟茲佩之可貴兮，委厥美而歷茲。（離騷）

堂堂其胤，爲世之良，于其令母，受茲義方。（蔡邕濟北相崔君夫人誄）

四　斯

伯牛有疾。子問之，自牖執其手，曰：亡之！命矣夫！斯人也而有斯疾也！斯人也而有斯疾也。（論語雍也）

今及其死也，朋友諸臣未有出涕者，而內人皆行哭失聲。斯子也，必多曠於禮也夫！（禮記檀弓下）

五　之

乃如之人兮，逝不古處。（詩邶風日月）

鄭箋云：之人，是人也。

之子于歸，遠送于野。（又燕燕）

韓與天下朝秦而獨厚取德焉，公行之計，是其於主也至忠矣。（國策韓策

注云：之計猶此計也。

之人也，之德也，將旁薄萬物以爲一世蘄乎亂。（莊子逍遙遊）

之二蟲又何知！（又）

桓公聞之，撫其僕之手，曰：異哉！之歌者非常人也。（呂氏春秋舉難）

六　時

帝曰：棄！黎民阻饑。汝后稷！播時百穀！（書堯典）

帝曰：咨！禹！惟時有苗弗率，汝徂征！（又大禹謨）

奉時辰牡。（詩國風）

七　夫

夫人不言，言必有中。（論語先進）

微夫人之力不及此。（左傳僖三十年）

夫二人者，魯國社稷之臣也。（又成十六年）

鼈於何有，而使夫人怒也。（魯語）

且夫戰也微郤至，王必不免。（晉語）

曾子襲裘而弔，子游裼裘而弔。曾子指子游而示人曰：夫夫也，爲習於禮者，如之何其裼裘而弔也？（禮記檀弓）

鄭注曰：夫夫，猶言此丈夫也。

從母之夫，舅之妻，夫二人相爲服。（又）

鄭注曰：夫二人，猶言此二人也。

忌日不用，非不祥也，言夫日志有所至而不敢盡其私也。（又祭義）

鄭注云：親以此日亡。

有仕於此，而子悅之，不告於王，而私與之吾子之祿爵；夫士也，亦無王命而私受之於子，則可乎？（孟子公孫丑下）

八　若

南宮适出，子曰：君子哉若人！尚德哉若人！（論語憲問）

有明天子，襄公得爲若行乎？（公羊傳莊四年）

曷爲以外內同若辭？（又僖二十六年）

君如有憂中國之心，則若時可矣。（又定四年）

聞若言，莫不揮泣奮臂而欲戰。（齊策）

不通於若計者不可使用國。（管子八觀）

雖有至聖大賢，豈勝若讒哉！（晏子諫）

法若言，行若道。（墨子節葬）

爲天下之長患，致黔首之大害者，若說爲深。（呂氏春秋振亂）

秦王聞若說，必若刺心。（史記蘇秦傳）

洋洋乎若德，雖崇山千仞，重淵百尺，曾未足以喻其高，究其深也。（蔡邕汝南周巨勝碑）

九　此若

子游之徒有庶子祭者，以此若義也。（禮記曾子問）

桓公曰：軌意安出？管子對曰：不陰據其軌，皆下制其上。桓公曰：此若言何謂也？（管子山國軌）

黃帝問於伯高曰：吾欲陶天下而以爲一家，爲之有道乎？伯高對曰：請刈其莞而樹之，吾謹逃其蚤牙，則天下可陶而爲一家。黃帝曰：此若言可得聞乎？（又地數）

管子曰：昔者癸度居人之國，必四面望於天下。天下高，亦高。天下高，我獨下，必失其國於天下。桓公曰：此若言曷謂也？（又輕重丁）

若以此若三聖王者觀之，則厚葬久喪果非聖王之道。（又節葬）

若以此若三國者觀之，則亦猶薄矣；若以中國之君子觀之，則亦猶厚矣。（又）

行一不義，殺一無罪而得天下，不爲也。此若義信乎人矣。（荀子儒效）

王何不使辨士以此若言說秦？（史記蘇秦傳）

十　以　與指示代名詞已字通用

對揚以辟之勤大命訓於烝彝鼎。(禮記祭統)

王引之云:以,此也。指上文而言也。

大夫君子,凡以庶士,小大莫處,御於君所。(又射義引詩)

王云:言凡此庶士也。

且無梁孰與無河內急?王曰:梁急。無梁孰與無身急?王曰:身急。曰:以三者,身上也;河內其下也。秦未索其下而王效其上,可乎?(魏策)

晉之分也,齊之奪也,皆以羣臣之太富也。夫燕宋之所以弒其君者,皆以類也。(韓非子愛臣)

按孫詒讓札迻謂『以類』當作『此類,』非。蓋『以』即可訓『此』也。

妾惟以一太子一女,奈何棄之匈奴?(漢書婁敬傳)

九　鮮

惠鮮鰥寡。（書）

鮮民之生，不如死之久矣。（詩小雅蓼莪）

十二　伊

我之懷矣，自詒伊阻。（詩邶風雄雉）

所謂伊人，在水一方。（又秦風蒹葭）

心之憂矣，自詒伊戚。（又小雅小明）

所謂伊人，於焉逍遙？（又白駒）

伊年暮春，將瘞后土，禮靈祇。（漢書楊雄傳）

按師古注云：伊，是也。

十三　爾

旣作爾歌，惟以告哀。（詩）

許掾嘗詣簡文，爾夜風恬月朗。（世說）

謝仁祖年八歲，謝豫章將送客，爾時已神悟，自參上流。（又）

十四　迺

公曰：吾聞之五子不滿隅，一子可滿朝，非迺子耶？（晏子春秋外篇）

王引之云：迺子，是子也。

丑　彼義諸字

一　彼

嘒彼小星，三五在東。（詩召南小星）

有鳥高飛，亦傅于天。彼人之心，于何其臻？（又小雅菀柳）

高祖召戚夫人指示四人者曰：我欲易之，彼四人輔之，羽翼已成，難動矣。（史記留侯世家）

廣身自射彼三人者。（又李廣傳）

二　夫

夫祛猶在，汝其行乎？（左傳僖二十四年）

請東人之能與夫二三有司言者。（又文十三年）

日君以夫公孫段爲能任其事而賜之州田。（又昭七年）

予惡夫涕之無從也。（禮記檀弓）

不以夫一害此一。（荀子解蔽）

此一是非隅曲也；夫一是非宇宙也。（淮南子齊俗）

君獨不見夫朝趨市者乎？（史記孟嘗君傳）

此夫老子所謂上德不德，是以有德。（又日者傳）

三　匪

匪作彼用，見代名詞篇，可參閱。

匪直也人，秉心塞淵。（詩鄘風定之方中）

王念孫云：言彼正直之人秉心塞淵。

匪風發兮，匪車偈兮。（又檜風匪風）

王氏云：言彼風之動發發然，彼車之驅偈偈然也。

心之憂矣，如匪澣衣。（又邶風柏舟）

鳳鳥蹌蹌，匪堯之廷。（法言問明）

四　其

晏子立於崔氏之門外。其人曰：死乎？（左傳襄二十五年）

今欲舉大事，將非其人不可。（史記項羽紀）

其歲，新垣平事覺。（又文帝紀）

藏之名山，傳之其人。（又自序）

其日乘輿先到辟雍禮殿。（後漢書儀禮志）

寅　總指諸字

一　夫　孝經疏引劉瓛曰夫猶凡也。

思夫人自亂於威儀。（書顧命）

夫人而能爲鎛也。（周禮考工記）

上有大澤，則民夫人待於下流。（禮記祭統）

夫人愁痛，不知所底。（左傳襄八年）

杜注云：夫人，猶人人也。

夫人奉利而歸諸上。（周語）

韋注云：夫人，猶人人也。

夫人作享，家爲巫史。（楚語）

二　凡

凡今之人，莫如兄弟。（詩小雅）

故凡同類者，舉相似也。（孟子）

凡吾所以來，爲父老除害，非有所侵暴也。毋恐！（史記高帝紀）

凡賢主者，必將能拂世磨俗而廢其所惡，立其所欲。（又李斯傳）

凡人之思，故在其病也。（又張儀傳）

每事凡議，必與及之。（漢書杜鄴傳）

是時繼嗣不明，凡事多晻。（又）

三　舉

內史慶醉歸，入外門，不下車。萬石君聞之，不食。慶恐，肉袒謝罪，不許。舉宗及兄建肉袒。萬石君讓曰：內史貴人，入閭里，里中長老皆走匿，而內史坐車中自如，固當。乃謝罷慶。（史記石奮傳）

孔君清廉仁賢，舉縣蒙恩。（後漢書孔奮傳）

奮自爲府丞，已見敬重；及爲太守，舉郡莫不改操。（又）

舉家無食，汝何處來？（顏氏家訓）

舉大將軍門下多去事驃騎，輒得官爵。（史記衛將軍傳）

卯　逐指諸字

一　每

子入太廟，每事問。（論語八佾）

每人而悅之，日亦不足矣。（孟子離婁上）

二　比

諸侯之於天子也，比年一小聘，三年一大聘。（禮記王制）

按鄭注云：比年，每歲也。

孝王十四年入朝，十七年十八年比年入朝。（又漢書文三王傳）

辰　旁指諸字

一　他　佗　它

子不我思，豈無他人。（詩鄭風褰裳）

于是沛公乃夜引兵從他道還。（史記高祖紀）

欲赴佗國奔亡，痛吾兩主使不通，故來服過。（史記滑稽傳）

此無佗故，其祟在龜。（史記龜策傳）

割地定制，令齊趙楚各爲若干國，使悼惠王幽王元王之子孫畢以次各受祖之分地，地盡而止；及燕梁它國皆然。（漢書賈誼傳）

意者有它繆巧可以禽之，則臣不知也。（又韓安國傳）

雖其前辭嘗曰：得亡效五年？宜無他心，不足以故出兵。（又趙充國傳）

縣有劇賊及它非常，博輒移書以詭責之。（又朱博傳）

鄭令蘇建得顯私書，奏之。後以他事論死。（又佞幸石顯傳）

二　異

盜愛其室，不愛其異室。（墨子兼愛上）

故古者聖人之所以濟事成功垂名於後世者無他故異物焉；曰：唯能以尚同爲政者也。（又尚同中）

晉文公一舉而八有功，所以然者，無他故異物，從狐假之謀，假顛頡之脊也。（韓非子右儲說上）

此無異故，其謀臣皆不盡其功也。（又初見秦）

今堪年衰歲暮，恐不得自信，排於異人，將安究之哉？（漢書劉向傳）

巳　虛指諸字

一　某

某所有公田，願得假倩之。（史記滑稽傳）

某所有公田魚池蒲葦數頃，陛下以賜臣，臣朔乃言。（又滑稽傳）

某日可取婦乎？（又日者傳）

某時某喪，使公主某事，不能辦，以此不任公。（漢書項籍傳）

設妾欲作某屏風張于某所，曰：故事無有，或不能得。（漢書外戚傳）

鰥寡孤獨有死無以葬者，鄉部書言，霸具爲區處：某所大木可以爲棺，某亭猪子可以祭。（又黃霸傳）

二　何

今君又當厚積餘藏欲以遺所不知之何人。（史記孟嘗君傳）

廷尉驗治何人，竟得姦詐。（漢書雋不疑傳）

臣夜人定後，爲何人所賊傷，中臣要害。（後漢書來歙傳）

熹平元年竇太后崩，有何人書朱雀闕，言天下大亂，曹節王甫幽殺太后，常侍侯覽多殺黨人；公卿皆尸祿，無有忠言者。於是詔司隸校尉劉猛逐捕。（又宦者曹節傳）

有何人，天未明，乘馬以詔版付允門吏，曰：『有詔。』因便馳走。（魏志夏侯元傳）

午　無指之字

一　靡

靡神不舉。（詩）

或出入風議，或靡事不爲。（又小雅北山）

按皆與不字連用。

4　疑問形容詞

一 何

子貢問曰：賜也何如？子曰：女器也。曰：何器也？曰：瑚璉也。（論語公冶長）

齊宣王問卿。孟子曰：王何卿之問也？（孟子萬章上）

以何日月，於何處所？（魏志毛玠傳）

二 奚

若知其不義也，夫奚說書其不義以遺後世哉？（墨子非攻上）

故智者決策於愚人，賢士程行於不肖，則賢智之士奚時得用，而人主之明塞矣。（韓非子人主）

左右近習朋黨比周以制疏遠，則法術之士奚時進用，人主奚時得論哉？（又）

法術之士奚道得進？（又孤憤）

楚三圍宋矣，而不能亡，非不可亡也。以宋攻楚，奚時止矣？（呂氏春秋愼勢）

蝗螟，農夫得而殺之；奚故？爲其害稼也。（又不屈）

有道之士固驕人主，人主之不肖者亦驕有道之士。日以相驕，奚時相得？（又下賢）
凡此衆疾，爵賞不能勸，刑罪不能威，利害不能易，哀樂不能移，固不可事國君，交親友，御妻子，制僕隸。此奚疾哉？奚方能已之乎？（列子仲尼）
僑爲國則治矣，而家則亂矣，其道逆也。將奚方以救二子？（又楊朱）

三　惡

舟車既以成矣，曰：吾將惡許用之？（墨子非樂）

四　誰

凡人主必信，信而又信，誰人不親？（呂氏春秋貴信）
顧自以爲身殘處穢，動而見尤，欲益反損，是以抑鬱而無誰語。（漢書司馬遷傳）
王儒見執金吾廣義，問：帝崩所病，立者誰子？年幾歲？（又武五子傳）

五　孰

孰君而無稱？（公羊傳昭二十五年）

孰王而可叛也。（呂氏春秋恃君覽行論）

六　曷　胡

懷哉懷哉！曷月予還歸哉？（詩王風揚之水）

鄭箋云：曷月我得還歸見之哉？

其得意若此，則胡禁不止？曷令不行？（漢書王褒傳）

七　安　大抵用在『所』字上。

見其家織布好，而疾出其家婦，云：欲令農士工女安所讎其貨乎？（史記循吏傳）

今小國以窮困來告急天子，天子弗振，彼當安所告愬？又何以子萬國乎？（又東越傳）

子當爲王，欲安所置之？（又滑稽傳）

武帝大笑曰：於呼！安得長者之語而稱之？安所受之？（又）

騶馬都尉安所受此語？（漢書師丹傳）

安所求子死？桓東少年場。（又尹賞傳）

八　焉

今王公大人骨肉之親無故富貴面目美好者，焉故必智哉？（墨子尚賢下）

魂氣飄飄，焉所安神？（蔡邕司徒袁公夫人馬氏碑銘）

九　侯

法無限，則庶人田侯田，處侯宅，食侯食，服侯服？（法言先知）

十　何如　猶今言『怎樣的』。

昌嘗燕時入奏事，高帝方擁戚姬，昌還走，高帝逐得，騎周昌項問曰：我何如主也？昌仰曰：陛下卽桀紂之主也。（史記張蒼傳）

虞卿何如人哉：（又范雎蔡澤列傳）

朱家曰：君視季布何如人也？（又季布傳）

陛下以丞相何如人？（又袁盎傳）

陛下以絳侯周勃何如人也？上曰：長者也。（又張釋之傳）

復問：東陽侯張相如何如人也？上復曰：長者。（又）

公以爲大將軍何如人也？（又淮南王安傳）

扁鵲曰：其死何如時？曰：鷄鳴至今。（又扁鵲傳）

上曰：汲黯何如人哉？（又汲黯傳）

且人謂鬼神何如狀哉？（論衡解除）

十一 何等

博辟左右問禁：是何等創也？（漢書朱博傳）

宮曰：善臧我兒胞！丞知是何等兒也？（漢書外戚傳）

汝言漢人死盡，今是何等人也？（後漢書南匈奴傳）

乙 形容詞之用法

一 形容詞之位置

甲　居名詞之前

孝子　慈孫　廣土　大人

四海　五音　八方　九州

乙　居名詞之後

禮之用，和爲貴。（論語學而）

民爲貴，社稷次之，君爲輕。（孟子盡心下）

禮儀三百，威儀三千。（禮記中庸）

天下之達道五。（又）

此法乃以形容詞爲補足語，故名形容詞之補足語用法。又按指示形容詞疑問形容詞皆用於名詞之前，否則當爲代名詞，非形容詞矣。

二　性態形容詞與其賓語

甲　有介詞爲介者

周于利者凶年不能殺，周於德者邪世不能亂。（又）

夫子固拙於用大矣。（莊子天下）

民勇於公戰，怯於私鬬。（史記商鞅傳）

人倫明於上，小民親於下。（孟子）

衆叛親離，難以濟矣。（左傳隱四年）

事成猶得封侯，事敗易以亡。（史記項羽紀）

乙　省介詞者

專欲難□成。（左傳襄十年）

岸善□崩。（史記河渠書）

其俗剽輕，易□發怒。（又貨殖傳）

明愼□所職，毋以身試法。（漢書王尊傳）

按此類省介詞之形容詞，最易誤認爲副詞，宜注意。

第六章　副詞

甲　副詞之種類

一　表態副詞　馬氏所謂言事之如何成者。
二　表數副詞　馬氏所謂度事成之有如許者。
三　表時副詞　馬氏所謂記事成之時者。
四　表地副詞　馬氏所謂指事成之處者。
五　否定副詞　馬氏所謂決事之不然者。
六　詢問副詞　馬氏所謂傳疑難不定之狀者。
七　傳疑副詞　馬氏合于前一種，不另列。
八　應對副詞　馬氏無。

九　命令副詞　馬氏無。

十　敬讓副詞　馬氏無。

1　表態副詞　表動作之態或靜止之度者。

A　本來的表態副詞

一　最

諸侯咸來賓從，而蚩尤最爲暴。（史記五帝紀）

成山斗入海，最居齊東北隅。（又封禪書）

七十子之徒，賜最爲饒益。（又貨殖傳）

慶於諸子中最爲簡易矣。（又萬石君傳）

當此之時，髡心最歡，能飲一石。（又滑稽傳）

由居二千石中，最爲暴酷驕恣。（又酷吏傳）

王有孽子不害，最長，王弗愛。（又淮南王傳）

自與士卒平分糧食，最比其羸弱者。（又司馬穰苴傳）

上平生所憎，羣臣所共知，誰最甚者？（又留侯世家）

文帝從容問通曰：天下誰最愛我者乎？通曰：宜莫如太子。（又佞幸傳）

武安侯爲太尉時，迎王至霸上，謂王曰：上未有太子，大王最賢，高帝孫。卽宮車晏駕，非大王立當誰哉？（又武安侯傳）

羣臣爭功，歲餘不決。高祖以蕭何功最盛，封爲酇侯。（又蕭何世家）

然至冒頓而匈奴最彊大，盡服從北夷，而南與中國爲敵國。（又匈奴傳）

二　頗

魯周霸孔安國雒陽賈嘉頗能言尚書事。（史記儒林傳）

襄，其天姿善爲容，不能通禮經；延頗能，未善也。（又）

梁使韓安國及楚死事相弟張羽爲將軍，乃得頗敗吳兵。（又吳王濞傳）

及絳侯免相之國，國人上書告以爲反，徵繫請室。宗室諸公莫敢爲言，唯袁盎明絳侯無罪。

絳侯得釋，盎頗有力。（又袁盎傳）

臣願頗采古禮與秦儀雜就之。（又叔孫通傳）

孝景之時，鼂錯以刻深頗用術輔其資。（又酷吏傳）

然戰國之權變亦有可頗采者，何必上古！（又六國表序）

人有告鄧通盜出徼外鑄錢。下吏問，頗有之。（又佞幸傳）

樗里子以骨肉重固其理，而秦人稱其智，故頗采焉。（又樗里疾傳）

且縱單于不可得，恢所部擊其輜重，猶頗可得以慰士大夫心。（又韓長孺傳）

三　至

湯武者，至天下之善禁令者也。（荀子正論）

卓王孫怒曰：女至不材，我不忍殺，不分一錢也！（史記司馬相如傳）

余以所聞，由光義至高。（又伯夷傳）

高祖至暴抗也，然籍孺以佞幸。（又佞幸傳）

丞相條侯至貴倨也，而都揖丞相。（又酷吏傳）

陳涉起匹夫，驅瓦合適戍，旬月以王楚；不滿半載，竟滅亡。其事至微淺。（又儒林傳）

陛下承宗廟，當傳子孫於無窮，統業至重。（漢書董賢傳）

四　極　按說文六篇上木部云：極，棟也。徐鍇曰：極，屋脊之棟也。今人謂高及甚爲極，義出於此。

夫子之極言禮也，可得而聞與？（禮記禮運）

李廣軍極簡易。（史記李將軍傳）

且吾所爲者極難耳。（又刺客傳）

極知禹無害，然文深，不可以居大府。（又酷吏傳）

自是之後，爲俠者極衆。（又游俠傳）

豐，吾所生長，極不忘耳。（又高祖紀）

孤極知燕小力少，不足以報。（又燕世家）

建爲郎中令，事有可言，屏人恣言極切。（又萬石君傳）

上與公卿諸生議封禪。封禪用希曠，絕莫知其儀禮。（史記封禪書）

五　絕　後漢書吳良傳注云：絕，猶極也。

單于書絕悖逆。（又匈奴傳）

孝王有罍尊，任王后絕欲得之。（又梁孝王世家）

嫪毐遂得侍太后，太后私與通，絕愛之。（又呂不韋傳）

平王使無忌爲太子取婦於秦。秦女好，無忌馳歸報平王曰：秦女絕美，王可自取，而更爲太子取婦。平王遂自取秦女，而絕愛幸之。（又伍子胥傳）

宛，小國，而不能下，則大夏之屬漸輕漢，而宛善馬絕不來。（漢書李廣利傳）

謝太傅絕重褚公。（世說）

六　殊　漢書韓信傳注云：殊，絕也。

父曰：履我！良業爲取履，因長跪履之。父以足受，笑而去。良殊大驚。（史記留侯世家）

地肥饒，少寇，志安樂；又自以遠漢，殊無報胡之心。（又大宛傳）

七　孔　爾雅云：孔，甚也。

六府孔修。（書）

按史記『孔』作『甚』。

九江孔殷。（又禹貢）

按史記夏本紀『孔殷』作『甚中』。

雖則如燬，父母孔邇。（詩周南汝墳）

按毛傳云：孔，甚也。

豈不日戒，玁狁孔棘。（又小雅采薇）

八　泰　太

昊天泰憮。（詩小雅）

今子既上無君侯有司之勢，而下無大臣職事之臣，而擅飾禮樂選人倫以化齊民。不泰多

事乎？（莊子漁父）

吾聞之荀卿曰：物禁太盛。（史記李斯傳）

臣愚以爲陛下法太明，賞太輕，罰太重。（又主父偃傳）

大臣皆畏其口，賂遺累千金。人或說偃曰：太橫矣。（又）

世言荆軻，其稱太子丹之命，天雨粟，馬生角也，太過。（又荆軻傳）

九　已　以

高伯其爲戮乎！復惡已甚矣！（左傳桓十七年）

爲之歌鄭。曰：美哉！其細已甚，民弗堪也。是其先亡乎！（又襄二十九年）

君刑已頗，何以爲盟主？（又昭二年）

用成已甚，弗能忍也。（又昭二十六年）

曷爲貶？子司馬子曰：蓋以操之爲已蹙矣。（公羊傳莊三十年）

其不言來，不周事之用也。賵以早而含已晚。（穀梁傳文五年）

脫驂於舊館，毋乃已重乎？（禮記檀弓）

仲尼不爲已甚者。（孟子）

晉陽處父聘于衞反過甯，甯嬴從之，及溫而還。其妻問之，嬴曰：以剛。商書曰：『沈漸剛克，高明柔克。』夫子壹之，其不沒乎！（左傳文五年）

羣公子之舍則以卑矣。（公羊傳莊元年）

木若以美然。（孟子公孫丑下）

三月無君則弔，不以急乎？（又）

周公之非管仲，且亦以明矣！（韓非子難一）

十　尤

余並論次，擇其言尤雅者，故著爲本紀書首。（史記五帝紀）

秦既得意，燒天下詩書，諸侯尤甚。（又六國表）

方秦之強時，天下尤趨謀詐哉。（又甘茂傳）

諸士在己之右，愈貧賤，尤益敬，與鈞。（又灌夫傳）

後會五銖錢白金起，民爲姦，京師尤甚。（又酷吏傳）

於故人子弟爲吏及貧昆弟，調護之尤厚。（又）

蒼本好書，無所不觀，無所不通，而尤善律曆。（又張丞相傳）

是時，富豪皆爭匿財，唯式尤欲輸之助費。（又平準書）

王者之興，何嘗不以卜筮決於天命哉！其於周尤甚。（又日者傳）

關中富商大賈，大抵盡諸田，田嗇田蘭，韋家栗氏，安陵杜杜氏，此其章章尤異者也。（又貨殖傳）

乃案言伐大宛尤不便者鄧光等。（又大宛傳）

十一　稍

子尾多受邑而稍致諸君。（左傳昭十年）

吳王之棄其軍亡也，軍遂潰，往往稍降太尉梁軍。（史記吳王濞傳）

上怒稍解，因上書請朝。（又梁孝王世家）

上以爲能，稍遷至大中大夫。（又酷吏傳）

項羽乃疑范增與漢有私，稍奪之權。（又項羽本紀）

上以德施實分其國，不削而稍弱矣。（又主父偃傳）

及慶死後，稍以罪去，孝謹益衰矣。（又萬石君傳）

陛下必欲上，稍上，即無風雨，遂上封矣。（又封禪書）

其後漕稍多，而渠下之民頗得以溉田矣。（又河渠書）

吏稍侵辱之。（又周勃世家）

十二　益

如水益深，如火益熱。（孟子）

考入海及方士求神者，莫驗，然益遣，冀遇之。（史記封禪書）

誅罰良善，日以益甚。（又吳王濞傳）

田氏日以益尊於齊。（又司馬穰苴傳）

徙安國益東屯右北平。（又韓安國傳）

後朝，上益莊，丞相益畏。（又袁盎傳）

吏民益輕犯法，盜賊滋起。（又酷吏傳）

今冬月益展一月，足吾事矣。（又）

伯夷叔齊雖賢，得夫子而名益彰。（又伯夷傳）

秦武王卒，昭王立，樗里子又益尊重。（又樗里疾傳）

願陛下爲原廟渭北，衣冠月出游之，益廣多宗廟，大孝之本也。（又叔孫通傳）

今將軍爲秦將三歲矣！所亡失以十萬數，而諸侯並起，滋益多。（又項羽紀）

法令誅罰，日益刻深。（又李斯傳）

後昭信譖去曰：前畫工畫望卿舍，望卿袒裼傅粉其傍，又數出入南戶窺郎吏，疑有姦。去曰：善司之。以故益不愛望卿。（漢書景十三王傳）

初，去年十四五事師受易，師數諫正去。去益大，逐之。（又）

胡急擊，矢下如雨，漢兵死者過半，漢矢且盡。廣乃令持滿毋發，而廣身自以大黃射其裨將，殺數人，胡虜益解。（又李廣傳）

武益愈，單于使使曉武。（又蘇武傳）

十三　漸

天子業出兵誅宛，宛小國而不能下，則大夏之屬漸輕漢，而宛善馬絕不來。（漢書李廣利傳）

凡天下所不理者，常由人主承平日久，俗漸敝而不悟，政寖衰而不改。（後漢書崔寔傳）

此雖小失，而漸壞舊章。（又李固傳）

十四　寖　浸

久之，寖與中人亂。（史記佞幸傳）

府亦使其不言，故盜賊寖多。（又酷吏傳）

自張湯死後，網密，多詆嚴，官事寖以耗廢。（又）

質樸日消，恩愛寖薄。（漢書禮樂志）

海水溢西南出，寖數百里。（又溝洫志）

寖信女須等。（又廣陵厲王傳）

孝惠高后時冒頓寖驕，迺爲書使使遺高后。（又匈奴傳）

政由王氏出，災異浸甚。（又劉向傳）

十五 愈 逾 俞

大將軍青既益尊，姊爲皇后；然黯與亢禮。人或說黯曰：自天子欲羣臣下大將軍，大將軍尊重益貴，君不可以不拜。黯曰：夫以大將軍有揖客，反不重邪？大將軍聞，愈賢黯。（史記汲黯傳）

遂復三人官秩如故，愈益厚之。（又秦本紀）

少年聞之，愈益慕解之行。（又游俠傳）

景帝遂案誅大行，而廢太子爲臨江王。栗姬愈恚恨不得見，以憂死。（又外戚世家）

丞相奏事固言：錯擅鑿廟垣爲門，請下廷尉誅。上曰：『此非廟垣，乃壖中垣，不致於法。』丞相謝。罷朝，怒謂長史曰：『吾當先斬以聞，乃先請，爲兒所賣，固誤。』丞相遂發病死，錯以此愈貴。（又鼂錯傳）

武安侯雖不任職，以王太后故親幸，數言事，皆效。天下吏士趨勢利者，皆去魏其歸武安。建元六年，竇太后崩，以武安侯爲丞相，天下士郡國諸侯愈益附武安。（又武安侯傳）

灌夫爲人剛直使酒，不好面諛，貴戚諸有勢在己之右，不欲加禮，必陵之；諸士在己之左，愈貧賤，尤益敬與鈞。（又灌夫傳）

人聞其能使物及不死，更饋遺之，常餘金錢衣食。人皆以爲不治生業而饒給，又不知其何所人，愈信，爭事之。（又封禪書）

王心以爲上無太子，天下有變，諸侯並爭，愈益治器械攻戰具。（又淮南王傳）

遵既免，歸長安，賓客愈盛。（漢書陳遵傳）

人有畏影惡迹而去之走者，舉足逾數而迹逾多。（莊子）

淸之而俞濁者口也；豢之而俞瘠者交也。（荀子榮辱）

十六　彌

舜居溈汭，行彌謹。（史記五帝紀）

自此之後，方士言神祠者彌衆。（又封禪書）

退而脩詩書禮樂，弟子彌衆。（又孔子世家）

孔子循道彌久，温温無所試，莫能己用。（又）

十七　差

亂吾治者，常二輔也。誠令廣漢得兼治之，直差易耳。（漢書趙廣漢傳）

官爵功名，不減於子，而差獨樂，顧不優耶？（又陳遵傳）

從塞以南，徑深山谷，往來差難。（又匈奴傳）

元始中，車師後王國有新道，出五船北，通玉門關，往來差近。（又西域傳）

今軍士屯田，糧儲差積。（後漢書光武紀）

人問撫軍：殷浩談竟何如？答曰：不能勝人，差可獻酬羣心。（世說）

B　由名詞轉來的表態副詞

子　表示主語動作之態度以他物擬似主語

豕人立而啼。（左傳莊八年）

人立者，如人立。

陳佗者，陳君也。其曰陳佗，何也？匹夫行，故匹夫稱之也。（穀梁傳桓六年）

匹夫行，言人君行如匹夫。

庶民子來。（詩大雅靈臺）

子來，如子之來。

天下之士雲合歸漢。（漢書梅福傳）

雲合，謂如雲合。

游說之徒風飈電激。（賓戲）

按謂如風飈，如電激。

此特羣盜鼠竊狗偸。（史記叔孫通傳）

按謂如鼠竊，如狗偸。

匈奴之性獸聚而鳥散。（又公孫弘傳）

按謂如獸之聚，如鳥之散。

州郡各共興軍聚衆，虎爭天下。（又尉佗傳）

按謂如虎之爭。

柴立其中央。（莊子達生）

按謂如柴立。

嫂蛇行匍伏。（秦策）

按謂如蛇之行。

子產治鄭二十六年而死，丁壯號哭，老人兒啼。（史記循吏傳）

按謂如兒啼。

嬰兒慕，駒犢從。（法言問道）

今以兵入其地，此必震恐以有司爲欲屠滅之也，必雉兔逃入山林險阻。（漢書嚴助傳）

按師古曰：如雉兔之逃竄。

右以名詞副動詞，以類似之物比擬主語動作之態，概當以如字爲譯。

丑　表示主語自身所用之方法或關係

衡山王淮南王兄弟相責望禮節，間不相能。元朔五年秋，衡山王當朝。六年，過淮南，淮南王乃昆弟語，除前郤。（史記衡山王傳）

委質臣事人。（又）

按以臣之名分事人。（又）

龍曰：王割東武城而封君者，非以君爲有功，而以國人無勳，乃以君爲親戚故也。君受相印，

不辭無能，割地不言無功者，亦自以爲親戚故也。今信陵君存邯鄲而請封，是親戚受城而國人計功也。（又平原君傳）

按此謂以親戚之資格受封，以國人之資格計功。

僵年十三，隨母出入主家。左右言其姣好。主召見，曰：吾爲母養之。（漢書東方朔傳）

寅　表示對待他人之態度，以他物擬似賓語。

今而後知吾君之犬馬畜伋。（孟子萬章上）

按謂以畜犬馬之道畜伋。

令兩騶徒夾而馬食之。（史記范雎蔡澤傳）

按謂以食馬之法食之。

呂后兒子畜之。（又劉澤傳）

兩人交驩而兄事禹。（史記張湯傳）

按謂張湯以事兄之道事趙禹。

買臣守長史，見湯，湯坐牀上，丞史遇買臣，弗爲禮。（又）

按謂以遇丞史之道遇買臣。

彼秦虜使其民。（趙策）

按謂以使虜之道使民。

范中行氏皆衆人遇我，我故衆人報之。至於智伯，國士遇我，我故國士報之。（史記刺客列傳）

按衆人遇我，謂以待遇衆人之道遇我；國士遇我，謂以待遇國士之道遇我。此『衆人』『國士』二詞擬似賓語也。衆人報之，國士報之，則謂以衆人之身分報之，以國士之身分報之。『衆人』『國士』二詞乃比擬主語，屬於前第二項用法，與上不同。

季布弟季心嘗殺人，亡之吳，從袁絲匿，長事袁絲，弟畜灌夫籍福之屬。（又季布傳）

按謂以事長之道事袁絲，以畜弟之法畜灌夫籍福。

楚田仲以俠聞，喜劍，父事朱家。（又游俠傳）

按謂以事父之道事朱家。

竊恐陛下庸臣遇湯，卒從吏議。（漢書陳湯傳）

少時，歸其父，其父使牧羊。先母之子皆奴畜之，不以爲兄弟數。（又衞青傳）

請爲大王六畜葬之。（又滑稽傳）

申韓之術，不仁之至矣！若何牛羊之用人也？若牛羊用人，則狐狸螻蟻不膢臘也與？（法言問道）

右以名詞爲副詞，表主語所用以對待他人之方法或關係者，概當用以字爲譯。

C　由代名詞轉來的表態副詞

匪言不能，胡斯畏忌？（詩大雅桑柔）

按言何如此畏忌也。

以鶉首而賜秦，天何爲而此醉？（庾信哀江南賦）

按言何如此之醉也。

富歲，子弟多賴；凶歲，子弟多暴。非天之降才爾殊也，其所以陷溺其心者然也。（孟子告子上）

按爾，如此也。

子產蹵然改容更貌，曰：子無乃稱！（莊子德充符）

按王引之云：子無乃稱，子無稱是言也。以乃字爲代字，爲稱字之賓語。劉淇云：此乃字合訓如此，言無爲如此稱也，釋乃爲副詞。今按劉說是。

爾知寧王若勤哉！（書大誥）

按莽誥襲此作『若此勤』。

君若謹行，常在朕躬。（史記公孫弘傳）

必若云，是高皇帝代秦卽天子之位非邪？（漢書儒林傳）

D　由形容詞轉來的表態副詞

景公說，大戒於國。（孟子梁惠王下）

其爲人也小有才。（又盡心下）

刀刃若新發於硎。（莊子養生主）

以德報怨，厚施而薄望。（史記游俠傳）

吉善其言，召東曹案邊長吏，瑣科條其人。（漢書丙吉傳）

按此類佔表態副詞中之最多數，不詳舉。

E　由動詞轉來的表態副詞

生拘石乞而問白公之死焉。（左傳哀十六年）

破廣軍，生得廣。（漢書李廣傳）

是時，富豪皆爭匿財。（又卜式傳）

動欲慕古。（又食貨志）

試爲我言田！（史記荆燕世家）

F　重言的表態副詞

蕩蕩懷山襄陵。（書堯典）

施施從外來，驕其妻妾。（孟子離婁下）

G　綴助詞的表態副詞

子　綴乎字

周監於二代，郁郁乎文哉！（論語八佾）

君哉舜也！巍巍乎有天下而不與焉。（孟子滕文公上）

煥乎其有文章。（論語泰伯）

丑　綴然字

舉欣欣然有喜色而相告曰：吾王何以能田獵也？（孟子梁惠王下）

王勃然變乎色。（又萬章下）

曾西艴然不悅。（又公孫丑上）

德璉常斐然有述作意。（魏文帝與吳質書）

寅　綴爾字　綴爾字之副詞副動詞時，副詞與動詞之間常有而字。

子路率爾而對。（論語先進）

嘑爾而與之，行道之人弗受；蹴爾而與之，乞人不屑也。（孟子告子上）

卯　綴焉字

潸焉出涕。（詩小雅大東）

我心憂傷，惄焉如擣。（又小弁）

辰　綴若字

抑若揚兮。（詩齊風猗嗟）

國有道，則突若入焉；國無道，則突若出焉。（大戴禮曾子制言）

力沛若有餘。（公羊傳文十四年）

今有人於此，驩若愛其子。（墨子天志中）

愀然改容，超若自失。（史記司馬相如傳）

2　表數副詞　表與數有關係者。

A　本來的

子　表數之全

一　皆　詩大雅緜傳云皆，俱也。說文四篇上㿝部云皆，俱詞也。

故春蒐夏苗秋獮冬狩，皆於農隙以講事也。（左傳隱五年）

故言富者皆稱陶朱公。（史記貨殖傳）

盎調爲隴西都尉，仁愛士卒，士卒皆爭爲死。（又袁盎傳）

臣聞天子所與共六尺輿者，皆天下豪英。（又）

山海，天地之藏也；皆宜屬少府。（又平準書）

桑弘羊以計算用事侍中；咸陽齊之大煮鹽；孔僅南陽大冶：皆致生累千金。（又）

素居廣平時，皆知河內豪姦之家。（又酷吏傳）

及治淮南衡山江都反獄，皆窮根本。（又）

會渾邪等降漢，大興兵伐匈奴；山東水旱，貧民流徙，皆仰給縣官。（又酷吏傳）

呂太后崩，大臣誅諸呂。辟陽侯於諸呂至深而卒不誅，計畫所以全者，皆陸生平原君之力也。（又陸賈傳）

天下熙熙，皆爲利來；天下穰穰，皆爲利往。（又貨殖傳）

竇太后好老子言，不說儒術，得趙綰王臧之過，以讓上，上因廢明堂事，盡下趙綰王臧吏；後皆自殺。（又儒林傳）

二　盡

周禮盡在魯矣。（左傳昭元年）

沛公欲王關中，使子嬰爲相，珍寶盡有之。（史記項羽紀）

其物禽獸盡白。（又封禪書）

取宛，虜齮，盡定南陽軍。（又曹相國世家）

漢兵因乘勝，遂盡虜之。（又周勃世家）

遂案寧氏，盡破碎其家。（又酷吏傳）

關中富商大賈大抵盡諸田。（又貨殖傳）

南陽行賈盡法孔氏雍容。（又）

相如不得已彊往，一坐盡傾。（又司馬相如傳）

相如與俱之臨卭，盡賣其車騎。（又）

王已入關，車騎盡居外不知王處。（又梁孝王世家）

式有少弟，弟壯，式脫身出分，獨取畜羊百餘，田宅財物盡予弟。式入山牧十餘歲，羊致千餘頭，買田宅；而其弟盡破其業。（又平準書）

上問上林尉諸禽獸簿十餘問，尉左右視，盡不能對。（又）

今軍吏計功以天下不足徧封；此屬畏陛下不能盡封，故相聚謀反耳。（又留侯世家）

岸崩，盡壓殺臥者，少君獨得脫，不死。（又外戚傳）

乃進言田叔等十餘人，上盡召見，與語，漢廷臣毋能出其右者。上說，盡拜爲郡守。（又田叔

傳）

妨功害能之臣，盡爲萬戶侯。（李陵答蘇武書）

三　悉

齊悉復得其故城。（史記燕世家）

飛鳥悉翔舞城中下食。（又田單傳）

泰山上舉火，下悉應之。（又武帝紀）

乃悉以其裝齎置二石醇醪。（又袁盎傳）

長桑君亦知扁鵲非常人也，乃呼與語曰：我有禁方，年老，欲傳與公。公毋泄！扁鵲曰：敬諾。乃悉取其禁方書，盡與扁鵲。（又扁鵲傳）

慶年七十餘，無子，使意盡去其故方，更悉以禁方予之。（又倉公傳）

項羽悉引兵渡河，遂破章邯。（又張耳傳）

秦果悉起兵益章邯擊楚軍。（又項羽紀）

至滎陽，諸敗軍皆會。蕭何亦發關中老弱未傅悉詣滎陽。（又項羽紀）

斯長男由爲三川守，諸男皆尙秦公主，女悉嫁秦諸公子。（又李斯傳）

發年十五以上悉詣長平，遮絕趙救及糧食。（又白起傳）

爲君計，莫若遣君子孫昆弟能勝兵者悉詣軍所，上必益信君。（又蕭何世家）

願君讓封勿受，悉以家私財佐軍，則上必說。（又）

悉召故秦祝官，復置太祝太宰，如其故儀禮。（又封禪書）

呂媭大怒曰：若爲將而棄軍，呂氏今無處矣！乃悉出珠玉寶器散堂下，曰：毋爲他人守也！（又呂后紀）

匈奴聞，悉遠其累重於余吾水北。（又匈奴傳）

景帝曰：丞相議不可用。乃悉封徐盧等爲列侯。（又周勃世家）

秦令少府章邯免酈山徒人奴產子，悉發以擊楚大軍，盡敗之。（又陳涉世家）

韓破，良家僮三百人；弟死，不葬，悉以家財求客刺秦王，爲韓報仇。（又留侯世家）

叔孫通因進曰：諸弟子儒生隨臣久矣！與臣共爲儀。願陛下官之！高帝悉以爲郎。（又叔孫通傳）

四 舉

昔者諸侯事吾先君，皆如不逮。舉言羣臣不信，諸侯皆有貳志，齊君恐不得禮，故不出而使四子來。（左傳宣十七年）

君舉不信羣臣乎？（又哀六年）

今王鼓樂於此，百姓聞王鐘鼓之聲，管籥之音，舉欣欣然有喜色而相告曰：吾王庶幾無疾病與！何以能鼓樂也？（孟子梁惠王下）

之所與爲之者之人，則舉義士也；之所以爲布陳於國家刑法者，則舉義法也；主之所極然，帥羣臣而首鄉之者，則舉義志也。（荀子王霸）

五 偏

羣黎百姓，偏爲爾德。（詩小雅）

徧謁羣公子。（左傳）

彼自丞尉以上，徧置私人。（漢書賈誼傳）

若其他背理而傷道者，難徧以疏舉。（又）

范蠡徧遊天下。（又李陵傳）

孝元之後，徧有天下。然而世絕於孫，豈非天哉！（又宣元六王傳贊）

六　並　竝　倂

諸侯竝起。（漢書高帝紀）

少以父任兄弟竝爲郎。（又蘇武傳）

高皇帝與諸公倂起。（又賈誼傳）

哀帝之末，俱著名字爲後進冠，竝入公府。（又陳遵傳）

昭儀及賢與妻旦夕上下，竝侍左右。（又董賢傳）

兄弟竝寵。（又）

父子並爲公卿。（又）

七　俱

籍丘子鉏擊之，與一人俱斃。（左傳定八年）

蜚廉善走，父子俱以才力事殷紂。（史記秦本紀）

秦嘉等聞陳王軍破出走，乃立景駒爲楚王，引兵之方與，欲擊秦軍定陶下；使公孫慶使齊王，欲與倂力俱進。（又陳涉世家）

田忌與孫臏田嬰俱伐魏，敗之馬陵。（又孟嘗君傳）

橫始與漢王俱南面稱孤。（又田儋傳）

平原君以趙孝成王十五年卒，子孫代，後竟與趙俱亡。（又平原君傳）

及高祖盧綰壯，俱學書，又相愛也。（又盧綰傳）

項王瞋目而叱之，赤泉侯人馬俱驚，辟易數里。（又項羽紀）

遵少孤，與張竦伯松俱爲京兆史。操行雖異，然相親友；哀帝之末，俱著名字，爲後進冠。（漢

書陳遵傳）

及王莽敗，二人俱客於池陽。（又）

朕與單于皆捐細故，俱蹈大道也。（又匈奴傳）

八　咸

俾萬姓咸曰：大哉王言！（書咸有一德）

外內咸服。（左傳襄四年）

又與十萬餘人築衛朔方，轉漕甚遼遠，自山東咸被其勞。（史記平準書）

諸侯咸率其衆西鄉。（又始皇紀）

自公卿以下至於庶人咸指湯。（又酷吏傳）

李將軍極簡易，然虜卒犯之，無以禁也；而其士卒亦佚樂，咸樂爲之死。（又李將軍傳）

舜禹之間，岳牧咸薦，乃試之於位。（又伯夷傳）

世世相傳，施之無窮，天下莫不咸便。（又匈奴傳）

諸子孫咸孝，然建最甚；甚於萬石君。（又萬石君傳）

於威宣之際，孟子荀卿之列咸遵夫子之業。（又儒林傳）

一寸之地，一人之衆，天子無所利焉，誠以定治而已，故天下咸知陛下之廉；地制壹定，宗室子孫慮莫不王，下無倍畔之心，上無誅伐之志，故天下咸知陛下之仁；法立而不犯，令行而不逆，細民鄉善，大臣致順，故天下咸知陛下之義。（漢書賈誼傳）

護誦醫經本草方術數十萬言，長者咸愛重之。（又樓護傳）

九 僉

舜曰：咨四岳！有能奮庸熙帝之載，使宅百揆，亮采惠疇？僉曰：伯禹作司空。（書舜典）

數年間，民養子者千數。僉曰：『賈父所長。』生男名爲賈子，生女名爲賈女。（後漢書黨錮賈彪傳）

十 畢

羣后以師畢會。（書泰誓）

諸將効首虜休，畢賀。（史記淮陰侯傳）

列侯畢已受封。（又蕭何世家）

招延四方豪傑自山以東游說之士莫不畢至。（又梁孝王世家）

戰勝暴子，割八縣，地未畢入。（又穰侯傳）

明道德之廣崇治亂之條貫靡不畢見。（又屈原傳）

天下遺文古事靡不畢集。（又自序）

十一　既

宋人既成列，楚人未既濟。（左傳僖二十二年）

天下无常亂，无常治。不善人在，則亂；善人在，則治，在於既善所以感之也。（管子小稱）

十二　共

與絳侯陳平共立代王爲孝文皇帝。（史記灌嬰傳）

皆集會五經家，相與共講習讀之。（又樂書）

朕宿昔庶幾獲承尊位，懼不能寧，惟所與共爲治者，君宜知之。（又平津侯傳）

余悲世俗不察其意而猥以朱家郭解等，令與暴豪之徒同類而共笑之也。（又游俠傳）

最其後，郎中騎楊喜司馬呂馬童郎中呂勝楊武各得其一體，五人共會其體，皆是。（又項羽紀）

父老乃帥子弟共殺沛令。（漢書高帝紀）

十三 齊

陛下損膳省用，出禁錢以振元元，寬貸，而民不齊出南畝。（漢書食貨志）

十四 胥

眠娗諈諉勇敢怯疑四人相與游於世，胥如志也。（列子力命）

十五 通

是以富商大賈周流天下：交易之物莫不通得其所欲。（史記貨殖傳）

故吏皆通令伐棘上林（又平準書）

大郡二千石死官賦斂送葬皆千萬以上妻子通共受之以定產業。（漢書原涉傳）

上以賢難歸，詔令賢妻得通引籍殿中，止賢廬。（又董賢傳）

歷怫然廷詰皓曰：屬通諫何言？而今復背之！大臣乘朝車處國事，固復輾轉若此乎？（後漢書來歷傳）

按李賢注云通猶共也。又按：皓爲薛皓。

今濟北東阿四十里有故清亭。卽春秋所謂清者也：是濟通得清之目焉。（水經注）

丑　表數之分

一　各

顏淵季路侍，子曰：盍各言爾志！（論語公冶長）

長老皆各往往稱堯舜之處。（史記五帝紀）

歲奉匈奴絮繒酒米食物各有數。（又匈奴傳）

最從高帝得相國一人，丞相二人，將軍二千石各三人。（又周勃世家）

令外國客徧觀各倉庫府藏之積。（又大宛傳）

且賢君者，各及其身顯名天下。（又商君傳）

諸侯王或欲推私恩分子弟邑者，令各條上。（又王子侯表）

賜：聞聲歌各有宜也。如賜者，宜何歌也？（又樂書）

夫忠臣不避死而庶幾，孝子不勤勞而見危；人臣各守其職而已矣。（又李斯傳）

於是上曰：陳豨將誰？曰：王黃曼丘臣，皆故賈人。上曰：知之矣。迺各以千金購黃臣等。（又陳豨傳）

梁王曰：若寡人國小也，尚有徑寸之珠照車前後各十二乘者十枚。（又田敬仲世家）

始皇聞此議各乖異，難施用。（又封禪書）

長安熾盛，街閭各有豪俠。（又漢書萬章傳）

每詔令議下，諸老先生未能言，誼盡爲之對，人人各如其意所出。（又賈誼傳）

二　每

初，伯宗每朝，其妻必戒之。（左傳成十五年）

每賜洗沐，不肯出常留中視醫藥。（又董賢傳）

每至直更，數過，吏弗求。怪之，問其故解使脫之。（又游俠郭解傳）

每一念至，何時可忘！（魏文帝與吳質書）

諸將咸欲攻闡，抗每不許。（吳志陸抗傳）

豐爲中書二歲，帝比每獨召與語，不知所說。（魏志夏侯玄傳注）

寅　表數之僅

一　僅　劭　厪　堇

藉使子嬰有庸主之材，僅得中佐，山東雖亂，秦之地可全而有。（又始皇紀）

輕卒銳兵長驅至國，齊王遁而走莒，僅以身免。（又樂毅傳）

又揚觶而語曰：好學不倦，好禮不變，旄期稱道不亂者，不在此位也。蓋厪有存者。（禮記射義）

夫自上聖黄帝作爲禮樂法度，身以先之，僅以小治。（史記秦本紀）
豫章出黄金，然菫菫物之所有，取之不足以更費。（漢書地理志）
諸公幸者乃爲中涓，其次廑得舍人。（又賈誼傳）

二　徒

王如用予，則豈徒齊民安，天下之民舉安。（孟子公孫丑下）
徒善不足以爲政，徒法不能以自行。（又離婁上）
平原君之游，徒豪舉耳！不求士也。（史記信陵君傳）
孫子曰：王徒好其言，不能用其實。（又孫子吳起傳）
相如乃與馳歸，家居，徒四壁立。（又司馬相如傳）
且擅兵而别，多他利害，未可知也；徒自損耳。（又吳王濞傳）
兩人非有材能，徒以婉佞貴幸，與上臥起。（又佞幸傳）
諸君徒能得走獸耳，功狗也。（又蕭相國世家）

天下匈匈數歲，徒以吾兩人耳。（又項羽紀）

兩國相擊，此宜夸矜見所長。今臣往，徒見羸弱。（又劉敬傳）

顧淮陽吏民不相得，吾徒得君之重，臥而治之。（又汲黯傳）

天下游士離其親戚，弃墳墓，去故舊，從陛下游者，徒欲日夜望咫尺之地。（又留侯世家）

夫不能修申韓之明術，行督責之道，專以天下自適也，而徒務苦形勞神，以身徇百姓，則黔首之役。（又李斯傳）

時鮮有所獲，徒奮揚威武，明漢兵若雷風耳。（漢書匈奴傳）

三　唯　惟

子謂顏淵曰：用之則行，舍之則藏，唯我與爾有是夫！（論語述而）

不惟許國之爲，亦聊以固吾圉也。（左傳隱十一年）

不寧唯是，又使圍蒙其先君，將不得爲寡君老。（又昭元年）

唯蟲能蟲，唯蟲能天。（莊子庚桑楚）

方今唯秦雄天下。（史記魯仲連傳）

聞人之善言進之上，唯恐後。（又鄭當時傳）

王道約而易操也，唯明主爲能行之。（又李斯傳）

朱公長男竟持其弟喪歸。至，其母及邑人盡哀之，唯朱公獨笑，曰：吾固知必殺其弟也！（又越世家）

成都侯商子邑爲大司空，貴重。商故人皆敬事邑，唯護自安如舊節。（漢書樓護傳）

四　獨

大夫不均，我從事獨賢。（詩小雅北山）

爾有母遺，緊我獨無。（左傳隱元年）

今民各有心，而鬼神乏主；君雖獨豐，其何福之有？（又桓六年）

諸侯縣公皆慶寡人，女獨不慶寡人，何故？（又宣十一年）

四國皆有分，我獨無有。（又昭十二年）

得之爲有財，古之人皆用之，吾何爲獨不然？（孟子）

諸君子皆與驩言，孟子獨不與驩言，是簡驩也。（又）

魏勃少時，欲求見齊相曹參，家貧無以自通，乃常獨早夜掃齊相舍人門外。（史記齊悼惠世家）

進言者皆曰：天下已安已治矣，臣獨以爲未也。（漢書賈誼傳）

五　特

此特羣盜鼠竊狗偷耳。（史記叔孫通傳）

臣之所見，蓋特其小小者耳。（又司馬相如傳）

曹參雖有野戰略地之功，此特一時之事。（又蕭何世家）

豐者，吾所生長，極不忘耳。吾特爲其以雍齒故反我爲魏。（漢書高帝紀）

此特帝在卽錄錄，設百歲後，是屬寧有可信者乎？（又竇嬰田蚡傳）

丞相特前戲許灌夫，殊無意往。（又）

此其屬，意非止此也，特畏高帝呂太后威耳。（又孝文紀）

諸所言者單于特空紿王烏，殊無意入漢。（又匈奴傳）

六　纔　裁　財　才　在

雖大男子，裁如嬰兒。（史記張儀傳）

前已罷外城，省亭隧，今裁足以候望通烽火而已。（漢書匈奴傳）

是時，李陵子復立耤都尉為單于，呼韓邪單于捕斬之，遂復都單于庭；然衆裁數萬人。（又）

今虜使到裁數日，而王廣禮敬卽廢。如令鄯善收吾屬送匈奴，骸骨長為豺狼食矣。（後漢書班超傳）

救之，少發則不足，多發，遠縣纔至，則胡又已去。（又鼂錯傳）

費用皆卬富人長者；然身衣服車馬纔具，妻子內困。（又原涉傳）

太僕見馬遺財足。（又文帝紀）

光為人沈靜詳審，長財七尺三寸。（又霍光傳）

賞所置，皆其魁宿，或故吏善家子失計隨輕黠願自改者；財數十百人。（又尹賞傳）

郅支人衆中寒，道死，餘財三千人到康居。（又匈奴傳）

林部據嶮，路才容軌。（水經注）

長沙乃在二萬五千戶耳。（漢書賈誼傳）

按『在』字從才聲，故可與財才通用。

七　乃　迺

天下勝者衆矣，而霸者乃五。（呂氏春秋義賞）

按高注云：乃猶裁也。

長沙乃纔二萬五千戶。（賈子藩彊）

按乃纔連用。

至東城，乃有二十八騎。（史記項羽紀）

儒者所謂中國者，於天下乃八十一分居其一分耳。（又孟子荀卿傳）

且秦舉咸陽而棄之，何乃越也！（史記東越傳）

按漢書嚴助傳乃作但。

且酈生一士，伏軾掉三寸舌下齊七十餘城，將軍將數萬之衆，迺下趙五十餘城。爲將數月，反不如一豎儒之功乎？（漢書蒯通傳）

匈奴大入上谷漁陽，安國壁迺有七百餘人。（又韓安國傳）

又言蘇武使匈奴二十年不降，還，迺爲典屬國。大將軍長史無功勞，爲搜粟都尉。（又蘇武傳）

按武五子傳迺作亶，亶同但。

自古有戰，非乃今也。（潛夫論邊議）

八　但　亶

天子所以貴者，但以聞聲，羣臣莫得見其面。（史記李斯傳）

匈奴匿其壯士肥牛馬，但見老弱及羸畜。（又劉敬傳）

太子起坐，更適陰陽，但服湯二旬而復故。（又扁鵲傳）

但聞悲風蕭條之聲。（李陵答蘇武書）

雖不能盡誅，亶奪其畜產，虜其妻子；復引兵還，冬復擊之。（漢書趙充國傳）

蘇武使匈奴二十年不降，還，亶爲典屬國。（又武五子傳）

莽憂懣不能食，亶飲酒啗鰒魚。（又王莽傳）

及事迫急，亶爲厭勝。（又）

九　止　禔　祇

今謂此序止是關雎之序。（詩關雎序箋）

臣以三萬人衆不敵，禔取辱。（史記韓長孺傳）

今將軍傅太子，太子廢，不能爭；爭不能得，又不能死；自引謝病，擁趙女屏間處而不朝，祇加懟，自明揚主之過。（漢書竇嬰傳）

十　直

參直養者也，安能爲孝乎？（禮記祭義）

不言帥師而言敗，何也？直敗一人之辭也。（穀梁傳文十一年）

寡人非能好先王之樂也，直好世俗之樂耳！（孟子梁惠王）

塡然鼓之，兵刃既接，棄甲與兵而走，或百步而後止，或五十步而後止。以五十步笑百步，則何如？曰：不可！直不百步耳！是亦走也。（又）

非直爲觀美也，然後快於人心。（又公孫丑下）

某也直後而未往耳。（莊子德充符）

是其爲相縣也，幾直夫芻豢之縣糟糠爾哉！（荀子榮辱）

衍非有怨於儀，直所以爲國者不同耳！（齊策）

高帝曰：公罷！吾直戲耳。（史記叔孫通傳）

此之爲德，豈直數十百錢哉！（又日者傳）

德可遠施，威可遠加，而直數百里外威令不信，可爲流涕者，此也。（漢書賈誼傳）

十一　取

楊子取爲我；拔一毛而利天下，不爲也。（孟子）

丞相取充位，天下事皆決於湯。（史記酷吏張湯傳）

二人之寵取過庸，不篤。（漢書佞幸傳）

故服匈奴；後盛大取羈屬，不肯往朝會。（又西域烏孫傳）

按顏注云『言纔羈縻屬之而已，』訓『取』爲『纔』。

卯　表數之頻

一　屢　婁

屢顧爾僕。（詩小雅正月）

屢蒙嘉瑞。（漢書宣帝紀）

婁敕公卿，日望有效。（又元帝紀）

二　數

臣，市井鼓刀屠者，公子親數存之。（史記信陵君傳）

立數過寶飲食。（漢書文三王傳）

門外車騎交錯，又日出醉歸，曹事數廢。（又陳遵傳）

涉賓客多犯法，罪過數上聞；王莽數收繫，欲殺，輒復赦出之。（又原涉傳）

每至直更，數過，吏弗求。（又郭解傳）

數問其家：金餘尚有幾所？（又疏廣傳）

到家，辭以妻病，數乞期不反。（魏志華佗傳）

三　亟

愛共叔段，欲立之。亟請於武公，公弗許。（左傳隱元年）

亂政亟行，所以敗也。（又隱五年）

梁伯好土功，亟城而弗處。（又僖十九年）

吾先君之亟戰也有故。（又成十六年）

於是乎蒐于被廬作三軍，謀元帥。趙衰曰：郤縠可。臣亟聞其言矣。（又僖二十七年）

繆公亟見於子思。（孟子萬章下）

繆公之於子思也，亟問，亟餽鼎肉。（又）

四　頻

頻歷二司，舉劾得禮。（後漢書劉愷傳）

和帝初，拜謁者，除任城長，遷陽夏重合令。頻歷三城，皆有惠政。（又周磐傳）

自帝即位以後，頻遭元二之戹，百姓流亡，盜賊並起。（又陳忠傳）

是時，地數震裂，衆災頻降。（又李雲傳）

五　歷

虞舜側微，堯聞之聰明，歷試諸艱。（書序）

故太尉段熲武勇冠世，習於邊事，歷事二主，勳烈獨昭。（後漢書段熲傳）

建武二年，騎都尉弓里戍將兵平定北州，到太原，歷訪英俊大人，問以策謀。（又獨行溫序

傳）

六　比

聞者數年比不登。（漢書文帝紀）

聞者歲比不登。（又景帝紀）

自趙廣漢誅後，比更守尹。（又張敞傳）

以樂成比廢絕，故改國曰安平。（後漢書孝明八王傳）

七　薦　荐

天降喪亂，饑饉薦臻。（詩大雅雲漢）

又懼讒慝之閒，謀之以啓貪人，荐爲敝邑不利。（左傳昭十八年）

寡君聞楚爲不道，荐伐吳國，滅厥民人。（又哀十五年）

八　仍

晉仍無道而鮮胄。（周語）

明年，大將軍將六將軍仍再出擊胡。（史記平準書）

淮南衡山專挾邪僻之計，謀爲叛逆，仍父子再亡國，各不終其身。（又淮南王傳）

太史公仍父子相續纂其職。（又自序）

今大將軍仍復克獲。（漢書武帝紀）

勳謂虞紹曰：吾仍見上，上甚聰明，但擁蔽於左右耳。（後漢書蓋勳傳）

九 驟

公子商人驟施於國。（左傳文十四年）

趙宣子爲政，驟諫而不入。（又宣元年）

楚師驟勝而驕，其師老矣。（又宣十二年）

善人天地之紀也，而驟絕之，不亡何待？（又成十五年）

晉能驟來，楚將不能。（又襄十一年）

召公曰：昔吾驟諫王，王不從，以及此難也。（史記周本紀）

北狄破滅，名王仍降。（又和帝紀）

十 連

既論難，連拄五鹿君。（漢書朱雲傳）

後數復毆傷郎，夜私出宮。傅相連奏，坐削或千戶或五百戶。（又文三王傳）

王背策戒，誖暴妄行，連犯大辟。（又）

羽因留，連戰未能下。（又項籍傳）

貳師解而引歸，與單于連鬬十餘日。（又匈奴傳）

宣帝卽位，烏孫昆彌復上書言，連爲匈奴所侵削。（又）

辰 表數之約

一 約

疾者前入坐，見佗北壁懸此蛇輩，約以十數。（魏志華佗傳）

二 率

古之獻絲者其率用此歟？（禮記祭義）

一歲中往來過他客，率不過再三過。（史記陸賈傳）

漢率一歲中使多者十餘，少者五六輩；遠者八九歲，近者數歲而反。（又大宛傳）

於是黃帝迎日推策，後率二十歲復朔旦冬至。（又封禪書）

封者食租稅，歲率戶二百。（又貨殖傳）

太史公曰：吾嘗過薛，其俗閭里率多暴桀子弟，與鄒魯殊。（又孟嘗君傳）

轉輸北河，率三十鍾而致一石。（又平津侯傳）

陛下何忍以帝皇之號爲戎人諸侯？埶既卑辱而禍不息，長此安窮？進謀者率以爲是，固不可解也。（漢書賈誼傳）

府掾吏率皆羸車小馬，不上鮮明；而遵獨極輿馬衣服之好。（又陳遵傳）

事率衆多，不可勝以文陳。（又成許后傳）

羌性貪而貴吏清，前有八都尉，率好財貨，爲所患苦。（後漢書張奐傳）

三　慮　漢書賈誼傳注云：慮，大計也。

其所以接下之人百姓者，無禮義忠信焉，慮率用賞慶刑罰埶詐，除阨其下，獲其功用而已矣！（荀子議兵）

若此諸王雖名爲臣，實皆有布衣昆弟之心，慮亡不帝制而天子自爲者。（漢書賈誼傳）

一二指搐，身慮無聊。（又）

逐利不耳！慮非顧行也。（又）

借父櫌鉏，慮有德色。（又）

至於俗流失世壞敗，因恬而不知怪，慮不動於耳目，以是爲適然耳。（又）

夫萬乘至重而壯者慮輕。（後漢書明帝紀）

巳　附于數字以表數之幾

一　可

遇剛武侯，奪其軍可四千餘人。（史記高帝紀）

若朋友交游，久不相見，卒然相覩，歡然道故，私情相語，飲可五六斗，徑醉矣！（又滑稽傳）

卒可四千人且盡。（又匈奴傳）

大宛在匈奴西南，在漢正西，去漢可萬里。（又大宛傳）

其屬邑大小七十餘城，衆可數十萬。（又）

使陵將其射士步兵五千人出居延北可千餘里。（又李將軍傳）

五殘星，其狀類辰，去地可六丈。（漢書天文志）

去將軍可千二百里。（又趙充國傳）

章小女年可十二。（又王章傳）

二　幾

楚不幾十年，未能恤諸侯也。（左傳襄二十八年）

蒙霧露，沐霜雪，行幾十年。（漢書韓安國傳）

三　且

秦伐魏，取安邑；伐趙，取晉陽；伐楚，取鄢郢矣！覆三國之軍，兼二周之地，舉韓氏，取其地，且天下之半。（國策）

欽子及昆弟支屬至二千石者且十人。（漢書杜欽傳）

後燕王盧綰復反，率其黨且萬人降匈奴。（又匈奴傳）

匈奴頗殺人民，毆婦女弱小且千人去。（又）

四　將

今滕，絕長補短，將五十里也。（孟子滕文公）

午　附於數字以表數之總

一　凡

陳勝王凡六月。（史記陳涉世家）

平凡六出奇計。（又陳平世家）

立子長爲淮南王，王黥布故地，凡四郡。（又淮南王傳）

奮長子建，次甲，次乙，次慶，皆以馴行孝謹官至二千石。於是景帝曰：石君及四子皆二千石，人臣尊寵乃舉集其門，凡號奮爲萬石君。（漢書石奮傳）

五年一朝，凡三朝，十七年薨。（又文三王傳）

元鼎中，徙代王於清河，是爲剛王。並前在代凡立四十年，薨。（又）

元延中，立復以公事怨相掾及雎陽丞，使奴殺之，殺奴以滅口。凡殺三人，傷五人。（又）

二　最

最從高帝得相國一人，丞相二人，將軍二千石各三人。（史記周勃世家）

最驃騎將軍去病凡六出擊匈奴。（又霍去病傳）

最大將軍青凡七出擊匈奴，斬捕首虜五萬餘級，一與單于戰，收河南地，置朔方郡。（漢書衛青傳）

B　由數量形容詞轉來的副詞

可以一戰。（左傳莊十年）

歲一不登，民有饑色。（漢書文帝紀）

物莫能兩大。（左傳莊二十二年）

寡人願兩聞之。（楚策）

季文子三思而後行。（論語公冶長篇）

柳下惠爲士師，三黜。（又微子篇）

三數叔魚之罪，不爲末減。（左傳昭十四年）

復三令五申之。（史記孫吳傳）

子重子反于是乎一歲七奔命。（左傳成七年）

腸一日而九迴。（楚辭）

說秦王，書十上而說不行。（秦策）

三晉百背秦，百欺秦。（又）

3 表時副詞

A　表過去

一　已　墨子經說云：自後曰已。

老父已去，高祖適從旁舍來。（史記高祖紀）

使臣蚤言，皆已誅。（又秦始皇紀）

田生已得金，即歸齊。（又荆燕世家）

吾言已在前矣！吾欲全吾言。（又趙世家）

張儀已卒之後，犀首入相秦。（又張儀傳）

子所言者，其人與骨皆已朽矣。（又老子傳）

胡亥已聞扶蘇死，即欲釋蒙恬。（又蒙恬傳）

魯句踐已聞荆軻之刺秦王，私曰：惜哉其不講於刺劍之術也！（又刺客傳）

鄉使秦已并天下，行仁義，法先聖，陛下安得而有之？（又酈生傳）

漢五年，已并天下，諸侯共尊漢王爲皇帝於定陶，叔孫通就其儀號。（又叔孫通傳）

二　既

以親九族，九族既睦。（書堯典）

朕既不敏，常畏過行以羞先王之遺德。（史記文帝紀）

張儀既相秦，爲文檄以告楚相。（又張儀傳）

單于既立，盡歸漢使之不降者。（又匈奴傳）

絳侯等既誅諸呂，齊王罷兵歸。（又灌嬰傳）

功用既興，然後授政。（又伯夷傳）

王翦既至關，使使還請善田者五輩。（又王翦傳）

項王曰：壯士！賜之卮酒彘肩！噲既飲酒，拔劍切肉食，盡之。（又樊噲傳）

發卒二千人，以王者禮葬田橫。既葬，二客穿其冢旁孔，皆自剄，下從之。（又田儋傳）

後歲餘，賈生徵見。孝文帝方受釐，坐宣室。上因感鬼神事而問鬼神之本。賈生因具道所以然之狀，至夜半，文帝前席。既罷，曰：吾久不見賈生，自以爲過之，今不及也。（又賈誼傳）

明年，上廢太子，誅栗卿之屬，上以綰爲長者，不忍，乃賜綰告歸，而使郅都治捕栗氏。既已，上立膠東王爲太子，召綰，拜爲太子太傅。（漢書衞綰傳）

三　終

終風且暴。（詩邶風終風）

終溫且惠，淑愼其身。（又燕燕）

終窶且貧，莫知我艱。（又北門）

終遠兄弟，謂他人父。（又王風葛藟）

終鮮兄弟，維予與女。（又鄭風揚之水）

神之聽之，終和且平。（又小雅伐木）

禾易長畝，終善且有。（又甫田）

終其永懷，又窘陰雨。（又正月）

四　業

良業爲取履，因長跪履之。（史記留侯世家）

上患吳會稽輕悍，無壯王以塡之，諸子少，乃立濞於沛爲吳王。已拜，受印，高帝召濞相之，謂曰：「若狀有反相。」心獨悔，業已拜，因拊其背，告曰：漢後五十年東南有亂者，豈若邪？然天下同姓爲一家，愼無反！（又吳王濞傳）

是時，漢兵已踰句注二十餘萬，已業行。（又劉敬傳）

項王范增疑沛公之有天下，業已講解；又惡負約，恐諸侯叛之，乃陰謀曰：巴蜀道險，秦之遷民皆居蜀，乃曰：巴蜀亦關中地也，故立沛公爲漢王。（又項羽紀）

嘗入侍高后燕飲，高后令朱虛侯劉章爲酒吏。章自請曰：臣將種也，請得以軍法行酒。高后曰：可。頃之，諸呂有一人醉亡酒，章追，拔劍斬之，而還報曰：有亡酒一人，臣謹行法斬之。太后左右皆大驚。業已許其軍法，無以罪也。（又齊悼惠王世家）

夫士業已屈首受書，而不能以取尊榮，雖多，亦奚以爲？（又蘇秦傳）

天子業出兵誅宛，宛小國而不能下，則大夏之屬漸輕漢，而宛善馬絕不來，烏孫侖臺易苦

漢使，爲外國笑。（漢書李廣傳）

B　表現在

一　方

定之方中。（詩鄘風簡兮）

陳桓公方有寵於王。（左傳隱四年）

陳鮑方睦。（又昭十年）

國家方危。（又定四年）

趙方西憂秦南憂楚，其力不能禁我。（史記陳涉世家）

是時，項羽方與漢王相距滎陽。（又外戚世家）

漢王方蒙矢石爭天下，諸生寧能鬬乎？（又叔孫通傳）

張儀曰：賴子得顯，方且報德何故去也？（又張儀傳）

方將約車趨行，適聞使者之明詔。（又）

是時，上方鄉文學。（又酷吏傳）

平原君家未有以發喪，方假貸服具。（又陸賈傳）

上方踞牀洗，召布入見。（又黥布傳）

行酒次至臨汝侯，臨汝侯方與程不識耳語。（又魏其侯傳）

秦王方環柱走，卒惶急，不知所爲。（又刺客傳）

郎中執兵皆陳殿下。非有詔召，不得上。方急時，不及召下兵。（又）

上方與晁錯調兵算軍食。上問曰：君嘗爲吳相，知吳臣田祿伯爲人乎？（又吳王濞傳）

二　鼎

毋說詩！匡鼎來！（漢書匡衡傳）

天子春秋鼎盛。（又賈誼傳）

顯鼎貴，上信用之。（又賈捐之傳）

三　正

象鄂不懌，：曰我思舜正鬱陶。（史記五帝紀）

前日一男子詣闕，自謂故太子，長安中民趣鄉之，正讙不可止。大將軍恐，出兵陳之以自備耳！（漢書燕剌王旦傳）

韓夫人尤嗜酒。每侍飲，見常侍奏事，輒怒曰：帝方對我飲，正用此時持事來乎？（後漢書更始傳）

丞相嘗夏月至石頭看庾公，庾公正料事。（世說）

四　今

淳于髡曰：男女授受不親，禮與？孟子曰：禮也。曰：嫂溺則援之以手乎？曰：嫂溺不援，是豺狼也。男女授受不親，禮也；嫂溺援之以手者，權也。曰：今天下溺矣，夫子之不援，何也？曰：天下溺，援之以道；嫂溺，援之以手。子欲手援天下乎？（孟子離婁上）

足下爲令十餘年矣，殺人之父，孤人之子，斷人之足，黥人之首甚衆。慈父孝子所以不敢事刃於公之腹者，畏秦法也。今天下大亂，秦政不施，然則慈父孝子將爭接刃於公之腹以

復其怨而成其功名，此通之所以弔者也。（漢書蒯通傳）

五 見

許商以爲古說九河之名，有徒駭胡蘇鬲津，今見在成平東光鬲界中。（漢書溝洫志）

後三日，客持詔記與武，問：『兒死未？』手書對牘背武，即書對：兒見在，未死。（又外戚傳）

C 表未來

一 將

將行，哭而過市。（左傳）

其爲人也，發憤忘食，樂以忘憂，不知老之將至云爾。（論語述而）

今人乍見孺子將入于井，則必有怵惕惻隱之心。（孟子）

范陽人蒯通說范陽令曰：竊聞公之將死，故弔。（史記張耳傳）

闔廬病創，將死，謂太子夫差曰：爾忘句踐殺爾父乎？夫差對曰：不敢忘。（又伍子胥傳）

仇液將行。其客宋公謂液曰：秦不聽公，樓緩必怨公。（又穰侯傳）

二　且　墨子經說云：「方然亦且。」

且入井，非入井也。（墨子小取）

范增謂項莊曰：若入前爲壽，請以劍舞，擊沛公于坐，殺之！不者，若屬皆且爲所虜！（史記項羽紀）

趙寇至，且入界。（又信陵君傳）

無忌言於平王曰：伍奢有二子，皆賢；不誅，且爲楚憂。（又伍子胥傳）

奢聞子胥之亡也，曰：楚國君臣且苦兵矣。（又）

汝可疾去矣！且見禽。（又商君傳）

是歲，天子始建漢家之封，而太史公留滯周南，不得與從事，故發憤；且卒，而子遷適使反。（又自序）

會日且入，大風起，砂礫擊面。（又衞將軍傳）

天子曰：我非忘諸校尉功也。今固且圖之。（又）

安國時千餘騎，亦且盡。（又匈奴傳）

吳王從臺上觀，見且斬愛姬，大駭。（又孫子傳）

胡急擊之，矢下如雨。漢兵死者過半，漢矢且盡。（又李廣傳）

今一索不得，後必且復索之，奈何？（又趙世家）

夫賢主者，必且能全道而行督責之術者也。（又李斯傳）

三　行

十畝之間兮，桑者閑閑兮，行與子還兮。（詩魏風十畝之間）

漢興兵誅郢，亦行以驚動南越。（史記南越傳）

且高帝身被堅執銳，蒙霧露，沐霜雪，行幾十年。（漢書韓安國傳）

閒者歷覽諸子之文，對之抆淚，既痛逝者，行自念也。（魏文帝與吳質書）

日月易得，別來行復四年。（又）

四　方

隨何曰：陛下使何與二十人使淮南，至，如陛下之意，是何之功賢於步卒五萬人騎五千也。然而陛下謂何腐儒，爲天下安用腐儒？何也？上曰：吾方圖子之功。迺以隨何爲護軍中尉。（史記黥布傳）

東海君有罪，吾前繫於葛陂。今方出之，使作雨也。（後漢書方術傳）

會諸將曰：孤已得冀州，諸君知之乎？皆曰：不知。公曰：諸君方見不久也。（魏志太祖紀注）

小人則將及水火，君子則方成猿鶴。（庾信哀江南賦）

五　爲

樂正子見孟子曰：克告於君，君爲來見也。嬖人有臧倉者沮君，君是以不果來也。（孟子梁惠王下）

制春秋之義以俟後聖，以君子之爲亦有樂乎此也。（公羊傳哀十四年）

王翦曰：大王必不得已用臣，非六十萬人不可。始皇曰：爲聽將軍計耳。（史記王翦傳）

盧綰妻子亡降漢。會高后病，不能見，舍燕邸，爲欲置酒見之。高后竟崩，不得見。（又盧綰傳）

驃騎始爲出定襄當單于。捕虜，虜言單于東，乃更定驃騎出代郡。（又衞青霍去病傳）

單于愛之；詳許甘言，爲遣其太子入漢爲質。（又匈奴傳）

六 其

其亡其亡，繫于苞桑。（易否九五）

無曠庶官，天工人其代之。（書皐陶謨）

予其大賚女。（又湯誓）

天其永我命于茲新邑。（又盤庚）

今殷其淪喪。（又微子）

稱爾戈！比爾干！立爾矛！予其誓。（又牧誓）

D 表追溯

一 前

前陳王項梁皆敗，不如更遣長者扶義而西。（漢書高帝紀）

涉自以爲前讓南陽賻送，身得其名；而令先人墳墓儉約，非孝也；迺大治起冢舍，周閣重門。（又原涉傳）

二 初

初鄭武公娶於申曰武姜，生莊公及公孫段。（左傳隱元年）

初內蛇與外蛇鬭於鄭南門中，內蛇死。六年而厲公入。（又莊十四年）

初公築臺臨黨氏。（又莊三十二年）

初申侯申出也，有寵於楚文王。（又僖七年）

初吏捕條侯，條侯欲自殺，夫人止之。（史記周勃世家）

初護有故人呂公，無子，歸護，護身與呂公妻與呂嫗同食。及護家居，妻子頗厭呂公。（漢書樓護傳）

按欲叙護家居後妻子厭呂公事，則必追叙呂公歸護之前事，而讀者始明。叙前事，往往用『初』字引其端。諸例皆仿此。

三　始

始吾于人也，聽其言而信其行；今吾於人也，聽其言而觀其行。（論語公治長）

始懷王遣我，固以能寬容。（史記高帝紀）

參始微時，與蕭何善；及爲將相，有卻。（又曹相國世家）

始翟公爲廷尉，賓客闐門；及廢，門外可設雀羅。（又汲鄭傳）

蘇秦乃使人微感張儀曰：子始與蘇秦善，今秦已當路，子何不往游以求通子之願？（又張儀傳）

良曰：始臣起下邳，與上會留，此天以臣授陛下。陛下用臣計，幸而時中，臣願封留足矣。（又留侯世家）

王陵者，故沛人，始爲縣豪。（又陳平世家）

自始全燕時，嘗略屬眞番朝鮮，爲置吏築鄣塞。（又朝鮮傳）

四　鄉向

鄉為身死而不受，今為宮室之美為之；鄉為身死而不受，今為妻妾之奉為之；鄉為身死而不受，今為所識窮乏者得我而為之。（孟子告子上）

由嘗從人飲，敕御者曰：『酒若三行，便宜嚴駕。』既而趣去。後主人舍有鬬相殺者，人請問：何以知之？由曰：向社中木上有鳩鬬，此兵賊之象也。（後漢書方術楊由傳）

南問其遲留之狀。使者曰：向度宛陵浦里杭，馬踠足，是以不得速。（又李南傳）

五　昔

昔在帝堯，聰明文思，光宅天下。（書序）

六　曩

曩令樊酈絳灌據數十城而王，今雖以殘亡可也。（漢書賈誼傳）

七　日

晉語注云：日，往日也。

日君以驪姬為夫人，民之疾心固皆至矣。（晉語一）

狐偃曰：日吾來此也，非以翟為榮，可以成事也。（又四）

晏子曰：日宋之盟，屈建問范會之德於趙武。（左傳昭二十年）

E 表雅素

一 素

高祖爲亭長，素易諸吏。（史記高祖紀）

盾素仁，愛人。（又趙世家）

居巢人范增素居家，好奇計。（又項羽紀）

陸生素與平原君善。（又陸賈傳）

任敖素善高祖。（又任敖傳）

匈奴素聞郅都節，居邊，爲引兵去。（又酷吏傳）

籍福說武安侯曰：魏其貴久矣！天下士素歸之。（又武安侯傳）

蚡言安國太后，天子亦素聞其賢，卽召以爲北地都尉。（又韓安國傳）

陛下獨宜爲趙王置貴彊相，及呂后太子羣臣素所敬憚，乃可。（又張丞相傳）

臨晉籍少翁素不知解，因出關。（漢書郭解傳）

莽大怒，殺宇，而呂寬亡。寬父素與護相知，寬至廣漢，過護，不以事實語也。（又樓護傳）

太伯同母弟王游公素嫉涉。（又原涉傳）

諸假號素聞涉名，爭問原尹何在，拜謁之。（又）

夫不素養士而欲求賢，譬猶不琢玉而求文采也。（又董仲舒傳）

昔成王之政，周公在前，召公在後，畢公在左，史佚在右，四子挾而維之，目見正容，耳聞正言，一日即位，天下曠然言其法度素定也。（後漢書翟酺傳）

二 雅

雍齒雅不欲屬沛公。（史記高祖紀）

陳喜雅數與王計謀反。（又淮南王傳）

高雅得幸於胡亥，欲立之。（又蒙恬傳）

憲王雅不以長子梲爲人數。（又五宗世家）

張耳雅游，人多爲之言。（又張耳傳）
今呂氏雅故本推轂高帝就天下，功至大。（又荆燕世家）
光雅恭謹，知上欲尊寵賢，及聞賢當來也，光警戒衣冠出門待。（漢書董賢傳）
齊相雅行躬耕，隨牧畜。（又卜式傳）
舜素謹敕，太后雅愛信之。（又元后傳）

三　宿

建寧初，靈帝當受學，詔太傅三公選通尚書桓君章句宿有重名者，三公舉賜。（後漢書楊賜傳）
靈帝宿聞其名，數引納之。（又劉陶傳）
帝宿重陶才，原其罪。（又）

F　表經驗

一　嘗

廣韻云：嘗，曾也。說文段注云：說文本義之引伸，凡經過者爲嘗，未經過者爲未嘗。

衛靈公問陳於孔子，孔子對曰：俎豆之事，則嘗聞之矣；軍旅之事，未之學也。（論語衛靈公）

孔子嘗爲委吏矣，曰：會計當而已矣！嘗爲乘田矣，曰：牛羊茁壯長而已矣！（孟子萬章下）

王使子誦。子曰：少棄捐在外，嘗無師傅教學，不習于誦。（秦策）

昔天下之網嘗密矣。（史記酷吏傳）

買臣，楚士，深怨，嘗欲死之。（又）

且王前嘗用召滑於越。（又甘茂傳）

古命受命帝王，曷嘗不封禪？（又封禪書）

王者之興，何嘗不以卜筮決於天命哉？（又日者傳）

范雎於是散家財物，盡以報所嘗困戹者。（又范雎傳）

布曰：窮困不能辱身下志，非人也；富貴不能快意，非賢也。於是嘗有德者，厚報之，有怨者，必以法滅之。（又欒布傳）

張儀已卒之後，犀首入秦，嘗佩五國之相印，爲約長。（又張儀傳）

廣嘗與望氣王朔燕語，曰：自漢擊匈奴，而廣未嘗不在其中。然無尺寸之功以得封邑者，何也？豈吾相不當侯耶？且固命也？朔曰：將軍自念豈嘗有所恨乎？廣曰：吾嘗爲隴西守，羌嘗反，吾誘而降降者八百餘人，吾詐而同日殺之，至今大恨獨此耳。朔曰：禍莫大於殺已降，此乃將軍所以不得侯者也。（又李將軍傳）

袁盎自其爲吳相時，嘗有從史，嘗盜愛盎侍兒。盎知之，弗泄。（又袁盎傳）

二 曾

莊公存之時，樂曾淫于宮中。（公羊傳閔元年）

然身修者，官未曾亂也。（史記循吏傳）

廣曾一入，尙率車騎擊之，所殺甚衆。（又馮唐傳）

梁王以此怨盎，曾使人刺盎。（又袁盎傳）

孟嘗君曾待客夜食；有一人蔽火光；客怒，以飯不等，輟食辭去。孟嘗君起，自持其飯比之。客

慙，自剄。（又孟嘗君傳）

孝惠帝曾春出游離宮。叔孫生曰：古者有春嘗果。方今櫻桃熟，可獻，願陛下出，因取櫻桃獻宗廟。（又叔孫通傳）

時征西校尉任尚以姦利被徵抵罪。尚曾副大將軍鄧騭，騭黨護之。（後漢書劉愷傳）

G　表近比

一　間

間歲或不登。（漢書景帝紀）

充國以爲烏桓間數犯塞，今匈奴擊之，於漢便。（又匈奴傳）

間聞賊衆蟻聚向西境。（吳志華覈傳）

二　比

比陰陽錯謬，日月薄蝕。（後漢書光武紀）

H　表繼承

一　旋　還

登之罘，刻石；旋遂之琅琊，道上黨入。（史記始皇紀）

濟北王侍者韓女病要背痛寒熱，衆醫皆以爲寒熱也。臣意診脈，曰：內寒，月事不下也。即竄以藥，旋下，病已。（又倉公傳）

菑川王美人懷子而不乳，來召臣意。臣意往，飲以莨礍藥一撮，以酒飲之，旋乳。（又）

卓既殺瓊珌，旋亦悔之。（後漢書董卓傳）

如是則舜禹還至，王業還起。（荀子王霸）

居之，殃還至。（史記天官書）

今上封禪，其後十二歲而還徧於五嶽四瀆矣。（又孝武紀）

彊勉學問，則聞見博而知益明；彊勉行道，則德日起而大有功；此皆可使還至而立有效者也。（漢書董仲舒傳）

二　已

召湯而囚之夏臺；已而釋之。（史記夏本紀）

韓王成無軍功，項王不使之國，與俱至彭城，廢以爲侯；已又殺之。（又項羽紀）

冒頓乃作爲鳴鏑，習勒其騎射，令曰：鳴鏑所射而不悉射者，斬之。行獵鳥獸，有不射鳴鏑所射者，輒斬之。已而冒頓以鳴鏑自射其善馬，左右或不敢射者，冒頓立斬不射善馬者。（又匈奴傳）

始黯列爲九卿，而公孫弘張湯爲小吏。及弘湯稍益貴，與黯同位，黯又非毀弘湯等。已而弘至丞相，封爲侯；湯至御史大夫。（又汲黯傳）

羣臣有言：見一老父牽狗，言：吾欲見巨公。已忽不見。（又封禪書）

不疑同舍有告歸，誤持其同舍郎金去。已而同舍郎覺亡，意不疑，不疑謝有之，買金償。（漢書直不疑傳）

今令此道順而全安甚易，不肯早爲；已乃墮骨肉之屬而抗剄之，豈有異秦之季世乎！（又賈誼傳）

諸客奔走市買，至日昳，皆會；涉親閱視。已謂主人：『願受賜矣。』既共飲食，涉獨不飽。（又原涉傳）

文母太后喪時，守復土校尉；已爲中郎，後免官。（又）

文帝嘗病癰，鄧通嘗爲上嗽吮之。上不樂，從容問曰：天下誰最愛我者乎？通曰：『宜莫若太子。』太子入問疾，上使太子齰癰，太子嗽癰而色難之。已而聞通嘗爲上齰，太子慙，繇是心恨通。（又鄧通傳）

初，襄王欲伐鄭，故取翟女爲后，與翟共伐鄭；已而黜翟后。（又匈奴傳）

三　既

遂置姜氏於城潁，而誓之曰：『不及黃泉，無相見也！』既而悔之。（左傳隱元年）

陳亂，民莫有鬭心，若先犯之，必奔；王卒顧之，必亂。蔡衞不支，固將先奔；既而萃於王卒，可以集事。（又桓五年）

大夫請以入。公曰：獲晉侯，以厚歸也；既而喪歸，焉用之？（又僖十五年）

秦伯納女五人，懷嬴與焉奉匜沃盥；既而揮之。（又僖二十三年）

初，楚子將以商臣爲太子，訪諸令尹子上。子上曰：『君之齒未也；而又多愛，黜乃亂也。楚國之舉恆在少者。且是人也，蠭目而豺聲，忍人也；不可立也。』弗聽。既又欲立王子職而黜太子商臣。（又文元年）

斂而殯諸伯有之臣在市側者；既而葬諸斗城。（又襄三十年）

四　俄　蛾

至乎地之與人則不然：俄而可以爲其有矣。（公羊傳桓二年）

於是莽遂爲攝皇帝，改元稱制焉。俄而宗室安衆侯劉崇及東郡太守翟義等惡之，更舉兵欲誅莽。（漢書元后傳）

進爵義城縣侯，俄拜洛州刺史。（北周書庾信傳）

始爲少使，蛾而大幸。（漢書班婕妤傳）

震前後所上，轉有切至，帝既不平之；而樊豐等皆側目憤怨；俱以其名儒，未敢加害。尋有河間男子趙騰詣闕上書，帝發怒，遂收考詔獄，結以罔上不道；震復上疏救之，帝不省，騰竟伏尸都下。會太史言星變逆行，遂共譖震。（後漢書楊震傳）

梁冀既誅，瓊首居公位，海內翕然望之；尋而五侯擅權，傾動內外；自度力不能匡，乃稱疾不起。（又黃瓊傳）

家貧，復爲郡西門亭長，尋轉功曹。（又陳寔傳）

復徵，再遷漁陽太守，尋轉蜀郡太守。（又李膺傳）

尋轉尙書度支郎中。（宇文逌庾子山集序）

六 隨

知友被辱，隨仇者，廉也。（韓非子五蠹）

立政隨謂陵曰：亦有意乎？（漢書李陵傳）

長公主賜鄧通，吏輒隨沒入之。（又鄧通傳）

韓係伯鄰居種桑樹於界上以爲誌。係伯以桑枝蔭妨他地，遷數尺，鄰畔隨復侵之。（襄陽耆舊傳）

I 表終竟

一 終

其終出不於祥。（書君奭）

齊公子元不順懿公之爲政也，終不曰公，曰夫己氏。（左傳文十四年）

姑盟而退，修德息師而來，終必獲鄭，何必今日！（又襄九年）

上曰：終不使不肖之子居愛子之上。（史記留侯世家）

欲有所言，復飮之醉而後去，終莫得開說。（又曹相國世家）

君侯終不懷通侯之印歸於鄉里明矣！（又李斯傳）

陳餘曰：吾度前終不能救趙。（又陳餘傳）

今足下雖自以與漢王爲厚交，爲之盡力用兵，終爲之所禽矣！（又淮陰侯傳）

韓信猶豫不忍背漢，又自以爲功多，終不奪我齊，遂謝蒯通。（又）

王生曰：吾老且賤，自度終無益於張廷尉，張廷尉，方今天下名臣。吾故聊辱廷尉，使跪結韈，欲以重之。（又張釋之傳）

府庫壞漏，盡腐敗物以巨萬計，終不得收徙。（又五宗世家）

黯多病，病且滿三月，上常賜告者數，終不愈。（又汲黯傳）

然韓非知說之難，爲說難書甚具，終死於秦，不能自脫。（又韓非傳）

夜，軍中驚，內相攻擊擾亂，至於太尉帳下；太尉終臥不起。（又周勃世家）

婁敬曰：臣衣帛，衣帛見；衣褐，衣褐見。終不敢易衣。（又婁敬傳）

是故其智不足與權變，勇不足以決斷，仁不足以取予，彊不能有所守，雖欲學吾術，終不告之矣。（又貨殖傳）

桀黠奴，人之所患，唯刁間收取之，逐漁鹽商賈之利，或連車騎，交守相，然愈益任之，終得其力。（又）

上於是以式終長者。（漢書卜式傳）

二　竟

元狩二年，弘病，竟以丞相終。（史記公孫弘傳）

竟不易太子者，留侯本招此四人之力也。（又留侯世家）

遂北至藍田再戰，秦兵竟敗。（又）

淮南王爲人剛，如有遇霧露行道死，陛下竟爲以天下之大弗能容，有殺弟之名，奈何？（又袁盎傳）

陳涉雖已死，其所置遣侯王將相竟亡秦。（又陳涉世家）

於是胡稱病，竟不入見。（又南越傳）

武安侯病，使巫視鬼者視之，見魏其灌夫共守，欲殺之，竟死。（又武安侯傳）

呂后日夜泣曰：妾唯太子一女，奈何棄之匈奴？上竟不能遣長公主。（又婁敬傳）

莽疑建藏匿，泛以問建；建曰：『臣名善之，誅臣足以塞責。』莽性果賊，無所容忍，然重建，不

竟△問，遂不得也。（漢書游俠傳）

子陵！我竟△不能下女邪？（後漢書逸民傳）

昔夫子當行，使弟子持雨具，已而果雨。弟子問曰：夫子何以知之？夫子曰：詩不云乎！『月離於畢，俾滂沱矣。』時暮月不宿畢乎？他日，月宿畢，竟△不雨。（史記仲尼弟子傳）

及呂后時，事多故矣；然平竟△自脫，定宗廟，以榮名終稱賢相。（又陳丞相世家）

屠岸賈聞之，索於宮中，夫人置兒袴中，祝曰：『趙宗滅乎，若號；卽不滅，若無聲。』及索兒，竟△無聲。（又趙世家）

盜跖日殺不辜，肝人之肉，暴戾聚黨數千人，橫行天下，竟△以壽終。（又伯夷傳）

白起爲秦將，南征鄢郢，北坑馬服，攻城略地，不可勝計，而竟△賜死。（又項羽傳）

三　卒

管仲卒△受下卿之禮而還。（史記周本紀）

吾起兵至今八歲矣；身七十餘戰，所當者破，所擊者服，未嘗敗北，遂霸有天下。然今卒△困於

此。（又項籍傳）

三國終之卒分晉。（又六國表序）

及據國爭權，卒以滅亡。（又陳餘傳）

秦任刑法不變，卒滅趙氏。（又酈生傳）

事窮智困，卒困匈奴。（又韓王信傳）

今項羽僄悍不可遣；獨沛公素寬大長者，可遣。卒不許項羽而遣沛公西略地。（又高祖紀）

呂媪怒呂公曰：公始常欲奇此女與貴人，沛令善公，求之不與，何自妄許與劉季？呂公曰：此非兒女子所知也。卒與劉季。（又）

然卒破楚者，此三人力也。（又留侯世家）

傾側擾攘楚魏之間，卒歸高帝。（又陳丞相世家）

李斯以閭閻歷諸侯，入事秦，因以瑕釁以輔始皇，卒成帝業。（又李斯傳）

秦王跽曰：先生卒不幸教寡人邪？（又范雎傳）

其弟說再封數稱將軍，卒爲案道侯。（又韓王信傳）

陸生卒拜尉他爲越王。（又陸賈傳）

齊湣王二十五年，後卒使孟嘗君入秦。（又孟嘗君傳）

景帝立，釋之恐稱病欲免去，懼大誅至；用王生計，卒見謝，景帝不過也。（又張釋之傳）

辟陽侯於諸呂至深，而卒不誅。計畫所以全者，皆陸生平原君之力也。（又陸賈傳）

七十子之徒，仲尼獨薦顏淵爲好學。然回也屢空，糟糠不厭，而卒蚤夭。（又伯夷傳）

始孟嘗君列此二人於賓客，賓客盡羞之。及孟嘗君有秦難，卒此二人拔之。（又孟嘗君傳）

四　訖　迄

康居驕黠，訖不肯拜使者。（漢書西域傳）

莽以錢幣訖不行，復下書。（又王莽傳中）

伊休侯疊又以素謹，歆訖不告，但免侍中中郎將，更爲中散大夫。（又下）

自行東脩，訖無毀玷。（東觀漢記杜詩薦伏湛表）

司隸刺史訖無糾察。（後漢書和帝紀）

融負其高氣，志在靖難；而才疏意廣，迄無成功。（又孔融傳）

成都迄已傾覆。（左太沖魏都賦）

以此而求，迄無了者。（顏氏家訓）

J　表會適

一　適

我高祖少皞摯之立也，鳳鳥適至。（左傳昭十七年）

王子光見伍子胥而惡其貌，不聽其說而辭之。：曰其貌適吾所甚惡也。（呂氏春秋胥時）

吾所以久者，適有所學也。（史記扁鵲傳）

此時魯仲連適遊趙。（又魯仲連傳）

袁盎自其爲吳相時，嘗有從史盜愛盎侍兒。盎知之，弗泄，遇之如故。及袁盎使吳見守，從史適爲守盎校尉司馬。（又袁盎傳）

灌夫被甲持戟，馳入吳軍，至吳將麾下，所殺傷數十人。夫身中大創十餘；適有萬金良藥，故得無死。（又灌夫傳）

後聞沛公將兵略地陳留郊。沛公麾下騎士，適酈生里中子也。（又酈生傳）

解爲人短小精悍，不飲酒。少時陰賊，慨不快意，身所殺甚衆；以軀借交報仇，藏命作姦剽攻不休，及鑄錢掘冢，固不可勝數。適有天幸，窘急常得脫，若遇赦。（又游俠郭解傳）

上於子孫至嚴。前長孫、中孫年俱三十而死，今臣臨復適三十歲。誠恐一旦不保中室，則不知死命所在。（漢書王莽傳下）

二　屬

下臣不幸，屬當戎行。（左傳成二年）

宋大子佐後至，王田於武城，久而弗見。椒舉請辭焉。王使往，曰：屬有宗祧之事於武城，寡君將墮幣焉，敢謝後見。（又昭四年）

吾屬欲美之。（魯語）

K 表纔乍

一 屬

屬見不轂而下，無乃傷乎？（晉語）

天下屬安定，何故反乎？（史記留侯世家）

王謝服言匈奴使屬過當至烏孫。（漢書傅介子傳）

徐偃又曰太常諸生行禮不如魯善周霸屬圖封禪事，於是上絀偃霸而盡罷諸儒不用。（又封禪書）

段熲迎乘輿不敢下馬，揖馬上。种輯曰：段熲欲反。上曰：熲屬來迎，何謂反？（袁宏後漢紀）

二 乍

今人乍見孺子將入於井，則必有怵惕惻隱之心。（孟子公孫丑上）

三 適

王適有言，必亟聽從王言！（韓非子內儲說）

秦佚儒善於荆王左右；荆適有謀，佚儒常先聞之。（又）

臣意所受師方適成師死。（史記倉公傳）

陛下之臣雖有悍如馮敬者，適啓其口匕首已陷其胸矣。（漢書賈誼傳）

四 乃 迺

乃深其怨於齊，又退侵宋以衆其敵。（穀梁傳莊十年）

先生所爲文市義者，乃今日見之。（齊策）

按本當云：『乃於今日見之』，於字省去。

古之王者，太子乃生，固舉之禮。（大戴禮保傳）

按漢書賈誼傳乃作迺，賈子作初。

故迺孩提有識，三公三少固明孝仁義以道習之。（漢書賈誼傳）

故太子迺生而見正事，聞正言，行正道。（又）

方今布衣迺窺國家之隙，見間而起者，蜀郡是也。（又梅福傳）

五　甫

今吏甫受詔讀記直豫言：使后知之！非可復若私府有所取也。（漢書成許后傳）

今歌吟之聲未絕，傷痍者甫起，而噲欲搖動天下，妄言以十萬衆橫行，是面謾也。（又匈奴傳）

甫欲鑿石索玉，剖蚌求珠，今乃隨和炳然，有如皎日。（蜀志秦宓傳）

L　表先夙

一　先

比天之所與我者，先立乎其大者，則其小者不能奪也。（孟子告子上）

振人不贍，先從貧賤始。（漢書朱家傳）

二　早　蚤

孔子蚤作，負手曳杖，消搖於門。（禮記檀弓上）

不如早爲之所。（左傳隱元年）

得志於諸侯而誅無禮，曹其首也。子盍蚤自貳焉？（又僖二十三年）

多大國之交而威勢蚤具者可亡也。（韓非子亡徵）

然回也屢空，糟糠不厭，而卒蚤夭。（史記伯夷傳）

使遂蚤得處囊中，乃穎脫而出，非特末見而已。（又平原君傳）

事留變生，將軍復欲何待而不早決之乎？（後漢書何進傳）

兵革相乘，臣竊寒心，宜蚤圖其備！（漢書魏相傳）

三　夙

時北地胡騎數千隨賊攻郡，皆夙懷燮恩，共於城外叩頭求送燮還鄉里。（後漢書傅燮傳）

四　前

言前定則不跲，事前定則不困，行前定則不疚，道前定則不窮。（禮記中庸）

五　豫

議者見前江迺始無應敵之數，知勇俱困，以致恥辱，即豫為臣憂。（漢書陳湯傳）

武庫禁兵上方珍寶，其選物上弟盡在董氏；而乘輿所服，乃其副也。及至東園祕器，珠襦玉柙，豫以賜賢，無不備具。（又佞幸傳）

隆慮主病困，以金千斤，錢千萬，爲昭平君豫贖死罪。（又東方朔傳）

忠以詔書既開諫爭，慮言事者必多激切，或致不能容，乃上書豫通帝意。（後漢書陳忠傳）

五月一日，當有大水，其變已至，不可防救，宜令吏人豫爲其備。（又方術任文公傳）

M　表遲後

一　晚

大器晚成。（老子）

二　後

公後至，故不書所會。（左傳文七年）

三　末

武王末受命。（禮記中庸）

按鄭注云：末猶老也。

孝成皇帝自知繼嗣不以時立，念雖末有皇子，萬歲之後，未能持國，權柄之重，制於女主。（漢書外戚傳）

按師古云：末，晚暮也。

N 表急速

一 立 管子小稱篇注云：立猶速也。

故我有善，則立譽我；我有過，則立毀我。（管子小稱）

於是呂澤立夜見呂后。（史記留侯世家）

於是公子立自責，似若無所容者。（又信陵君傳）

劍堅，故不可立拔。（又荊軻傳）

此皆可使還至而立有效者也。（漢書董仲舒傳）

已而冒頓以鳴鏑自射善馬，左右或莫敢射；冒頓立斬之。（又匈奴傳）

大神石人談曰：趣新皇帝之高廟受命！毋留！於是新皇帝立登車之漢氏高廟受命。（又王莽傳）

至如近世外戚宦豎，請託不行，意氣不滿，立能陷人於不測之禍。（後漢書仲長統傳）

劉子駿聞吾言，乃立稱善焉。（桓譚新論）

二　暴

陳嬰母謂嬰曰：自我爲汝家婦，未嘗聞汝先古之有貴者。今暴得大名，不祥；不如有所屬。（史記項羽紀）

第中鼠暴多，與人相觸，以尾畫地。（漢書霍光傳）

自古無道之國，水猶不冒城郭。今政治和平，世無兵革，上下相安，何因當有大水一日暴至？（又王商傳）

長葛縣在穎川，其社有樹暴長。（王隱地道記）

三　卒

嘗從入上林；賈姬如廁，野彘卒入廁。上目都，都不行。（史記酷吏傳）

臣恐議者不深慮其終始，欲以壹切省繇戍，十年之外，百歲之內，卒有他變，障塞破壞，亭隧滅絕，當更發屯繕治，累世之功，不可卒復。（漢書匈奴傳）

斂天下之財，積無功之家，帑藏單盡，民物彫傷，卒有不虞，復當重賦百姓。怨叛既生，危亂可待也。（後漢書翟酺傳）

盜賊凶荒，九州代作，饑饉暴至，軍旅卒發。（又仲長統傳）

四　欻

諸宦官相謂曰：小將軍稱疾，不臨喪，不送葬。今欻入省，此意何為？竇氏事竟復起邪？（後漢書何進傳）

五　急

范增說項羽曰：沛公居山東時，貪於財貨，好美姬。今入關，財物無所取，婦女無所幸；此其志不在小。吾令人望其氣，皆為龍虎，成五采；此天子氣也。急擊勿失！（史記項羽紀）

頭曼欲廢冒頓而立少子，乃使冒頓質於月氏。冒頓既質，而頭曼急擊月氏，月氏欲殺冒頓。（漢書匈奴傳）

巫言：神怒，何故欲向漢？漢使有騧馬，急求取以祠我！（後漢書班超傳）

昔周公葬不如禮，天乃動威。今武蕃忠貞，未被明宥，妖眚之來，皆爲此也。宜急爲改葬，徙還家屬。（又張奐傳）

六　亟

我死，乃亟去之。（左傳隱十一年）

秦之所以亟絕者，其轍跡可見也。（漢書賈誼傳）

今單于卽能前與漢戰，天子自將待邊；卽不能，亟南面而臣於漢！（又匈奴傳）

將率曰：前封四條，不得受烏桓降者，亟遝之！（又）

按：師古注，亟，急也。

七　疾

王其疾敬德！（書召誥）

莊生曰：可疾去矣，愼毋留！（史記越世家）

吾聞秦軍圍趙王鉅鹿，疾引兵渡河！（又項羽紀）

八 速

姬謂太子曰：君夢齊姜，必速祭之！（左傳僖四年）

司馬法不云乎；『賞不踰時。』欲民速覩爲善之利也。（漢書翟方進傳）

唯陛下愼經典之誡，圖變復之道，斥遠佞巧之臣，速徵鶴鳴之士！（後漢書楊賜傳）

九 趣

惠帝二年，蕭何卒。參聞之，告舍人：『趣治行！吾將入相。』（史記曹參世家）

竇太后曰：自竇長君在時，竟不得侯；死後乃封其子；彭祖顧得侯：吾甚恨之。帝趣侯信也！（又周勃世家）

十 遽

玉篇云：遽，急也，卒也。

晉侯之豎頭須，守藏者也。其出也，竊藏以逃，盡用以求納之。及入，求見；公辭焉以沐。謂僕人曰：沐則心覆，心覆則圖反，宜吾不得見也。居者爲社稷之守，行者爲羈紲之僕，其亦可也，何必罪居者？國君而讎匹夫，懼者甚衆矣。僕人以告，公遽見之。（左傳僖二十四年）

我聞忠善以損怨，不聞作威以防怨。豈不遽止！然猶防川。（又襄三十一年）

此志也，豈遽忘於諸侯之耳乎？（吳語）

遽數之，不能終其物。（禮記）

十一　忽

後人來至蛇所，有一老嫗夜哭。人問：何哭？嫗曰：人殺吾子，故哭之。人曰：嫗子何爲見殺？嫗曰：吾子；白帝子也化爲蛇，當道今爲赤帝子斬之故哭。人乃以嫗爲不誠，欲苦之，嫗因忽不見。（漢書高帝紀）

又侍郎王盱見人衣白布單衣，赤幘方領，冠小冠，立于王路殿前，謂盱曰：『今日天同色，以天下人民屬皇帝。』盱怪之，行十餘步，人忽不見。（又王莽傳中）

超到鄯善，鄯善王廣奉超禮敬甚備，後忽更疏懈。（後漢書班超傳）

十二　猥　王念孫云：猥猶猝也。廣雅云：猥，頓也。頓亦猝也。月令『寒氣總至』鄭注：總猶猥卒也。卒與猝同。

厲公猥殺四大夫。（公羊傳成十八年疏引春秋說）

今猥被以大罪，恐其遂畔。（漢書王莽傳）

案事者迺驗問惡言，何故猥自發舒？（又文三王傳）

山水猥至。（馬融長笛賦）

O　名詞轉來的表時副詞

今吾日計之而不足，歲計之而有餘。（莊子庚桑楚）

朝聞道，夕死可矣。（論語里仁）

往年殺彭越，前年殺韓信。（史記黥布傳）

吾困於此，旦暮望若來佐我。（又淮陰侯傳）

如今人方爲刀俎，我爲魚肉。（史記項羽紀）

4　表地副詞

A　由名詞轉來的表地副詞

童子隅坐而執燭。（禮記檀弓）

按謂坐於隅。

舜勤民事而野死，冥勤其官而水死，稷勤百穀而山死。（魯語）

是故敗吳於囿，又敗之於牧，又郊敗之。（越語）

庭說諸侯之主。（秦策）

夫以秦王之威而相如廷叱之。（史記藺相如傳）

道聞王疾而還。（史記楚世家）

徒多道亡。（又高祖紀）

君王宜郊迎北面稱臣。（又陸賈傳）

迺病免家居。（又）

廟立子閎爲齊王。（漢書武五子傳）

下馬地鬥。（又鼂錯傳）

B　由形容詞轉來的表地副詞

穆嬴日抱大子以啼于朝，曰：先君何罪？其嗣亦何罪？舍適嗣不立而外求君，將焉寘此？（左傳文七年）

及寡人之身，東敗於齊，西喪地於秦七百里，南辱於楚。（孟子梁惠王上）

尉左右視，竟不能對。（史記張釋之傳）

公爲正卿，上不能褒先帝之功業，下不能抑天下之邪心。（史記汲鄭傳）

我亡國外居，伯父無意入我，亦甚矣！（又鄭世家）

5　否定副詞

A　叙述的否定

一　不

人不知，而不慍，不亦君子乎？（論語學而）

二　否

某則否能。（大戴禮）

赴以名，則亦書之。不然，則否。（左傳僖二十三年）

晉人侵鄭以觀其可攻與否。（又僖三十年）

吾得見與否；在此歲也。（又襄三十年）

二三子用我今日，否亦今日。（又成十八年）

三　弗

子謂子貢曰：女與回也孰愈？對曰：賜也何敢望回！回也聞一以知十，賜也聞一以知二。子曰：弗如也！吾與女弗如也！（論語公冶長）

陛下雖得廉頗李牧，弗能用也。（史記馮唐傳）

盎曰：陛下居代時，太后嘗病三年，陛下不交睫，不解衣，湯藥非陛下口所嘗，弗進。（又袁盎傳）

司馬夜引袁盎起曰：君可以去矣！吳王期旦日斬君。盎弗信，曰：公何爲者？（又）

王公由之，所以一天下臣諸侯也；弗由之，所以捐社稷也。（又禮書）

買臣守長史，見湯，湯坐牀上，丞史遇買臣，弗爲禮。（又酷吏傳）

智誠知之，決弗敢行者，百事之禍也。（又淮陰侯傳）

因故秦時本以十月爲歲首，弗革。（又張蒼傳）

漢兵追至塞，度弗及，卽罷。（又韓長孺傳）

寡人金錢在天下者往往而有，非必取於吳，諸王日夜用之，弗能盡。（又吳王濞傳）

上召寧成爲都尉；其治效郅都，其廉弗如。（又酷吏傳）

主見所侍美人，上弗說。（又外戚傳）

長安諸公莫弗稱之。（又竇嬰田蚡傳）

四　未

舍館未定。（孟子離婁上）

仲子所食之粟，伯夷之所樹與？抑亦盜跖之所樹與？是未可知也。（孟子）

人固不易知，知人亦未易也。（史記范雎蔡澤傳）

小人有母，皆嘗小人之食矣；未嘗君之羹，請以遺之。（左傳隱元年）

趙旃求卿，未得。（又宣十二年）

使伯氏司里。火所未至，徹小屋，塗大屋。（又襄九年）

以國之多難，未女恤也。（又哀二十七年）

君除吏已盡未？吾亦欲除吏。（史記田蚡傳）

留侯子張辟彊爲侍中，年十五，謂丞相陳平曰：太后獨有帝，今哭而不悲，君知其解未？（漢書外戚傳）

帝因怒詰讓等曰：汝曹常言黨人欲爲不軌，皆令禁錮，或有伏誅。今黨人更爲國用，汝曹反

與張角通，爲可斬未？（後漢書宦者張讓傳）

因謂亮曰：今日上不至天，下不至地，言出子口，入於吾耳，可以言未？（蜀志諸葛亮傳）

卿昔不顧吾，今可爲交未？（世說方正篇注引楚國先賢傳）

五　莫

其計祕，世莫得聞。（史記陳平世家）

爲君計，莫若遣君子孫昆弟能勝兵者悉詣軍所。（又蕭何世家）

已而冒頓以鳴鏑自射善馬，左右或莫敢射，冒頓立斬之。（漢書匈奴傳）

六　匪

夙夜匪解。（詩大雅烝民）

稼穡匪解。（又商頌殷武）

使我兩君匪以玉帛相見而以興戎。（左傳僖十五年）

朕祗懼潛思，匪遑啓處。（後漢書順帝紀）

七　末

魯莊公及宋人戰於乘邱，縣賁父御，卜國爲右。馬驚，敗績。公隊。佐軍授綏。公曰：末之卜也。（禮記檀弓）

不忍一日末有所歸也。（又）

吾與鄭人末有成也。（公羊傳隱六年）

末言爾。（又成十六年）

八　蔑

寧事齊楚，有亡而已。蔑從晉矣。（左傳成十六年）

吾有死而已；吾蔑從之矣。（晉語二）

蔑貞凶。（易剝）

九　非

肆予冲人，非廢厥謀。（書盤庚）

各非敢違卜。（又）

人性非甚相遠也。（大戴禮保傅）

芷蘭生于深林，非以無人而不芳。（荀子宥坐）

今夫惑者非知反性命之情，其次非知觀於五帝三王之所以成也。（呂氏春秋謹聽）

陳王非必立六國後。（漢書陳餘傳）

偃矯制而鼓鑄者，欲及春耕種贍民器也。今魯國之鼓，當先具其備，至秋乃能舉火。此言與實反者非？（漢書終軍傳）

初，天子出到宣平門，當度橋，汜兵數百人遮橋，曰：『是天子非？』車不得前。（後漢書董卓傳注引獻帝起居注）

十　無　毋　亡

無偏無黨，王道蕩蕩。（書洪範）

君子食無求飽，居無求安。（論語學而）

子貢問曰：貧而無諂，富而無驕，何如？（又）

巽與之言，能無說乎？（又）

襄仲曰：不有君子，其能國乎！國無陋矣。（左傳文十二年）

今吾子疆理諸侯，而曰：『盡東其畝而已。』唯吾子戎車是利，無顧土宜，其無乃非先王之命也乎？（又成二年）

三年之喪，何也？曰：稱情而立文，因以飾羣，別親疏貴賤之節，而弗可損益也。故曰：無易之道也。（又三年問）

昆蟲無作。（又郊特牲）

名者，人治之大者也，可無慎乎？（又大傳）

天子欲使莊參以二千人往使，參曰：以好往，數人足矣；以武往，二千人無足以爲也。（史記尉佗傳）

志輕理而不重物者，無之有也；外重物而不內憂者，無之有也；行離理而不外危者，無之有

也；外危而不内恐者，無之有也。（荀子正名）

子絕四：毋意，毋必，毋固，毋我。（論語子罕）

子毋讀書遊說，安得此辱乎？（史記張儀傳）

秦攻楚之西，韓梁攻其北，社稷安得毋危！（又）

雖欲毋亡，不可得也。（又）

燕趙郊見之，皆曰：『此范陽令先下者也。』即喜矣。燕趙城可毋戰而降也。（又陳餘傳）

魯相初到，民自言相，訟王取其財物百餘人。田叔取其渠率二十人各笞五十，餘各搏二十。

魯王聞之，大慙，發府中錢，使相償之。相曰：『王自奪之，使相償之，是王爲惡而相爲善也。』

相毋與償之，於是王乃盡償之。（又田叔傳）

食肉毋食馬肝，未爲不知味也；言學者毋言湯武受命，不爲愚。（又儒林傳）

用臣之計，毋戰而略地，不攻而下城，傳檄而千里定。（漢書蒯通傳）

方今天下饑饉，可亡大自損減以救之，稱天意乎？（又貢禹傳）

相守選舉不以實及有臧者，輒行其誅，亡但免官，則爭盡力爲善。（又）丞亡屬將軍。（又胡建傳）

我告漢軍先零所在，兵不往擊，久留得亡效五年時不分別人而並擊我？（又趙充國傳）

十一　勿

莫益之，或擊之，立心勿恆，凶。（易益上九）

非禮勿視，非禮勿聽，非禮勿言，非禮勿動。（論語顏淵）

於是與平剖符，世世勿絕，爲戶牖侯。（史記陳平世家）

百姓歌之曰：蕭何爲法，斠若劃一；曹參代之，守而勿失。載其淸淨，民以寧一。（又曹相國世家）

天子以伍被雅辭多引漢之美，欲勿誅。（又淮南王傳）

陰使范齊之陳豨所，欲令久亡，連兵勿決。（又盧綰傳）

十二　靡

秦以前尚矣！其詳靡得而記焉。（史記外戚世家）

古布衣之俠，靡得而聞已。（又游俠傳）

十三　罔

罔罪有衆。（書盤庚）

罔知天之斷命。（又）

罔敷求先王，克共明刑。（詩大雅抑）

十四　曼

小爾雅廣詁云：曼，無也。

或曰。繞繞者天下皆說，奚其存？曰曼是爲也。（法言廣見）

聖人曼云。（又重黎）

B　命令的否定　即禁戒

一　勿

己所不欲，勿施於人！（論語衛靈公）

齊王曰：秦使魏冉致帝，子以爲何如？對曰：願王受之而勿備稱也。（史記田敬仲世家）

丹所報，先生所言者，國之大事也。願先生勿泄也！（又刺客傳）

且夫齊之必決於聊城，公勿再計！（又魯仲連傳）

田單因宣言曰：神來下教我。乃令城中人曰：當有神人爲我師。有一卒曰：『臣可以爲師乎？』因反走。田單乃起，引還，東鄉坐，師事之。卒曰：『臣欺君，誠無能也。』田單曰：『子勿言也！』因師之。（又田單傳）

始皇聞之，大怒，自馳如頻陽，見謝王翦曰：『寡人以不用將軍計，李信果辱秦軍。今聞荊日進而西，將軍雖病，獨忍棄寡人乎？』王翦曰：『老臣罷病悖亂，唯大王更擇賢將。』始皇謝曰：『已矣！將軍勿復言！』（又王翦傳）

二　毋　無

原思爲之宰，與之粟九百，辭。子曰：毋！以與爾鄰里鄉黨乎！（論語雍也）

秦始皇帝游會稽，渡浙江，梁與籍俱觀。籍曰：彼可取而代也。梁掩其口曰：毋妄言！族矣！（史

記項羽紀）

釋之既朝畢，因前言便宜事。文帝曰：卑之，毋甚高論，令今可施行也。（又張釋之傳）

張負卒予女。爲平貧，乃假貸幣以聘，予酒肉之資以內婦。負誡其孫曰：毋以貧故事人不謹！（又陳平世家）

大將軍青亦陰受上誡，以爲李廣老，數奇，毋令當單于！（又李廣傳）

將軍毋失時！時間不容息。（又陳餘傳）

無友不如己者。（論語學而）

五霸桓公爲盛。葵丘之會，諸侯束牲載書而不歃血。初命曰：誅不孝，無易樹子，無以妾爲妻！再命曰：尊賢育才，以彰有德！三命曰：敬老慈幼，無忘賓旅！四命曰：士無世官，官事無攝，取士必得，無專殺大夫！五命曰：無曲防，無遏糴，無有封而不告！（孟子告子下）

子產蹵然改容更貌曰：子無乃稱！（莊子德充符）

楚人剽疾，願上無與楚人爭鋒。（史記留侯世家）

若歸，試私從容問而父；然無言吾告若也！（又曹相國世家）

太后面質呂嬃於陳平曰：鄙語曰：『兒婦人口不可用。』顧君與我何如耳！無畏呂嬃之讒也！（又陳平世家）

陵母既私送使者，泣曰：爲老妾語陵：謹事漢王！漢王，長者也。無以老妾故持二心！妾以死送使者。遂伏劍而死。（又）

父子俱屠，無爲也！（漢書高帝紀）

三　莫

莫如楚共王庶子圍弒其君——兄之子——員而代之立！（史記楚世家）

秦王車裂商君以徇曰：莫如商鞅反者！（又商君傳）

其去剛卯，莫以爲佩；除刀錢，勿以爲利！（漢書王莽傳中）

四　末

命膳宰曰：末有原！（禮記文王世子）

五 不

我且往見，夷子不來。（孟子滕文公上）

6 詢問副詞

一 何

夫子何哂由也？（論語先進）

二三子何患無君？（孟子梁惠王下）

甘羅曰：君侯何不快之甚也？（史記廿茂傳）

二 奚

東面而征西夷怨，南面而征北狄怨。曰：奚獨後予？（書）

或謂孔子曰：子奚不爲政？（論語爲政）

余髮如此種種，余奚能爲？（左傳昭三年）

王聞之，使人問其故，曰：天下之刖者多矣，子奚哭之悲也。（韓非子和氏）

蓋天下萬物之萌生，靡不有死。死者，天地之理物之自然者也。奚可甚哀？（史記文帝紀）

三　安

暴而不戢，安能保大？（左傳宣十二）

吾亦欲東耳安能鬱鬱久居此乎？（史記淮陰侯傳）

安得遺詔封三子事？（漢書霍光傳）

迺公居馬上得之，安事詩書。（又陸賈傳）

四　焉

鶴實有祿位，余焉能戰？（左傳閔元年）

猶有晉在，焉得定功？（又宣十二年）

棖也慾，焉得剛？（論語公冶長）

未能事人，焉能事鬼？（又先進）

且齊楚之事，又焉足道哉！（史記司馬相如傳）

文信侯叱曰：去！我身自請之而不肯，汝焉能行之！（又甘茂傳）

且夫楚唯無彊，六國立者復撓而從之，陛下焉能臣之？（又留侯世家）

五　惡

棄父之命，惡用子矣？（左傳桓十六年）

公扈子者，邾婁之父兄也；習乎邾之故。其言曰：惡有言人之國賢若此者乎？（公羊傳昭二十一年）

非通幽明之變，惡能識乎性命哉？（史記外戚世家）

凶德參會，待時而發，籍福區區其間，惡能救斯敗哉？（漢書竇田傳贊）

六　烏

秦烏能與齊縣衡？（國策秦策）

遲速有命，烏識其時？（史記賈誼傳）

齊楚之事，又烏足道乎？（漢書司馬相如傳）

烏覩大漢之云爲乎？（東都賦）

七　胡

雍姬謂其母曰：父與夫孰親？其母曰：人盡夫也，父一而已；胡可比也？（左傳桓十五年）

誰爲君夫人？余胡弗知？（又襄二十六年）

同始異終，胡可常也？（又昭七年）

子胡不相與尸而祝之，社而稷之乎？（莊子庚桑楚）

苟必信，胡不赴秦軍俱死？（史記陳餘傳）

且軫欲去秦而之楚，王胡不聽乎？（又陳軫傳）

吾胡愛四千戶封四人以慰趙子弟？（又陳豨傳）

今君胡不多買田地賤貰貸以自汙？上心乃安！（又蕭何世家）

楚王叱曰：胡不下？吾乃與而君言！汝何爲者也？（又平原君傳）

胡不用之淮南濟北？勢不可也。（漢書賈誼傳）

自非拜君國之命，胡嘗扶杖出門乎？（後漢書鄭玄傳）

八　曷

曷虐朕民？（書盤庚中）

天曷不降威？（又西伯戡黎）

俠客之義，又曷可少哉？（史記游俠傳）

時日曷喪？予及汝偕亡！（書湯誓）

中心好之，曷飲食之？（詩小雅有杕之杜）

九　侯

郈成子爲魯聘於晉，過衞，右宰穀臣止而觴之。顧反過，而弗辭。其僕曰：嚮者右宰穀臣之觴吾子，吾子也甚歡。今侯渫過而不辭？（呂氏春秋恃君覽觀表篇）

君乎？君乎！侯不邁哉？（史記司馬相如傳）

吁！漢帝之德，侯其褘而！（張衡東京賦）

十 遐 瑕

樂只君子，遐不眉壽。（詩小雅南山有臺）

心乎愛矣，瑕不謂矣？（禮表記引詩小雅隰桑）

周王壽考，遐不作人？（又大雅棫樸）

十一 號

魯哀公問於孔子曰：紳委章甫，有益於仁乎？孔子蹴然，曰：君號然也？（荀子哀公）

按孔子家語好生篇『號』作『胡』。

十二 盍 闔 蓋

盍不出從乎？君將有行。（管子戒）

闔不起爲寡人壽乎？（又小稱）

盍不爲行。（莊子盜跖）

按上例皆何字之義。

夫子闔行邪？無落吾事！（又讓王）

盍徹乎？（論語顏淵）

盍各言爾志？（又公冶長）

子盍言子之志於公乎？（禮記檀弓）

盍亦覽東京之事以自寤乎？（東京賦）

按上例皆『何不』之義。

十三　孰

惠公出共世子而改葬之，臭達於外。國人誦之曰：孰是人斯而有是臭也？（晉語）

孰兩東門之可蕪？（楚辭九章）

孰之壤壤也可以爲之莽莽？（呂氏春秋知接）

按二『之』字與『是』同。

襄公傷於泓，君子孰稱？（史記自序）

十四　難　奈何之合音

忠爲令德，其子弗能任，罪猶及之，難不愼也？（左傳昭十年）

按注家難字皆如字讀。顧亭林左傳杜解補正云：『言不可不愼。』亦非。蓋難之爲奈何，猶那之得爲奈何也。王引之經義述聞十九釋此難字爲患，亦非。

十五　如台　台有何義，代名詞章已論之。此言更舉其副詞用法。

矧乃齊民，作威作惠，如台不匡，禮法是謂？（漢書敍傳）

伊考自邃古，乃降戾爰茲，作者七十有四人，今其如台而獨闕也？（後漢書班固傳）

7　傳疑副詞

A　本來的疑

一　或　或者　墨子小取篇云，或也者，不盡然也。廣韻云：或，不定也。代名詞前已及之，茲則爲副詞。

故君子之道，或出或處，或默或語。（易繫辭）

不恒其德，或承之羞（又恒九三）

天其或者欲使衞討邢乎！（左傳僖十九）

昔者辭以疾，今日弔，或者不可乎？（孟子公孫丑下）

二 若

右尹子革曰：請待于郊以聽國人。王曰：衆怒不可犯也。若入於大都而乞師於諸侯。王曰：皆叛矣。曰：若亡於諸侯以聽大國之圖君也。王曰：大福不再，祇取辱焉。（左傳昭十三年）

若聞蔡將先衞，信乎？（又定四）

三 云 員

日月逾邁，若弗員來。（書秦誓）

民有肅心，并云不逮。（詩大雅桑柔）

爲民不利，如云不克。（又）

帥大讎以待小國，其誰云待之！（魯語）

其誰云弗從？（晉語）

內外無親，其誰云救之？（又）

烏魚可謂愚矣，禹湯猶云因焉。（墨子問公孟篇）

四　有　穀梁傳曰：一有一亡曰有。

有隕自天。（易姤九五）

乃有不迪不吉，顛越不恭，暫遇姦宄。（書盤庚）

朕不敢有後。（又多士）

天下曷敢有越厥志？（孟子梁惠王下引書）

大夫君子，無我有尤。（詩鄘風載馳）

日有食之。（春秋）

五　蓋

有子蓋既祥而絲屨組纓。（禮記檀弓）

舜葬於蒼梧之野，蓋三妃未之從也。（又）

蓋上世嘗有不葬其親者。（孟子）

西伯蓋卽位五十年。其囚羑里，蓋益易之八卦爲六十四卦。詩人道西伯蓋受命之年稱王而斷虞芮之訟，後十年而崩，謚爲文王。（史記周本紀）

太史公曰：吾聞之周生曰：舜目蓋重瞳子。（又項羽紀）

上有所幸王夫人。夫人卒，少翁以方蓋夜致王夫人及竈鬼之貌云。（又封禪書）

古者帝堯之治天下也，蓋殺一人刑二人而天下治。（又禮書）

然劇孟母死，自遠方送喪蓋千乘。（又游俠傳）

蓋墨翟，宋大夫，善守禦，爲節用。（又孟子荀卿傳）

臨大澤，無崖，蓋乃北海云。（又大宛傳）

太史公曰：余登箕山，其上蓋有許由冢云。（又伯夷傳）

諸子中，勝最喜賓客；賓客蓋至者數千人。（又平原君傳）

六　儻　黨

物之儻來，寄也。（莊子繕性篇）

日月之有蝕，風雨之不時，怪星之黨見。（荀子天論篇）

今費雖小，儻庶幾乎？（史記孔子世家）

舍人弟上變告信欲反狀於呂后。呂后欲召，恐其黨不就，乃與蕭相國謀。（史記淮陰傳）

今漢兵至衆彊，計殺餘善自歸諸將，儻幸得脫。（又東越傳）

如此，則民怨諸侯懼，卽使辯武隨而說之，儻可徼幸什得一乎！（又淮南王傳）

騶衍，其言雖不軌，儻亦有牛鼎之意乎！（又孟子傳）

試迹之古，返之於天，黨可得見乎？（又董仲舒傳）

孝婦不當死，前太守彊斷之，咎黨在是乎？（又于定國傳）

B　反詰的疑

一　豈

其然，豈其然乎？（論語憲問）

金重于羽者，豈謂一鈎金與一輿羽之謂哉？（孟子）

民欲與之偕亡，雖有臺池鳥獸，豈能獨樂哉？（又）

布衣之徒，設取予然諾，千里誦義，爲死不顧世，此亦有所長，非苟而已也；故士窮窘而得委命。此豈非人之所謂賢豪間者邪？（史記游俠傳）

斯，上蔡閭巷布衣也。上幸擢爲丞相，封爲通侯，子孫皆至尊位重祿者，將以存亡安危屬臣也，豈可負哉？（又李斯傳）

身死東城，尚不覺悟，而不自責過失，乃引天亡我，非用兵之罪也，豈不謬哉？（又項羽紀）

語曰：『變古亂常，不死則亡。』豈錯等謂邪？（又鼂錯傳）

老臣妄竊帝號，聊以自娛，豈敢以聞天王哉？（又南越傳）

使楚王戊毋刑申公，遵其言，趙任防與先生，豈有篡殺之謀，爲天下僇哉？（又楚元王世家）

今拘學或抱咫尺之義，久孤於世，豈若卑論儕俗，與世沈浮而取榮名哉？（又游俠傳）

二　幾

夫大國之人不可不愼也幾爲之笑而不陵我？（左傳昭十六年）

是其爲相縣也，幾直夫芻豢稻粱之縣糟糠爾哉？（荀子榮辱）

是於己長慮顧後，幾不甚善矣哉？（又）

利夫秋豪害靡國家然且爲之，幾爲知計哉？（又大略）

處非道之位，被衆口之譖溺於當世之言而欲當嚴天子而求安，幾不亦難哉！（韓非子姦劫弑臣）

黥布秦時爲布衣少年有客相之，曰：『當刑而王。』及壯，坐法黥。布欣然笑曰：人相我當刑而王，幾是乎？（史記黥布傳）

三　寧

且帝寧能爲石人邪？（史記魏其侯傳）

陸生曰：居馬上得之，寧可以馬上治之乎？（又陸賈傳）

且蘇君在，儀寧渠能乎？（又張儀傳）

亡一姬復一姬進，天下所少，寧賈姬等乎？（又酷吏傳）

今大臣雖欲爲變，百姓弗爲使，其黨寧能專一邪？（又孝文紀）

四　庸

子儀在位，十四年矣。而謀召君者，庸非貳乎？（左傳莊十四年）

其君能下人，必能信用其民矣。庸可幾乎？（又宣十二年）

晏平仲端委立于虎門之外。四族召之。其徒曰：助陳鮑乎？曰：何善焉？助欒高乎？曰：庸愈乎？（又昭十年）

南蒯子仲之憂，其庸可棄乎？（又昭十三年）

庸爲直乎？（又哀十二年）

吾庸知天之不授晉，且以勸荆乎？（晉語）

吾庸敢驁霸王乎？（呂氏春秋慎大覽下賢篇）

五 其

既辱且危，死期將至，妻其可得見邪？（易繫辭下）

若火之燎于原，不可鄉邇，其猶可撲滅？（書盤庚）

厥考翼，其肯曰：予有後，弗棄基？（又大誥）

我其可不大監撫于時？（又酒誥）

我其敢求位？（又多士）

一之謂甚，其可再乎？（左傳僖五年）

欲加之罪，其無辭乎？（又僖十年）

犂牛之子，騂且角，雖欲弗用，山川其舍諸？（論語雍也）

其無正？正復爲奇，善復爲妖。（老子）

是以聖人爲而不恃，功成而不處，其不欲見賢？（又）

人之生也，固若是芒乎？其我獨芒，而人亦有不芒者乎？（莊子齊物論）

庸詎知吾所謂知之非不知邪？庸詎知吾所謂不知之非知邪？（莊子齊物論）

庸詎知吾所謂天之非人乎，所謂人之非天乎？（又）

庸詎知其吉凶？（楚辭哀時命）

今王已用之於越矣，而忘之於秦，臣以爲王鉅速忘矣。（楚策）

今俳優侏儒狎徒詈侮而不鬬者，是豈鉅知見侮之不辱哉？（又正論）

夫威彊未足以殆鄰敵也，名聲未足以縣天下也，則是國未能獨立也，豈渠得免夫累乎？（荀子王制）

且蘇君在，儀寧渠能乎？（史記張儀傳）

掾部渠有其人乎？（又孫寶傳）

衞奚距然哉？（韓子難四）

沛公不先破關中，公巨能入乎？（漢書高祖紀）

七　乃

人謂子產：『就直助彊。』子產曰：豈爲我徒國之禍難，誰知所敝？或主彊直，難乃不生？姑成吾所。（左傳襄三十年）

八　雖

雖無予之，路車乘馬。（詩）

雖微晉而已，天下其誰能當之？（禮記）

恥大國之士於中原，又殺其君以重之，子思報父之仇，臣思報君之仇，雖微秦國，天下孰不患？（晉語）

8　應對副詞

甲　應對的然

一　唯

子曰：參乎！吾道一以貫之。曾子曰：唯。（論語里仁篇）

楚襄王問宋玉曰：先生其有遺行與？何士民衆庶不譽之甚也？宋玉對曰：唯；然，有之。（楚策）

秦王曰：先生何以幸教寡人？范雎曰：唯；唯。若是者三。（史記范雎傳）

二　諾

陽貨曰：懷其寶而迷其邦，可謂仁乎？曰：不可。好從事而亟失時，可謂知乎？曰：不可。日月逝矣！歲不我與。孔子曰：諾；吾將仕矣。（又陽貨）

冉有曰：夫子爲衞君乎？子貢曰：諾；吾將問之。（又述而篇）

三　然　廣雅云：然，應也。

曾子曰：參也與子游聞之。有子曰：然。然則夫子有爲言之也。（禮記檀弓）

佛肸召，子欲往。子路曰：昔者由也聞諸夫子曰：親於其身爲不善者，君子不入也。佛肸以中牟畔，子之往也，如之何？曰：然；有是言也。（論語陽貨）

陳子以時子之言告孟子，孟子曰：然。夫時子惡知其不可也？（孟子公孫丑）

四　俞　爾雅云：俞，然也。

師錫帝曰：有鰥在下，曰虞舜。帝曰：俞！予聞，如何？（書堯典）
舜曰：咨四岳！有能奮庸熙帝之載，使宅百揆亮采惠疇？僉曰：伯禹作司空。帝曰：俞！咨禹！汝平水土！惟時懋哉！（又）
禹曰：都！帝！愼乃在位！帝曰：俞！（又皐陶謨）
於是天子沛然改容曰：俞！乎朕其試哉！（漢書司馬相如傳）
揚子曰：俞！若夫閎言崇議幽微之塗，蓋難與覽者同也。（又揚雄傳）

乙　應對的否

一　否

公子翬諂乎隱公，謂隱公曰：百姓安子，諸侯說子，子盍終爲君矣？隱公曰：否。（公羊傳隱四年）
萬章問曰：人有言，至於禹而德衰，不傳於賢而傳於子，有諸？孟子曰：否，不然也。（孟子萬章上篇）

萬章問曰：人有言伊尹以割烹要湯，有諸？孟子曰：否；不然。（又）

萬章問曰：或曰孔子於衛主癰疽，於齊主侍人瘠環，有諸乎？孟子曰：否；不然也。（又）

二 亡

穆姜始往東宮而筮之。史曰：君必速出。姜曰：亡。（左傳襄九年）

靖郭君將城薛，客多以諫，不聽。靖郭君戒謁者：『毋爲客通！』客曰：『臣請三言而已矣！益一言，臣請烹。』靖郭君見之。客趨而進，曰：『海大魚。』因反走。君曰：『客有于此。』客曰：『鄙臣不敢以死爲戲。』君曰：『亡；更言之！』（齊策）

子祀曰：女惡之乎？曰：亡；予何惡？（莊子大宗師）

支離叔曰：子惡之乎？滑介叔曰：亡；予何惡？（又至樂）

請問蹈水有道乎？曰：亡；吾無道。（又達生）

9 命令副詞

一 尙上

爾尚輔予一人！（書湯誓）

爾尚一乃心力，其克有勳。（又大禹謨）

尚明聽朕言！（又顧命）

尚明聽之哉！（又呂刑）

有菀者柳，不尚息焉？（詩小雅菀柳）

將旦而祔，則薦卒辭曰：哀子某隮附爾于皇祖某甫，尚饗！（儀禮士虞禮）

齊侯戒師期而有疾。醫曰：不及秋，將死。公聞之，卜曰：尚無及期！（左傳文十八年）

初，靈王卜曰：余尚得天下！不吉。（又昭三年）

上慎旃哉！（詩陟岵）

嗟我農夫！我稼既同，上入執公宮！（又七月）

二　苟

晉侯伐齊，將濟河，中行獻子禱曰：苟捷有功！毋作神羞。（左傳襄十八年）

季孫紹與孟伯常治魯國之政，不能相信，而祝於叢社曰：『苟使我和！』是猶弇其目而祝於叢社曰：『苟使我皆視！』豈不繆哉！（墨子耕柱）

三　其

帝其念哉！（書皋陶謨）

女其敬識百辟享。（又浩誥）

嗣王其監于茲！（又無逸）

君嗣其監于茲！（又君奭）

吾子其無廢先君之功！（左傳隱三年）

王其祇祓監農不易。（周語）

四　豈　其可用爲豈，故豈又可用爲其。

大王豈辱裁之！（吳語）

五　唯

陛下未有繼嗣，子無貴賤，唯留意！（漢書外戚趙后傳）

10 表敬副詞

A 尊人的表敬副詞

一 辱

君與滕君辱在寡人。（左傳隱十一年）

敝邑以政刑之不脩，寇盜充斥，無若諸侯之屬辱在寡君者何，是以令吏人完客所館。（又襄三十一年）

子，一國太子，辱在此。（史記晉世家）

二 惠

子惠思我，褰裳涉溱。（詩鄭風褰裳）

若惠顧前好，使改事君，夷于九縣，君之惠也。（左傳宣十二年）

公子重耳出見使者曰：子惠顧亡人重耳，父生，不得供備洒掃之臣；死，又不敢莅喪；以重其

罪，且辱大夫。大夫敢辭。（晉語二）

君惠弔亡臣，又重有命。（又）

今大夫不忘文襄之意，而惠立桓叔之後。（史記晉世家）

三　幸

願大王幸聽臣等。（史記文帝紀）

先生何以幸教寡人？……先生卒不幸教寡人耶？……先生乃幸辱至於此。（又范雎傳）

B　自卑的敬讓副詞

一　伏

臣青翟臣湯等竊伏孰計之，皆以爲尊卑失序，使天下失望不可。（史記三王世家）

伏聞康叔親屬有十。（又）

臣伏計之，大王奉高祖宗廟最宜稱。（漢書文帝紀）

謹以實對，伏須重誅。（又文三王傳）

伏惟聖主之恩，不可勝量。（又楊惲傳）

大用民力功不可必立，臣伏憂之。（又匈奴傳）

伏見先帝武臣宿兵年耆卽世者有聞矣。（曹子建求自試表）

伏惟陛下咨帝堯欽明之德。（又求通親親表）

二　竊

述而不作，信而好古，竊比於我老彭。（論語述而篇）

昔者竊聞之；子夏子游子張皆有聖人之一體，冉牛閔子騫顏淵則具體而微：敢問所安。曰：姑舍是。（孟子公孫丑上）

臣，范陽百姓蒯通也。竊閔公之將死，故弔之。（漢書蒯通傳）

必將戰勝而後略地，攻得而後下城，臣竊以爲殆矣。（又）

竊聞夜郎所有精兵，可得十萬。浮船牂牁出不意，此制粤一奇也。（又西南夷傳）

例大怒曰：太守忝荷重任，當選士報國；爾何人而僞詐無狀！（後漢書史弼傳）

第七章 介詞

A 『於』字之用法

一 介動作之對象

公伯寮愬子路於季孫。（論語憲問）

王如施仁政於民，可使制梃以撻秦楚之堅甲利兵矣。（孟子梁惠王上）

上由此怨望於梁王。（史記梁孝王世家）

於官屬椽史，務掩過揚善。（漢書丙吉傳）

二 介動作之所從

今燕虐其民，王往而征之，民以爲將拯己於水火之中也。（孟子梁惠王下）

子噲不得與人燕，子之不得受燕於子噲。（又公孫丑下）

今也，小國師大國而恥受命焉，是由弟子而恥受命於先師也。（又離婁上）

逢蒙學射於羿。（又離婁下）

鄭莊以任俠自喜，脫張羽於戹，聲聞梁楚之間。（史記鄭當時傳）

司馬長卿竊貲於卓氏。（漢書揚雄傳）

三　介動作所在之地

子擊磬於衛。（論語憲問）

梁王伏斧質於闕下謝罪。（史記梁孝王世家）

藺生收功於章臺，四皓采榮於南山。（漢書揚雄傳）

右三例『於』在動詞後。

意所欲，於何所王之？（史記三王世家）

褒於道病死，上閔惜之。（漢書王褒傳）

宰相不親小事，非所當於道路問也。（又丙吉傳）

右四例『於』在動詞前。

四　介動作之歸趨

使狐偃將上軍，讓於狐毛而佐之。（左傳僖二十七年）

閏月者，附月之餘日也，積分而成於月者也。（穀梁傳文六年）

如此而成於孝子也。（大戴禮曾子本孝）

上與梁王燕飲，嘗從容言曰：千秋萬歲後傳於王。（史記梁孝王世家）

平原君已定從而歸，歸至於趙。（又平原君傳）

東方朔割炙於細君。（漢書揚雄傳）

五　介所爲

齊使管仲平戎於周。（史記齊太公世家）

六　介所據

於諸侯之約，大王當王關中。（史記韓信傳）

七　表『在……中』之義

燕於姬姓獨後亡。（史記燕世家）

儒者所謂中國者，於天下乃八十分居其一分耳。（又孟荀傳）

京兆典京師，長安中浩穰，於三輔尤爲劇。（漢書張敞傳）

八　介所在之地位

我於周爲客。（左傳昭二十五年）

吳人曰：於周室，我爲長。（又哀十三年）

且矯魏王令奪晉鄙兵以救趙，於趙則有功矣，於魏則未爲忠臣也。（史記信陵君傳）

君於趙爲貴公子。（又廉頗傳）

廣川惠王於朕爲兄。（漢書景十三王傳）

九　介動作之時間

子於是日哭，則不歌。（論語述而）

冢宰制國用，必於歲之杪。（禮記王制）

於今面折廷爭，臣不如君。（史記呂后紀）

於威宣之際，孟子荀卿之列，咸遵夫子之業而潤色之。（又儒林傳）

十　表『至』『到』之意

我一二親暱甥舅不皇啟處，於今十年。（左傳昭三十二年）

平原君曰：先生處勝之門下，幾年於此矣？毛遂曰：三年於此矣。（史記平原君傳）

惟君登位，於今十年。（漢書翟方進傳）

十一　表被動文中之原動者

勞心者治人，勞力者治於人；治於人者食人，治人者食於人。（孟子滕文公上）

彌子瑕見愛於衛君。（韓非子說難篇）

兵破於陳涉，地奪於劉氏。（漢書賈誼傳）

十二　表形容詞之對象

吾何快於是？（孟子梁惠王上）

吾甚慙於孟子。（又公孫丑下）

舜明於庶物，察於人倫。（又離婁下）

十三　表形容詞之比較

季氏富於周公。（論語先進）

子貢賢於仲尼。（又子張）

苛政猛於虎也。（禮記檀弓）

王如知此，則無望民之多於鄰國也。（孟子梁惠王上）

此所謂枝大於本，脛大於股，不折必披。（史記武安侯傳）

十四　用同『以』

慈，於戰則勝，以守則固。（韓非子解老篇）

按老子於作以。

薊丘之植，植於汶篁。（史記樂毅傳）

地柱折，天故毋椽，又奈何責人於全？（又龜策傳）

居則習民於射法，出則教民於應敵。（漢書晁錯傳）

十五　表人之意旨

人皆以楚爲強而君用之弱，其於英不然。（史記春申君傳）

今吳楚反，於公何如？對曰：不足憂也。（又吳王濞傳）

按「於英」「於英意」也；「於公」「於公意」也。

十六　表兩方之關係

麒麟之於走獸，鳳凰之於飛鳥，泰山之於丘垤，河海之於行潦，類也；聖人之於民，亦類也。（孟子公孫丑）

伯夷伊尹於孔子，若是班乎？曰：否。自有生民以來，未有孔子也。（又）

且今時趙之於秦，猶郡縣也。（史記張儀傳）

B　與「於」同義之介詞

一 乎

是故得乎邱民而爲天子，得乎天子爲諸侯，得乎諸侯爲大夫。（孟子盡心下）

奮乎百世之上，百世之下聞者莫不興起也。（又）

擢之乎賓客之中，立之乎羣臣之上。（燕策）

勃匡國家難，復之乎正，雖伊尹周公，何以加哉？（史記周勃世家）

然要其歸，必止乎仁義節儉君臣上下六親之施，始也濫耳。（又騶衍傳）

孔子曰：魯今且郊。如致膰乎大夫，則吾猶可以止。（又孔子世家）

然則是所重者在乎色樂珠玉，而所輕者在乎人民也。（又李斯傳）

禮樂之說，貫乎人情矣。（又樂書）

德輝動乎內，而民莫不承聽；理發乎外，而民莫不承順。（又）

休烈顯乎無窮，聲稱浹乎于茲。（又司馬相如傳）

或曰：禹薦益，已而以啓人爲吏。及老而以啓爲不足任乎天下，傳之於益。（又燕世家）

自古受命帝王，曷嘗不封禪！蓋有無其應而用事者矣；未有睹符瑞見而不臻乎泰山者也。（又封禪書）

愼庶孽施及乎萌隸。（又樂毅傳）

按介詞『於』諸用法，『乎』字率皆有之。讀者可以『於』字例推，不復詳述。

二　爰

盤庚旣遷，奠厥攸居，乃正厥位，綏爰有衆。（書盤庚）

下田三歲更耕之，自爰其處。（漢書食貨志）

推誠永究，爰何不臧。（又孝成許后傳）

伊考自遂古，乃降戾爰茲。（班固典引）

三　焉

裔焉大國，滅之將亡。（左傳哀十七年）

人莫大焉無親戚君臣上下。（孟子盡心上）

五色五聲五臭五味，凡四類，自然存焉天地之間，而不期爲人用。（尹文子大道上）

四　那　爾雅云：那，於也。

吳人之那不穀，亦又甚焉。（越語）

五　都　爾雅云：都，於也。

謨蓋都君咸我績。（孟子萬章上）

撥厥所元，終都攸卒。（史記司馬相如傳）

六　之

之死而致死之，不仁；之死而致生之，不知。（禮記檀弓）

人之其所親愛而辟焉。（又大學）

使三軍饑而居鼎旁，適爲之甑，則莫宜之此鼎矣。（呂氏春秋審應應言）

七　諸　之於之合聲。互見代名詞下。

子張問行，子曰：言忠信，行篤敬，雖蠻貊之邦行矣；言不忠信，行不篤敬，雖州里，行乎哉？立，則

見其參於前也；在輿則見其倚於衡也，夫然後行。子張書諸紳。（論語衛靈公）

宋芮司徒生女子，赤而毛，棄諸堤下。（左傳襄二十六年）

使有司求諸故府。（魯語）

禹疏九河，瀹濟漯而注諸海。（孟子滕文公上）

按介詞『爲』字用同『於』，見後『爲』下。（爲第五用法。）

C　『以』字之用法

一　表所用之工具

醒，以戈逐子犯。（左傳僖二十四年）

殺人以梃與刃，有以異乎？（孟子梁惠王上）

許子以釜甑爨，以鐵耕乎？（又滕文公上）

方今之時，臣以神遇而不以目視。（莊子養生主）

二　表原因

君子不以言舉人，不以人廢言。（論語衛靈公）

乃孔子則欲以微罪行，不欲爲苟去。（孟子告子下）

乃欲以一笑之故殺吾美人，不亦傎乎！（史記平原君傳）

士固爲知己者死，今乃以妾尙在之故，重自刑以絶從，妾其奈何畏殁身之誅，終滅賢弟之名？（又刺客傳）

其子曰張摯，字長公，官至大夫，免。以不能取容當世，故終身不仕。（又張釋之傳）

三　表論事之標準。今語云『以……論』。

以賢，則去疾不足；以順，則公子堅長。（左傳宣四年）

立適以長不以賢，立子以貴不以長。（公羊傳隱元年）

子思豈不曰：以位，則子君也，我臣也；奚敢與君友也！以德，則子事我者也，奚可以與我友也。（孟子）

四　用同『於』，位於形容詞之下。

衆叛親離，難以濟矣。（左傳隱四年）

今縱無法以遺後嗣，而又收其良以死，難以在上矣。（又文四年）

己則反天而又以討人，難以免矣。（又文十五年）

墮黨崇讎而懼諸侯，或者難以霸乎！（又哀十二年）

易以溺人。（禮記）

慶封爲亂於齊而欲走越，其族人曰：晉近，奚不之晉？慶封曰：越遠，利以避難。（韓非子說林上）

少年欲立嬰便爲王，異軍蒼頭特起。陳嬰母謂嬰曰：自我爲汝家婦，未嘗聞汝先古之有貴者。今暴得大名，不祥；不如有所屬。事成猶得封侯；事敗，易以亡，非世所指名也。嬰乃不敢爲王。（史記項羽紀）

五　表時間

其弟以千畝之戰生，命之曰成師。（左傳）

齊以甲戌饗之。（史記齊世家）

河間獻王德以孝景帝前二年用皇子爲河間王。（又五宗世家）

及朱公進金，非有意受也，欲以事成後復歸之以爲信耳。（又越句踐世家）

文以五月五日生。（又孟嘗君傳）

侯生曰：臣宜從，老，不能。請數公子行日，以至晉鄙軍之日北鄉自剄以送公子。（又信陵君傳）

韓說以太初三年爲游擊將軍。（又衛霍傳）

詐言以武帝時受詔得職吏事。（漢書燕王旦傳）

六　表領率

宮之奇以其族去虞。（史記晉世家）

里克邳鄭欲内重耳，以三公子之徒作亂。（又）

欒書中行偃以其黨襲捕厲公，囚之。（又）

公子自度終不能得之於王，計不獨生而令趙亡，乃請賓客約車騎百餘乘，欲以客往赴秦軍，與趙俱死。（又信陵君傳）

天子又以爲王王太后已附漢，獨呂嘉爲亂，不足以興兵，欲使莊參以二千人往使。（又南越傳）

七　表所用之名義或資格

至其時，西門豹往會之河上三老官屬豪長者里父老皆會，以人民往觀之者三二千人。（史記滑稽傳）

將軍蘇建以校尉從衞將軍青有功，……以將軍築朔方，以右將軍再從大將軍出定襄。（又衞霍傳）

趙食其以主爵爲右將軍，曹襄以平陽侯爲後將軍。（又）

韓說以校尉從大將軍，以待詔爲橫海將軍。（又）

八　表事之結果　可譯爲『以至於』

昔秦繆公不從百里奚蹇叔之言以敗其師。（漢書息夫躬傳）

陛下素驕淮南王，弗稍禁，以至此。（又袁盎傳）

吾昔以虎牙將軍圍翟義，坐不生得，以見責讓。（後漢書光武紀）

九　表連及

富以其鄰。（易小畜九五）

拔茅茹以其彙。（又泰初九）

剝牀以足。（又剝初六）

剝牀以膚。（又六四）

用行師，終有大敗，以其國君，凶。（又復上六）

言及其國君也。

余一人有罪，無以萬夫！（周語引湯誓）

言無及萬夫也。

十　用同與表共同

欒氏其以宋升降乎！（左傳襄二十九年）

主人以賓揖。（儀禮鄉射禮）

各以其耦進。（又）

按今文以爲與。

以耦左還。（又大射禮）

滔滔者天下皆是也，而誰以易之？（論語微子）

天下有變王割漢中以楚和。（周策）

陛下起布衣，以此屬取天下。（史記留侯世家）

按以漢書作與。

十一　用同由

今以長沙豫章往，水道多絕難行。（漢書西南夷傳）

D　與以同義之介詞

一　惟　維

亦惟女故以丕從厥志。（書盤庚）

維子之故，使我不能餐兮。（詩鄭風狡童）

冀之既病，則亦唯君故。（左傳僖二年）

按介詞『於』用同『以』，見前『於』下。（於用法十四。）又『與』用同『以』，見後『與』下。（與用法三）『于』用同『以』，見後『于』下。（于用法二）『用』用同『以』，見後『用』下。

E　『爲』字之用法

一　用爲助字之義（表所助）

故爲淵毆魚者，獺也；爲叢毆爵者，鸇也；爲湯武毆民者，桀與紂也。（孟子離婁上）

季氏富於周公，而求也爲之聚斂而附益之。（論語先進）

季氏使閔子騫爲費宰。閔子騫曰：善爲我辭焉！（又述而）

湯使亳衆往爲之耕。（孟子滕文公下）

之人也，之德也，將旁薄萬物以爲一世蘄乎亂。（莊子逍遙遊）

紀渻子爲王養鬬雞。（又達生）

臣爲韓王送沛公。（史記項羽紀）

吾爲公從中起，天下可圖也。（又淮陰侯傳）

爲天下興利除害。（又陸賈傳）

二　用同因（表動機）

吾所以有大患者，爲吾有身。（老子）

由之瑟奚爲於丘之門！（論語先進）

王引之云：何爲在丘之門也。

鄉爲身死而不受，今爲宮之美爲之；鄉爲身死而不受，今爲妻妾之奉爲之；鄉爲身死而不

受，今爲所識窮乏者得我而爲之。（孟子告子上）

不知者以爲爲肉也，其知者以爲爲無禮也。（又告子下）

仕非爲貧也而有時乎爲貧。（又萬章下）

故凡隱之立，爲桓立也。（公羊隱元年）

曷爲先言王而後言正月王正月也？（又）

天子爲兄弟之故，不忍。（史記五宗世家）

今戰而勝之，齊之半可得，何爲止？（又淮陰侯傳）

高帝已定天下，爲中國勞苦故釋佗弗誅。（又尉佗傳）

三　用同與（表共同）

自妾之身之不爲人持接也，未嘗得人之布織也。（管子戒篇）

尹注云：爲猶與也。

夫道，窅然難言哉！將爲汝言其崖略。（莊子知北遊）

犀首以梁爲齊戰於承匡而不勝。（齊策）

言以梁與齊戰也。

韓仲子辟人因爲聶政語。（韓策）

寡人獨爲仲父言，而國人知之何也？（韓詩外傳）

斯其猶人哉！安足爲謀！（史記李斯傳）

具爲天子言之。（又大宛列傳）

四　用爲被義（表被動）

不爲酒困。（論語子罕）

世子申生爲驪姬所譖。（禮記檀弓）

今足下自以漢王爲石交，爲之盡力用兵，終爲之所禽矣！（史記淮陰侯傳）

衞太子爲江充所敗。（漢書霍光傳）

五　用同於

謂之新宮，則近爲禰宮。（穀梁傳僖三十年）

稱爲前世義於諸侯。（晉語）

韋昭注云：言見稱譽於前世。

君不如令弊邑陰合爲秦！（西周策）

史記孟嘗君傳爲作於。

魏爲逢澤之遇，朝爲天子。（秦策）

此其爲兄弟親戚若此。（魏策）

按史記孟嘗君傳『爲』作『於』。

爲其來也，臣請縛一人過王而行。（晏子春秋雜篇）

秦穆公帥師送公子重耳，圍令狐，桑泉，臼衰，降爲秦師。（竹書紀年）

夫匈奴難得而制，非一世也。上及虞夏殷周，固弗程督，禽獸畜之，不屬爲人。（史記主父偃傳）

F　與爲同義之介詞

一　謂　謂與爲聲近，古多通用。

禮樂謂之益習，德行謂之益修，天子之命爲之益行。（大戴禮朝事）

謂亦爲也，互文。

國危而不安，患結而不解，何謂貴智？（淮南子人間訓）

然則人固不可與微言乎？孔子曰：何謂不可？（又道應訓）

有一人不得其所，則謂之不樂。（鹽鐵論憂邊）

上例乃因義之爲。

晉欲得叔詹爲僇，鄭文公恐，不敢謂叔詹言。（史記鄭世家）

此與義之爲。

丞相豈兒女子邪！何謂咀藥而死！（漢書王嘉傳）

此亦因義之爲。

按與用同『爲』，見『與』字下。

G 『與』字之用法

一 偕義之與（表共同）

諸君子皆與驩言，孟子獨不與驩言，是簡驩也。（孟子離婁下）

帝者與師處，王者與友處，霸者與臣處，亡國與役處。（燕策）

使日夜無郤而與物爲春。（莊子德充符）

此迫矣，臣請入，與之同命。（史記項羽紀）

足下與項王有故，何不反漢，與楚連和？（又淮陰侯傳）

上官大夫與之同列爭寵。（又屈原傳）

二 用同爲

我使掌與女乘。（孟子滕文公下）

所欲與之聚之。（又離婁上）

或與中期說秦王。（秦策）

爲中期也。

秦王令芈戎告楚曰：毋與齊東國！吾與子出兵矣。（楚策）

言爲之出兵也。

漢王與義帝發喪。（漢紀）

按高祖紀與作爲。

主怒曰：劉氏孤弱，王氏擅朝，排擠宗室，且嫂何與取妹披抉其閨門而殺之？（漢書薛宣傳）

匡衡勤學，邑人文不識家多書，衡乃與其傭作而不求價。（西京雜記）

三　用同爲（表被動）

吳王夫差棲越於會稽，勝齊於艾陵，遂與勾踐禽，死於干隧。（秦策）

秦與天下罷，則令不橫行於周矣。（西周策）

按今本作「秦與天下俱罷，」誤。辨見讀書雜志。

四　用同隨

蛤蟹珠龜，與月盛衰。（淮南子地形訓）

五　用同以參考前用同與之以字

殷人殯於兩楹之間，則與賓主夾之也。（禮記檀弓）

大夫有所往，必與公士爲賓也。（又玉藻）

六　用同向

諸遷虜少有餘財，爭與吏求近處。（漢書貨殖傳）

七　用同於

雖無德與女，式歌且舞。（詩）

縱軀委命，不私與己。（賈誼服鳥賦）

要離與慶忌之吳渡江，中江，要離力微坐與上風。（吳越春秋闔閭傳）

八　用同於表兩方之關係

吳有越，腹心之疾；齊與吳，疥𤻲也。（史記越世家）

秦之與魏，譬若人有腹心之疾。（又商君傳）

今秦之與齊也，猶齊之與魯也。（又張儀傳）

H　『自』字之用法

一　表事

自其異者視之，肝膽楚越也；自其同者視之，萬物皆同也。（莊子德充符）

一與一爲二，二與一爲三。自此以往，巧歷不能得。（又齊物論）

自天子稱號下至佐僚及宮室官名，少所變更。（史記禮書）

二　表人

自命夫命婦至於老病，無不受冰。（左傳昭四年）

自天子以至於庶人，壹是皆以修身爲本。（禮記大學）

大宛之跡，見自張騫。（史記大宛傳）

三　表時

自朝至於日中昃。（書）

自古至今，所由來遠矣。（史記三王世家）

自未作鄜畤也，而雍旁故有吳陽武畤。（又封禪書）

無忌自在大梁時，常聞此兩人賢。（又信陵君傳）

自漢初定以來，七十二年，吳越人相攻擊者不可勝數。（漢書嚴助傳）

四　表方所

吾自衞反魯，然後樂正。（論語子罕）

自楚之滕。（孟子滕文公上）

姊衞子夫自平陽公主家得幸天子。（史記衞青傳）

弟子自遠方至受業者百人。（又儒林傳）

令郡具私馬五十疋爲驛，自河內至長安。（又酷吏傳）

然劇孟母死，自遠方送喪蓋千乘。（又游俠傳）

自關以東莫不延頸願交焉。（又）

I　『由』『繇』『猷』之用法

一　用同從自

禮義由賢者出。（孟子）

由堯舜至於湯，五百有餘歲。（又）

由湯至於文王，五百有餘歲。（又）

由文王至於孔子，五百有餘歲。（又）

由孔子而來至於今，百有餘歲。（又）

分裂天下而封王侯，政由羽出。（史記項羽紀）

百官之非，宜由朕躬。（又孝文紀）

楚人謂多爲夥，故天下傳之。夥涉爲王，由陳涉始。（又陳涉世家）

萬物殷富，政由一家。（又陸賈傳）

尉佗之王，本由任囂。（又南越傳）

蓋聞天道禍自怨起，而福繇德興。（又文帝紀）

二　用同因

由所殺蛇白帝子，殺者赤帝子，故上赤。（史記高祖紀）

由此楊氏與郭氏爲仇。（又游俠傳）

其後使往者皆稱博望侯以爲質於外國，外國由此信之。（又大宛傳）

三　用同於

別求聞由古先哲王。（書康誥）

按上文云：『往敷求于殷先哲王』，句例正同。

左執簧，右招我由房。（詩王風君子揚揚）

無易由言。（又大雅抑）

按箋云：由于也。

客使自下由路西。（禮記雜記）

王若曰：大誥繇爾多邦。（馬融本書大誥）

今天下不幸有事，郡縣諸侯未有奮繇直道者也。（漢書卜式傳）

按臣瓚云：言未有奮厲於正直之道也。

大誥猷爾多邦。（鄭王本書大誥）

王曰：告猷爾多士。（書多士）

王曰：嗚呼！告猷爾有多方士。（又多方）

王若曰：告猷爾四國多方。（又）

按此三例從王引之說。

J　『從』字之用法

一　表方所

虎圈嗇夫從旁代尉對上所問禽獸簿甚悉。（史記張釋之傳）

有一人從橋下走出。（又）

博望侯張騫居大夏時，見蜀布邛竹杖，使問所從來。曰：從東南身毒國可數千里，得蜀賈人市。（又西南夷傳）

欲令人衣求盜衣，持羽檄，從東方來，呼曰：南越兵入界。（又淮南王傳）

敞免奏既下，詣闕上印綬，便從闕下亡命。（漢書張敞傳）

二 表人

長卿第俱如臨邛，從昆弟假貸，猶足爲生，何至自苦如此！（史記司馬相如傳）

故從母言之，是爲賢母；從妻言之，是必不免爲妬妻。（又平原君傳）

陳餘亦怨獨不王己，從田榮藉助兵。（漢書高帝紀）

振人不贍，先從貧賤始。（又游俠傳）

三 表隨從

狐突之子毛及偃從重耳在秦。（史記晉世家）

梁項生從田何受易。（漢書儒林傳）

雒爲童子，從田王孫受易。（又）

梁丘賀從太中大夫京房受易。（又）

其先夏侯都尉從濟南張生受尚書。（又）

漢興，高祖過魯申公以弟子從師入見於魯南宮。（又）

延壽云：嘗從孟喜問易。（又）

K　『于』字之用法

一　用同『於』表方所

于以采蘩？于沼于沚；于以采藻？于彼行潦。（詩召南采蘩）

及餓死于申亥之家，爲天下笑。（史記楚世家）

乃斫大樹，白而書之曰：龐涓死于此樹之下。（又孫子傳）

齊桓公許與魯會于柯而盟。（又刺客傳）

謹斬樊於期之頭，及獻燕督亢之地圖函封，燕王拜送于庭，使使以聞。（又）

廉頗卒死于壽春。（又廉頗傳）

高帝曰：提三尺劍取天下者，朕也。故太上皇終不得制事，居于櫟陽。（又韓長孺傳）

二　用同以

舜讓于德弗嗣。（書堯典）

歷告爾百姓于朕志。（又盤庚）

予告汝于難，若射之有志。（又）

今我既羞告爾于朕志。（又）

惟予茲不于我政人得罪。（又康誥）

聽朕教汝于棐民彝。（又洛誥）

楚自克庸以來，其君無曰不討國人而訓之于民生之不易，禍至之無日，戒懼之不可以怠；

在軍，無日不討軍實而申儆之于勝之不可保，紂之百克而卒無後，訓之以若敖蚡冒蓽路藍縷以啓山林。（左傳宣十二年）

按于亦以也，互文耳。

迺眷南顧，授漢于京。（韋孟諷諫詩）

三　用同爲

惟茲臣庶，汝其于予治！（孟子萬章上）

按言爲予治也。

按按于用法多與『於』同，餘可以『於』字例推。

L　用字之用法　一切經音義七引倉頡篇云：『用，以也。』按以用一聲之轉。以用二字義同，故其用法多同。

一　表所用

衞青霍去病亦以外戚貴，然頗用材能自進。（史記佞幸傳）

上車駕至禹第，親問禹以天變，因用吏民所言王氏事示禹。（漢書張禹傳）

是故身率妻子，戮力耕桑，灌園治產以給公上。不意當復用此爲譏議也！（又楊惲傳）

單于既得翕侯，以爲自次王，用其姊妻之。（又匈奴傳上）

魯人皆以儒教，而朱家用俠聞。（又游俠傳）

淸寡婦，能守其業，用財自衞。（又貨殖傳）

先生奚用相濟。（後漢書馬援傳）

二　表所爲

不忮不求，何用不臧？（詩邶風雄雉）

國既卒斬，何用不監？（又小雅節南山）

身將隱，焉用文之。（左傳）

鄰之厚，君之薄也。焉用亡鄭以倍鄰？（又）

何用見其末易災之餘而嘗也。（穀梁傳桓十五年）

何用弗受也？爲以王命絶之矣。（又莊六年）

伯夷叔齊，不念舊惡，怨是用希。（論語公冶長）

三　表所因

故謀用是作而兵由此起。（禮記禮運）

王前欲伐齊，員强諫，已而有功，用是反怨。（史記越世家）

廣用善射首虜多爲郎騎常侍。（又李廣傳）

用此，其將兵數困辱。（又）

光武戲曰：何用知非僕也？（後漢書鄧晨傳）

四　表所用之資格或名義

秦詔書購求兩人，兩人亦反用門者以令里中。（史記張耳陳餘傳）

五　表領率

郁成窺知申生軍日少，晨用三千人攻戮申生等。（史記大宛傳）

M 『因』字之用法

一 用同『以』或『爲』

因前使絕國功，封騫博望侯。（史記衛青傳）

良未至，道逢趙王姊出飲；李良望見，以爲王，伏謁道旁。王姊醉，不知其將，使騎謝李良。李良素貴，起，慙其從官。李良已得秦書，固欲反趙，未決；因此怒，遣人追殺王姊道中。（又張耳傳）

今政治和平，世無兵革，上下相安，何因當有大水一日暴至？（漢書王商傳）

二 表經由 可譯爲『由』

魏使人因平原君請從於趙。（趙策）

今令臣食肉炊桂，因鬼見帝。（楚策）

始前數都尉皆步入府，因吏謁守如縣令。（史記酷吏傳）

使韓安國因長公主謝罪太后。（又梁孝王世家）

茂因張儀樗里子而求見秦惠王。（又甘茂傳）

平遂至脩武，降漢，因魏無知求見漢王。（又陳丞相世家）

玄以山東無足問者，乃西入關，因涿郡盧植事扶風馬融。（後漢書鄭玄傳）

三　與口語『就』義同

使馳義侯因巴蜀罪人發夜郎兵下牂柯江，（史記尉佗傳）

卽因使者上書請比內諸侯。（又）

善戰者因其勢而利導之。（又孫子傳）

智者舉事，轉禍爲福，因敗爲功。（又蘇秦傳）

四　表時間與『趁』義同

急因天時大利吏士銳氣以十二月擊先零羌。（漢書趙充國傳）

五　義同由

西傾因桓是來。（書禹貢）

N 『道』『導』之用法

一 表動作起點之方所 用同『自』『由』『從』。今口語『打』字，疑卽『道』之變音。

故凡治亂之情皆道上始。（管子禁藏）

師曠不得已，援琴而鼓，一奏之有玄鶴二八道南方來，集於郎門之垝。（韓非子十過）

上問曰：道軍所來，聞鼂錯死，吳楚罷不？（史記鼂錯傳）

南越食蒙蜀枸醬，蒙問所從來，曰：道西北牂柯。（又西南夷傳）

諸使者道長安來，爲妄妖言言上無男，漢不治，卽喜。（漢書淮南王安傳）

風道北來。（山海經）

注云：道，從也。

二 表經由

道芷陽間行。（史記高祖紀）

楚巫微導齎款以見景公。（晏子春秋諫上）

孔子道彌子瑕見釐夫人，因也。（呂氏春秋愼大貴因）

治者，所道富也；富者，所道強也；強者，所道制也。（管子制分）

君何年之少而棄國之蚤？奚道至於此乎？（晏子春秋雜篇）

若雖知之，奚道知其不爲私？（呂氏春秋似順有度）

平公曰：此奚道出？師曠曰：此師延所作，與紂爲靡靡之樂也。（韓非子十過）

簡子曰：此其母賤，翟婢也，奚道貴哉？（史記趙世家）

O 『及』字之用法

一　表追及在前者

張耳者，大梁人也。其少時，及魏公子無忌爲客。（史記張耳傳）

長子宣及方進在，爲關都尉南郡太守。（漢書翟方進傳）

一　表乘趁

國家閒暇，及是時，明其政刑，雖大國必畏之矣。（孟子公孫丑上）

高昭子可畏，及其未發先之！（史記齊世家）

冬十一月，襄公與楚成王戰于泓。楚人未濟，目夷曰：彼衆我寡，及其未濟擊之！公不聽。（又宋世家）

士卒皆山東人，跂而望歸。及其鋒東鄉，可以爭天下。（又韓王信傳）

且賢君者各及其身顯名天下。（又商君傳）

王翦曰：爲大王將，有功終不得封侯；故及大王之嚮臣，臣亦及時以請園池爲子孫業耳。（又王翦傳）

不亟治病，即入濡腎。及其未舍五藏急治之！（又倉公傳）

不早及秋共水草之利，爭其畜食，寧有利哉！（漢書趙充國傳）

謹遣子勇隨獻物入塞。及臣生在，令勇目見中土。（後漢書班超傳）

三　表待至　義如口語之到

臣聞齊君惕而亟驕，雖得賢，庸必能用之乎？及齊君之能用之也，管子之事濟也。（管子大臣）

吾所以有大患者，爲吾有身。及吾無身，吾有何患？（老子）

取天下常以無事。及其有事，不足以取天下。（又）

帝屬我一翟犬曰：及而子之壯也，以賜之！（又史記扁鵲傳）

四　表涉及

子貢請束錦以行，語及衞故。（左傳哀十二年）

P　『比』字之用法

一　用同待至義之『及』

比于文王，其德靡悔。（詩大雅皇矣）

比時，具物。（禮記祭義）

王之臣有託其妻子於其友而之楚遊者，比其反也，則凍餒其妻子。（孟子梁惠王下）

高祖以亭長爲縣送徒驪山，徒多道亡，自度比至皆亡之。（史記高祖紀）

比及葬，三易衰。（又魯世家）

按比及連用。

周丘一夜得三萬人，遂將其兵北略城陽。比至城陽，兵十餘萬。（又吳王濞傳）

宣教授諸生滿堂，有狗從外入齧其中庭羣雁數十。比驚救之，巳皆斷頭。（漢書翟義傳）

太后下詔曰：皇帝幼年，朕且統政，比加元服。（又王莽傳）

按師古云：比至平帝加元服以來，太后且統政也。

宜權停留，須來秋冬。比爾，吳亦足平。（魏志鄧艾傳）

二　用同爲

寡人恥之，願比死者一洒之。（孟子梁惠王上）

且比化者，無使土親膚，於人心獨無恔乎！（又公孫丑）

Q　『在』字之用法

一　表方所

魚在在藻，依於其蒲。（詩小雅魚藻）

按此例第一『在』字爲關係內動詞，第二『在』字爲介詞。『魚在在藻，』猶言『魚在於藻』也。觀此知古人用字之精密。

子在齊聞韶。（論語述而）

在陳絕糧。（又衞靈公）

在岐梁涇漆之北，有義渠大荔烏氏朐衍之戎。（漢書匈奴傳）

二　表時間

齊晉秦楚，其在成周微甚。（史記十二諸侯年表序）

按謂在成周之時。

三　表關係

今譬於草木，寡君在君，君之臭味也。（左傳襄八年）

R 『越』字之用法

一 用同於

肆予曷敢不越卬敉寧王大命？（書大誥）

按漢書翟義傳莽誥作『害敢不於身撫祖宗之所受大命。』

濟濟多士，秉文之德；對越在天，駿奔走在廟。（詩周頌清廟）

二 用同踰

會友人上郡太守王旻喪還，規縞素越界到下亭迎之。（後漢書皇甫規傳）

前變未遠，臣誠戚之，是以越職盡其區區。（又）

S 『緣』字之用法

一 因義

成帝卽位，緣先帝意，厚遇異於它王。（漢書宣元六王傳）

前賢已再封，晏商再易邑，業緣私橫求，恩寵已過。（又王嘉傳）

武帝崩，大將軍霍光緣上雅意，以李夫人配食。（又外戚傳）

其居位，爵祿賂遺所得，亦緣手盡。（漢書樓護傳）

二　隨字之義

彤聞世祖自薊還失軍，欲至信都，乃先使張萬尹綏選精騎二千餘匹緣路迎世祖軍。（後漢書邳彤傳）

T　『至』字之用法

一　表時間

至其時，西門豹往會之河上。（史記滑稽傳）。

至春，果病；至四月，泄血死。（又倉公傳）

嬰與夫人益市牛酒，夜洒埽張具至旦平明，令門下侯伺；至日中，蚡不來。（灌書灌夫傳）

莽於是自謂大得天人之助，至其年十二月，遂卽眞矣。（又翟義傳）

參始微時，與蕭何善；及爲將相，有郤。至何且死，所推賢唯參。（史記曹參世家）

二　表程度

近幸臣妾從死者多至數十百人。（漢書匈奴傳）

太傅輔奏：立一日至十一犯法，臣下愁苦，莫敢親近，不可諫止。（又文三王傳）

按『一日至十一犯法』猶言『一日犯法至十一次』；故『至十一』爲脩飾『犯法』之副詞短語，而『至』則介詞也。

匈奴至爲偶人象郅都，令騎馳射，莫能中。（史記酷吏傳）

天子至自視病，其隆貴如此。（又）

居邑屋至不見敬，是吾德不修也。（又游俠傳）

布衣權至使將軍爲言，此其家不貧。（又）

畜至用谷量馬牛。（又貨殖傳）

爲師傅不遵謙讓，至求衣冠所游之道。（漢書張禹傳）

U　『乘』字之用法

一　與趁義同

夫以天子之位，乘今之時，因天之助，尚憚以危爲安，以亂爲治，假設陛下居齊桓之處，將不合諸侯而匡天下乎？（漢書賈誼傳）

烏桓時新中匈奴兵，明友既後匈奴，因乘烏桓敝擊之。（又匈奴傳）

太后怒罵曰：而屬父子宗族蒙漢家力富貴累世，既無以報，受人孤寄，乘便利時奪取其國，不復顧恩義。人如此者，狗豬不食其餘！（又元后傳）

援陳軍向山，而分遣數百騎繞襲其後，乘夜放火，擊鼓叫噪，虜遂大潰。（後漢書馬援傳）

二　義同恃

充宗乘貴辨口，諸儒莫能與抗。（漢書朱雲傳）

郅支單于自以大國威名尊重，又乘勝驕，不爲康居王禮。（又陳湯傳）

涉遣奴至市買肉，奴乘涉氣，與屠爭言，斫傷屠者，亡。（又原涉傳）

今鄰里長老尚致饋遺，此乃人道所以相親，況吏與民乎！吏顧不當乘威力強請求耳。（後

漢書卓茂傳）

V 其他之介詞

一 迨 逮 用同表乘趁之及

迨天之未陰雨，綢繆牖戶。（詩豳風鴟鴞）

宋公與楚人期戰於泓之陽，楚人濟泓而來。有司復曰：請迨其未畢濟而擊之！宋公曰：不可。既濟，未畢陳，有司復曰：請迨其未畢陳而擊之！宋公曰：不可。（公羊傳僖二十二年）

夷德無厭，若鄰於君，疆場之患也。逮吳之未定，君其取分焉！（左傳定四年）

願君逮楚趙之兵未至於梁，亟以少割收魏！（史記穰侯傳）

二 遲 待也。文穎訓未，非。

漢軍在校捕虜，言：單于未昏而去。漢軍因發輕騎夜追之，大將軍軍因隨其後，匈奴兵亦散走。遲明，行二百餘里，不得單于。（史記衞霍傳）

太后伺其獨居，使人持鴆飲之。遲帝還，趙王死。（漢書外戚傳）

遲旦，城中皆降伏波。（又南粵傳）

三　犂　黎　及也，至也。與『遲』通用。

重耳謂其妻曰：待我二十五年不來，乃嫁。其妻笑曰：犂二十五年，吾冢上柏大矣。（史記晉世家）

帝晨出射，太后使人持酖飲趙王。犂孝惠還，趙王已死。（又呂后紀）

其頗不得失之旁郡國，犂來，會春，温舒頓足歎。（又酷吏傳）

黎明，圍宛城三匝。（又高帝紀）

四　到

孝文曰：朕能任衣冠，念不到此。（史記律書）

漢家常以正月上辛祠太一甘泉，以昏時夜祠，到明而終。（又樂書）

如因丙子之孟夏，順太陰以東行，到後七年之明歲，必有五年之餘蓄。（漢書翼奉傳）

五　訖　迄

昭帝既冠。遂委任光，訖十三年，百姓充實，四夷賓服。（漢書霍光傳）

自『風風也』訖末，名爲大序。（詩周南關雎序箋）

后稷肇祀，庶無罪悔，以迄于今。（詩大雅生民）

六 底 抵

林類底春被裘。（列子天瑞）

項梁嘗有櫟陽逮，乃請蘄獄掾曹咎書抵櫟陽獄掾司馬欣，以故事得已。（史記項羽紀）

秦昭王囚孟嘗君，謀欲殺之。孟嘗君使人抵昭王幸姬求解。（又孟嘗君傳）

外黃富人女甚美，嫁庸奴，亡其夫去抵父客。（又張耳傳）

七 投

後漢書任光傳注云：投，至也。

涉單車驅上茂陵，投暮入其里宅。（漢書原涉傳）

顯嘗使至諸官，有所徵發。顯先自白：恐後漏盡宮門閉，請使詔吏開門。顯故投夜還，稱詔開門入。（又石顯傳）

式便服朋友之服，投其葬日，馳往赴之。（後漢書范式傳）

世祖遂與光等投暮入堂陽界。（又任光傳）

八　時

陽貨欲見孔子，孔子不見；歸孔子豚。孔子時其亡也而往拜之。（論語陽貨）

窋既洗沐歸，時間自從其所諫參。參怒而笞之二百。（漢書曹參傳）

九　候

嘗有部刺史奏事過遵，値其方飮，刺史大窮。候遵霑醉時，突入見遵母。（漢書陳遵傳）

且所給備善則已，不備善而苦惡，則候秋孰，以騎馳蹂迺稼穡也。（又匈奴傳）

日貳亡阻康居，漢徙已校屯姑墨，欲候便討焉。（又西域傳）

十　作　及也。

其在高宗時，舊勞于外，爰曁小人，作其卽位，乃或亮陰三年不言。（書無逸）

其在祖甲，不義惟王，舊惟小人。作其卽位，爰知小人之依。（又）

十一 先

王王太后亦恐嘉等先事發，乃置酒，介漢使者權，謀誅嘉等。（史記尉佗傳）

赫乘傳詣長安上變言：『布謀反有端，可先未發誅也。』（又黥布傳）

勾踐聞吳王夫差日夜勒兵，且以報越，越欲先吳未發往伐之。（又越世家）

先是十餘歲，河決灌，梁楚地固已數困。（漢書食貨志）

始義兄宣居長安，先義未發，家數有怪。（又翟義傳）

先是時，蜀有司馬相如作賦甚弘麗溫雅，雄心壯之，每作賦，常擬之以爲式。（又揚雄傳）

十二 臨

忌數與齊諸公子馳逐重射，孫子見其馬足不甚相遠，馬有上中下輩，於是孫子謂田忌曰：君弟重射！臣能令君勝。及臨質，孫子曰：今以君之下駟與彼上駟，取君上駟與彼中駟，取君中駟與彼下駟。（史記孫臏傳）

太子早死，臨死，謂其父昆莫曰：必以岑娶爲太子！（又大宛傳）

方進素與司直師丹相善。臨御史大夫缺，使丹奏咸爲姦利，請案驗，卒不能有所得，而方進果自得御史大夫。（漢書杜欽傳）

今歲不登，穀暴騰踴，臨秋收斂猶有乏者。（又魏相傳）

制詔丞相：其封吉爲博陽侯。臨當封，吉疾病。（又丙吉傳）

延壽嘗出，臨上車，騎吏一人後至。（又韓延壽傳）

衡又使官大奴入殿中問行起居，還言漏上十四刻行。臨到，衡安坐，不變色改容。（又王尊傳）

上以皇后父孔鄉侯傅晏爲大司馬衞將軍，而帝舅陽安侯丁明爲大司馬票騎將軍。臨拜，日食。（又杜鄴傳）

十三　當

當在宋也，予將有遠行。（孟子公孫丑下）

當是時，楚兵冠諸侯。（史記項羽紀）

右諸例表時。

門卒當車願有所言，延壽止車問之。（漢書韓延壽傳）

上酎祭宗廟，出便門，欲御樓船，廣德當乘輿車免冠頓首曰：宜從橋。（又薛廣德傳）

前有大蛇當徑，願還。（史記高祖紀）

右諸例表方所。

十四　會

外戚多毁成之短，抵罪髡鉗。數年，會赦，致產數千金。（史記酷吏傳）

與漢大將軍接戰一日。會暮，大風起，漢兵縱左右翼圍單于。（又匈奴傳）

會孝惠高后時，天下初定，遼東太守卽約滿爲外臣。（又朝鮮傳）

齊初圍急陰與三國通謀，約未定。會聞路中大夫從漢來，喜及其大臣乃復勸王毋下三國。（又齊悼惠王世家）

是時，趙禹張湯以深刻爲九卿矣；然其治尙寬，輔法而行；而縱以鷹擊毛摯爲治。後會五銖

錢白金起，民爲姦，京師尤甚；乃以縱爲右內史。（又酷吏傳）

於是平原君從之，得敢死之士三千人；李同遂與三千人赴秦軍，秦軍爲之却三十里。亦會楚魏救至，秦兵遂罷，邯鄲復存。（又平原君傳）

更始至長安，大臣薦遵爲大司馬護軍，與歸德侯劉颯俱使匈奴；單于欲脅詘遵，遵陳利害，爲言曲直，單于大奇之，遣還。會更始敗，遵留朔方，爲賊所敗。（漢書陳遵傳）

十五　後

願長耳目，毋後人有天下。（漢書）

十六　往

往四五日，君要脅痛，不可俛仰。（史記倉公傳）

往四五日，天雨。（又）

十七　終

終孝景時，時小入寇邊，無大寇。（史記匈奴傳）

此兩昆弟深自悔，皆自髡肉袒謝，願以田相移，終死不敢復爭。（漢書韓延壽傳）

往來苦上谷以東，終高祖世。（又匈奴傳）

兄騭終帝世不過虎賁中郎。（後漢和熹鄧后紀）

十八　竟

高祖竟酒後，呂公曰：臣有息女，願爲季箕帚妾。（史記高祖紀）

竟頃公卒，百姓附，諸侯不犯。（又齊世家）

嬰自上初起沛，常爲太僕，竟高祖崩。（又夏侯嬰傳）

竟朝置酒，無敢讙譁失禮者。（又叔孫通傳）

匈奴竟郅都死，不敢近雁門。（又酷吏傳）

吳楚已破，竟景帝不言兵，天下富實。（又）

竟景帝，言竟景帝之世也。

竟死不敢爲非。（又滑稽傳）

十九　盡

自雁門以東盡遼陽爲燕代。（漢書諸侯王表）

按此例用於方所。

盡十二月，都中無犬吠之盜。（又王温舒傳）

今復一切行此令，盡二年止之。（又王莽傳下）

按上例用於時間。

二十　涉

涉正月擊之，得計之理。（漢書趙充國傳）

二十一　即　就也。（率表方所）

項羽晨朝上將軍宋義，即其帳中斬宋義頭。（史記項羽紀）

乃使陳平載絳侯代將，而即軍中斬噲。（又樊噲傳）

十月，即墓上弒齊君舍而商人自立。（又齊世家）

吳王卽山鑄錢。（又吳王濞傳）

天子使使者持大將軍印卽軍中拜車騎將軍青爲大將軍。（又衞青傳）

召黃門郎揚雄卽充國圖畫而頌之。（漢書趙充國傳）

二十二　嚮　鄉　向

秦伯素服郊次，鄉師而哭曰：孤違蹇叔以辱二三子，孤之罪也。（左傳僖三十二年）

西門豹簪筆磬折嚮河立。（史記滑稽傳）

日磾每見畫常拜，鄉之涕泣然後去。（漢書金日磾傳）

長安中小民讙譁鄉其第哭。（又董賢傳）

餘虜走向落川，復相屯結。（後漢書段熲傳）

右諸例表方所。

君子以嚮晦入宴息。（易隨）

夫水，嚮冬則凝而爲冰。（淮南子俶眞訓）

鄉晨傅絝韈，欲起，因失衣，不能言。（漢書外戚傳）

右諸例表時間。

二十三　對

涉還至主人，對賓客歎息，曰：人親臥地不收，涉何心鄉此？願徹去酒食。（漢書游俠原涉傳）

莽侍曲陽侯疾，因言長見將軍久病，意喜，自以當代輔政，至對衣冠議語署置。（又佞幸淳于長傳）

莽求見太后，具言長驕佚，欲代曲陽侯，對莽母上車，私與長定貴人姊通，受取其衣物。太后亦怒。（又）

二十四　隨

護少隨父爲醫長安。（漢書樓護傳）

父恭爲御史，任賢爲太子舍人。哀帝立，賢隨太子官爲郎。（又董賢傳）

於是冒頓知其左右可用，從其父單于頭曼獵，以鳴鏑射頭曼。其左右皆隨鳴鏑而射殺頭

曼。（又匈奴傳）

其外西自桐師以東北至葉榆，名爲巂昆明，編髮，隨畜移徙，無常處。（又西南夷傳）．

建武二十七年，補淮陽國醫工長，隨王之國。二十九年，從王朝京師，隨官屬得會見帝，問以政事。（後漢書第五倫傳）

二十五　逐

逐水草遷徙。（漢書匈奴傳）

先零豪言願時渡湟水北，逐民所不田處畜牧。（又趙充國傳）

二十六　中

中楚國而朝宋與魯。（墨子非攻中）

我欲中國而授孟子室。（孟子公孫丑下）

中天下而立。（又盡心上）

公侯地百里，中之而爲都。（新書屬遠）

吉於是中西域而立莫府。（漢書鄭吉傳）

遼將親兵數十人中陣而立。（魏志張遼傳）

二十七　並　旁　音步浪反周禮牛人鄭注云：居其旁曰徬。

騫並南山，欲從羌中歸，爲匈奴所得。（漢書張騫傳）

自代並陰山下至高闕爲塞。（又匈奴傳）

齊人東郭先生遮衞將軍車拜謁曰：願白事將軍止車前，東郭先生旁車言。（史記滑稽傳）

匈奴三千餘騎入五原，略殺數千，後數萬騎南旁塞獵。（漢書匈奴傳）

左大且渠迺自請與呼盧訾王各將萬騎南旁塞獵，其明年單于將十餘萬騎旁塞獵。（又）

匈奴大發十餘萬騎南旁塞至符奚盧山，欲入爲寇。（又趙充國傳）

始皇遂旁海西至平原津而病，到沙丘而崩。（論衡紀妖）

二十八　披　陂　波

披山通道，未嘗寧居。（史記五帝紀）

按徐廣注云：披他本作陂，旁其邊之謂也。

陂山通道。（又河渠書）

自玉門陽關出西域有兩道：從鄯善傍南山北波河西行至莎車爲南道，自車師前王廷隨北山波河西行至疏勒爲北道。（漢書西域傳）

波漢之陽，亙九嶷爲長沙。（又諸侯王表序）

陂山谷而閒處兮，守寂寞而存神。（馮衍顯志賦）

二十九　循　漢書注云：循，順也。今言『沿著』。

師出於陳鄭之閒，國必甚病。若出於東方，觀兵於東夷，循海而歸，其可也。（左傳僖四年）

始楚威王時，使將軍莊蹻將兵循江上略巴黔中以西。（漢書西南夷傳）

三十　違　去也。

齊師違穀七里。（左傳）

忠恕違道不遠。（禮記中庸）

三十一　坐　因也。

嬰坐高祖繫歲餘，掠笞數百。（史記夏侯嬰傳）

是時，孟舒坐虜大入塞刼雲中尤甚免。（又田叔傳）

叔坐法失官。（又）

任安坐上行出游共帳不辨，斥免。（又）

古者大臣有坐不廉而廢者。（漢書賈誼傳）

坐預詔之，得令老將生姦詐。（又李陵傳）

吾昔以虎牙將軍圍翟義，坐不生得以見責讓。（後漢書光武紀）

三十二　無　亡　今言『不論』『不問』。

無巧不巧，工皆以此五者爲法。（墨子法儀）

廣遂引刀自剄。廣軍士大夫一軍皆哭。百姓聞之，知與不知，無老壯，皆爲垂涕。（史記李將軍傳）

分部悉捕諸呂男女，無少長，皆斬之。（漢書高后紀）

且天之亡秦，無愚智，皆知之。（又項籍傳）

政事無巨細，皆斷於横。（又田儋傳）

諸外家昆弟，無賢不肖，皆侍帷幄。（又杜鄴傳）

事無小大，因顯白決。（又石顯傳）

郡國諸豪及長安五陵諸爲氣節者皆歸慕之，涉遂傾身與相待；人無賢不肖闐門。（又原涉傳）

上遣使者分條中都官詔獄繫者，亡輕重，一切皆殺之。（又丙吉傳）

三十三　非

衆非元后何戴？后非衆，罔與守邦。（書）

君非姬氏食不安。（左傳）

三十四　微　非也。

微我，晉不戰矣。（周語）

微管仲，吾其被髮左衽矣！（論語憲問）

吳王曰：微子之言，吾亦疑之。（史記伍子胥傳）

微二子者，楚不國矣。（又李斯傳）

微趙君，幾爲丞相所賣。（又）

且垓下之會，微彭王，項氏不亡。（又欒布傳）

是日，微樊噲犇入營誚讓項羽，沛公事幾殆。（又樊噲傳）

太后見周昌，爲跪謝，曰：微君，太子幾廢。（又周昌傳）

先人失國，微陛下，臣等當蟲出。（又田叔傳）

三十五　賴

周賴大國之義得君臣父子相保也。（東周策）

張儀曰：賴子得顯，方且報德，何故去也？（史記張儀傳）

曾孫賴吉得全。（漢書宣帝紀）

羽意旣解，范增欲害沛公，賴張良樊噲得免。（又項籍傳）

且先王亡國，賴皇帝得復國。（又張耳傳）

三十六　介

王王太后亦恐嘉等先事發，乃置酒，介漢使者權謀誅嘉等。（史記南越傳）

太后怒，欲鏦嘉以矛，王止太后。嘉遂出，介其弟兵就舍。（又）

三十七　舍

夫天未欲平治天下也。如欲平治天下，當今之世，舍我其誰哉？（孟子公孫丑下）

夫不能行聖人之術，則舍爲天下役何事哉？（史記李斯傳）

三十八　如

項羽使人還報懷王，懷王曰：如約。（史記高帝紀）

按『如約』者謂『如約以高祖王秦』也。『以高祖王秦』省去。

雖三代征伐，未能竟其義如其文也。（又司馬穰苴傳）

汝陰侯滕公心知朱家大俠，意季布匿其所，乃許曰：諾。侍閒，果言如朱家指。（又季布傳）

再飲，病已，溺如故。（又倉公傳）

按『如故』即今言『依舊』『照舊。』

三十九　將

楚子使道朔將巴客以聘於鄧。（左傳桓九年）

鄭伯將王自圉門入。（又莊二十一年）

其馬將胡駿馬而歸。（淮南子人閒訓）

則辭引使者丙吉知狀，掖庭令將則詣御史府，以視吉。（漢書丙吉傳）

廣漢將吏到家，自立庭下。（又趙廣漢傳）

共起兵，將嬰至臨涇，立爲天子。（又楚王囂傳）

仲卿載迺始共求嫗，嫗惶急，將翁須歸。（又外戚傳）

禹將崇入後堂。（又張禹傳）

永將家屬走虞。（後漢書劉永傳）

自以爲久宦不達，遂將家屬客河東。（又第五倫傳）

四十　代

元爲王，專代吏治事。（史記五宗世家）

虎圈嗇夫從旁代尉對上所問禽獸簿甚悉。（又張釋之傳）

王者代天爵人，尤宜愼之。（漢書王嘉傳）

四十一　悉

儁兵少不敵，乃張圍結壘起土山以臨城內因鳴鼓攻其西南，賊悉衆赴之。（後漢書朱儁傳）

四十二　空

今空秦國甲士而專委於我，我不多請田宅爲子孫業以自堅，顧令秦王坐而疑我耶？（史

記王翦傳）
十餘日上欲去沛父兄固請，上曰：『吾人衆多，父兄不能給。』乃去。沛中空縣皆之邑西獻。
（漢書高帝紀）

W　介詞之倒置　按介詞之性質與外動詞相類似，外動詞有倒置在下者，故介詞亦然。

一　倒置於

貪而無信，惟蔡於憾。（左傳昭十五年）
其一二父兄私族於謀而立長親。（又昭十九年）
亡於不暇，又何能濟！（又昭四年）
入而能民，土於何有？（又僖九年）
諺所謂室於怒而市於色者，楚之謂矣。（又昭十九年）
以魯爲主，反其侵地棠潛，使海於有蔽，渠弭於有渚，環山於有牢。（齊語）

二　倒置以

其有不合者，仰而思之，夜以繼日。（孟子）

若晉君朝以入，則婢子夕以死；夕以入，則朝以死。（左傳僖十五年）

我之不共，魯故之以。（又昭十三年）

三　倒置爲

寡人之使吾子處此，不惟許國之爲；亦聊以固吾圉也。（左傳隱十一年）

非夫人之爲慟，而誰爲？（論語）

鞅掌之爲使。（莊子庚桑楚）

四　倒置與

晉居深山，戎狄之與鄰。（左傳昭十五年）

昔吾先君固周室之不成子也。故濱於東海之陂，黿鼉魚鼈之與處，而鼃黽之與同渚。（越語）

臃腫之與居（莊子庚桑楚）

五　倒置自

康公，我之自出（左傳成十三年）

X　介詞之省略（凡省略處，以□表之。）

一　省略『於』

大戰□河曲。（史記晉世家）

沛公與項梁共救田榮，大破章邯□東阿。（漢書高帝紀）

九月，章邯夜銜枚擊項梁□定陶。（又）

武等學□長安，歌□太學下，轉而上聞。（又王褒傳）

右省表地之於。

孝惠時，郎侍中皆冠鵕鸃貝帶，傅脂粉，化□閎籍之屬也。（史記佞幸傳）

縱有姊姁，以醫幸□王太后。（史記義縱傳）

右省被動文表原動者之於。

巫臣乃請使□吳。（史記晉世家）

父欲立叔齊，及父卒，叔齊讓□伯夷。（又伯夷列傳）

右省表歸趨之於。

人之愛子，亦如是乎？侍者曰：甚□是。（史記楚世家）

此國有賢□不齊者五人。（又仲尼弟子傳）

人情莫親□父母，莫樂□夫婦。（漢書賈捐之傳）

斷獄歲歲多□前。（又翟方進傳）

禹治加緩，名爲平。王温舒等後起，治峻□禹。（又酷吏傳）

國中大安和□翁歸靡時。（又西域傳）

右省表比較之於。

楚莊王圍鄭，鄭告急□晉。（史記魯世家）

臣數言□康王，康王又不用臣。（又武帝紀）

言□吏。（又）

右省表對象之於。

翟誼謀舉兵誅莽，事未發，康候知東郡有兵，私語門人，門人上書言之。後數月，翟誼兵起。莽召問，對受□師高康。（漢書儒林傳）

右省表所從之於。

二　省略『以』

公語之故，且告之□悔。（左傳隱元年）

死馬且買之□五百金，况生馬乎？（燕策）

秦王□車裂商君以徇。（史記商鞅傳）

吳王出勞軍，卽使人□鏦殺吳王。（又吳王濞傳）

諸侯名士可下以財者，厚遺結之；不肯者，□利劍刺之。（又李斯傳）

使秦破大梁而夷先王之宗廟，公子當□何面目見天下乎？（又信陵君傳）

佗因此以兵威邊，□財物賂遺閩越西甌駱，役屬焉。（又尉佗傳）

上曰：吾新卽位，不欲出虎符發兵郡國。乃遣助以節發兵會稽。會稽守欲距□法，不爲發。（漢書嚴助傳）

按：師古曰：以法距之，爲無符也。

姑幕縣有羣輩八人報仇廷中，皆不得，長吏自繫，□書言府。（又朱博傳）

羣臣後應者，臣請□劍斬之。（又霍光傳）

□椎破盧罌，□斧斬其門關而去。（又趙廣漢傳）

三　省略從

女專利而不厭，□予取，□予求，不女疵瑕也。（左傳僖七年）

按：杜注云：從我取，從我求。

□師受易論語孝經，皆通。（漢書景十三王傳）

孝武皇帝曾孫病已，年十八，□師受詩論語孝經。（又霍光傳）

第八章 連詞

甲 連詞之種類

一 等立連詞 與及且而等。馬氏無。

二 選擇連詞 若抑且將亡等。馬氏無。

三 陪從連詞 之其斯等。馬氏以爲介詞。

四 承遞連詞 而故乃則且又等。馬氏承接連字。

五 轉捩連詞 然而乃但顧況矧等。馬氏轉捩連字。

六 提挈連詞 夫蓋且等。馬氏提起連字。

七 推拓連詞 雖縱唯維等。馬氏推展連字。

八 假設連詞 若如使等。馬氏幷于推展連字內。

九　比況連詞　如若等。馬氏無。

1　等立連詞　連結輕重相等之詞或句者。

一　與

夫子之言性與天道，不可得而聞也。（論語公冶長）

子罕言利與命與仁。（又子罕）

子謂顏淵曰：用之則行，舍之則藏，唯我與爾有是夫！（又述而）

凡有爵者與七十者與未齔者，皆不爲奴。（漢書刑法志）

昔自夏后氏之衰也，有二神龍止于夏帝庭而言曰：『余，褒之二君。』夏帝卜殺之與去之與止之，莫吉。（史記周本紀）

二　而

聞善而不善，皆以告其上。（墨子尙同）

二三子計乎有禦楚之術而有守國之備乎？（魯語）

學，譬之，猶礪也。夫昆吾之金而銖父之錫，使干越之工鑄之以爲劍而弗加砥礪，則以刺不入，以擊不斷。（尸子勸學）

以管子之聖而隰朋之智，至其所不知，不難師於老馬與蟻；今人不知以其愚心而師聖人之智，不亦過乎！（韓非子說林上）

夫憂患之來攖人心也，非直蜂蠆之螫而蚉蝱之慘怛也。（淮南子俶眞訓）

故君爲社稷死，則死之；爲社稷亡，則亡之。若爲己死而爲己亡，非其私暱，誰敢任之？（左傳襄二十五年）

其患在豎牛之餓叔孫而江乙之說荊俗也。（韓非子內儲說）

三　以

王日夜求壯士如周丘等數稱引吳楚反時計畫以約束。（史記衡山王傳）

賦常棣之七章以卒。（左傳襄二十年）

天大雷電以風。（書金縢）

賓入大川而奏肆夏，示易以敬也。（禮記郊特牲）

季康子問：使民敬忠以勸，如之何？（論語爲政）

四　于　與也。

大告道諸侯王三公列侯于女卿大夫元士御事。（漢書翟義傳）

告女德之說于罰之行。（書康誥）

時惟爾初不克敬于和。（又多方）

四方迪亂未定，于宗禮亦未克敉公功迪將其後。（又洛誥）

子弗祗服厥父事，大傷厥考心；于父不能字厥子，乃疾厥子。于弟弗念天顯，乃弗克恭厥兄；兄亦不念鞠子哀，大不友于弟。（又康誥）

五　越　與也。

大誥猷爾多邦越爾御事。（書大誥）

肆予我友邦君越尹氏庶士御事。（又）

爾庶邦君越庶士御事。（又）

義爾邦君越爾多士尹氏御事。（又）

肆哉爾庶邦君越爾御事。（又）

大誥以外，周書各篇中尙多如此用者。

六　惟　維　與也。

齒革羽毛惟木。（書禹貢）

百僚庶尹惟亞惟服宗工越百姓里居。（又酒誥）

告爾四國多方惟爾殷侯尹民。（又多方）

旐維旟矣。（詩小雅無羊）

虡業維樅，賁鼓維鏞。（又大雅靈臺）

與百官之政事師尹維旅牧相宣序民事。（魯語）

七　爲　與也。

屠耆單于使日逐王先賢撣兄右奥鞬王爲烏藉都尉各將二萬騎屯東方以備呼韓邪單于。（漢書匈奴傳）

不得，不可以爲悦，無財，不可以爲悦。得之爲有財，古之人皆用之，吾何爲獨不然？（孟子公孫丑下）

八　之　與也。

文王罔攸兼于庶言，庶獄，庶慎，惟有司之牧夫。（書立政）

其勿誤于庶獄，惟有司之牧夫。（又）

必深其爪，出其目，作其鱗之而。（周禮考工記梓人）

天子親載耒耜，措之于參保介之御間。（禮記月令）

按謂保介與御者之間。

皇父之二子死焉。（左傳文十一年）

賈注云：皇父與穀甥牛父三子皆死。杜注同。

諸侯又以其知力爲未足獨治其四境之内也，是以選擇其次立爲卿之宰。（墨子尚同下）

則惟上帝鬼神降之罪厲之禍罰而棄之。（又節葬下）

得之不得，曰有命。（孟子萬章上）

九 及

陰以兵法部勒賓客及子弟。（史記項羽紀）

時日曷喪？予及汝偕亡。（書湯誓）

匈奴右賢王怨漢奪之河南地而築朔方，數爲寇盜邊；及入河南，侵擾朔方，殺略吏民甚衆。（又匈奴傳）

三年冬，楚王朝，鼂錯因言：楚王戊往年爲薄太后服，私姦服舍，請誅之。詔赦，罰削東海郡。因削吳之豫章郡，會稽郡。及前二年趙王有罪，削其河間郡；膠西王卬以賣爵有姦，削其六縣。（又吳王濞傳）

將軍曰；王苟以錯不善，何不以聞？及未有詔虎符，擅發兵擊義國。以此觀之，意非欲誅錯也。

（又）

滇王與漢使者言曰：漢孰與我大？及夜郎侯亦然。（又西南夷傳）

十　暨　與也，及也。公羊隱元年傳云：會及暨皆與也。

帝曰：咨！汝羲暨和！朞三百有六旬有六日，以閏月定四時成歲。（書堯典）

禹拜稽首，讓於稷契暨皋陶。（又）

十一　且

漢之聖者，在高帝之孫且曾孫也。（史記封禪書）

王使榮叔歸含且賵。（春秋文五年）

按：穀梁傳云：『其曰且，志兼也。』

洧之外，洵訏且樂。（詩鄭風溱洧）

彼美孟姜，洵美且都。（又有女同車）

君子有酒，旨且多。（又小雅魚麗）

如有周公之才之美，使驕且吝，其餘不足觀也已。（論語泰伯）
邦有道，貧且賤焉，恥也；邦無道，富且貴焉，恥也。（又）
仁且智，夫子既聖矣乎！（孟子公孫丑上）
項王怒，欲殺之。項伯曰：天下事未可知；且爲天下者不顧家。雖殺之，無益，祇益禍耳。（史記項羽紀）
侯自我得之，自我捐之，無所恨！且終不令灌仲孺獨死，嬰獨生。（又魏其侯傳）
黥布，天下猛將也，善用兵。今諸將皆陛下故等夷，乃令太子將此屬，無異使羊將狼，莫肯爲用。且使布聞之，則鼓行而西耳。（又留侯世家）
士死者過半，而所殺傷匈奴亦萬餘人，且引，且戰。（史記李廣傳）
黄帝且戰且學仙。（漢書郊祀志）
險道傾仄，且馳且射。（又鼂錯傳）
遵馮几口占書吏，且省官事。（又陳遵傳）

十二　又

蚡以爲越人相攻擊，其常事；又數反覆，不足煩中國往救也。（漢書嚴助傳）

十三　如

修五禮，五玉，三帛，二牲，一死贄，如五器。（書堯典）

公如大夫入。（儀禮鄉飲酒禮）

趙王問樓緩曰：予秦地如毋予，孰吉？（史記虞卿傳）

此條從王念孫校。

2　選擇連詞

一　若　漢書高紀注：若，或也。禮記文王世子注云：先聖，周公若孔子。疏云：若是不定之辭。

旅王若公。（書召誥）

羃用綌若錫。（儀禮燕禮）

若衣若笄。（又士昏禮）

凡封國若家，牛助爲牽徬。（周禮秋官罪隸）

父母有婢子若庶子庶孫，甚愛之，雖父母沒，沒身敬之不衰。（禮記內則）

大夫沒矣，則稱謚若字。（又玉藻）

矢以柘若棘。（又投壺）

孟氏使半爲臣，若子若弟。（左傳襄十一年）

若以大夫之靈，獲保首領以歿於地，唯是春秋窀穸之事所以從先君於禰廟者，請爲靈若厲！大夫擇焉！（又襄十三年）

衞，顓頊之虛也，故爲帝丘，其星爲大水。水，火之牡也；其以丙子若壬午作乎！（又昭十七年）

其以軍若城邑降者，卒萬人，邑萬戶，如得大將。（史記吳王濞傳）

灌夫奮曰：願取吳王若將軍頭以報父之仇。（又竇嬰田蚡傳）

以萬人若一郡降者，封萬戶。（漢書高帝紀）

時有軍役若水旱，民不困乏。（又食貨志）

民年十七以上若不滿十歲有罪當刑者皆免之。（又惠帝紀）

魚腸胃倫膚若九，若十有一。下大夫則若七若九。（儀禮公食大夫禮）

書賵於方，若九，若七，若五。（又士喪禮）

二　如

安見方六七十如五六十而非邦也者？（論語先進）

宗廟之事如會同，端章甫，願爲小相焉。（又）

三　抑　意

宋元公爲魯君如晉，卒於曲棘；叔孫昭子求納其君，無疾而死。不知天之棄魯邪？抑魯君有罪於鬼神，故及此也？（左傳昭二十六年）

子將大滅衞乎？抑納君而已乎？（又哀二十六年）

牀笫之不安邪？抑驪姬之不存側邪？（晉語）

敢問天道乎？抑人故也？（周語）

按賈子禮容語『抑』作『意』。

子路問強。子曰：南方之強與？北方之強與？抑而強與？（禮記中庸）

請問：黃帝人邪？抑非人邪？（大戴禮五帝德）

陳子禽問於子貢曰：夫子之至於是邦也，必聞其政。求之與？抑與之與？（論語學而）

今有受人之牛羊而爲之牧之者，則必爲之求牧與芻矣。求牧與芻而不得，則反諸其人乎？抑亦立而視其死與？（孟子）

黃帝顓頊之道存乎？意亦忽不得見與？（大戴禮武王踐祚）

夫見下貴者，所以長生安體樂意之道也。今子獨无意焉，知不足耶？意知而力不能行耶？（莊子盜跖）

吾不識孝子之爲親度者，亦欲人愛利其親與？意欲人之惡賊其親與？（墨子兼愛）

子之義將匿耶？意將以告人乎？（又耕柱）

女爲之與？意飽爲之與？（又明鬼）

將以窮無窮，逐無極與？意亦有所止之與？（荀子脩身）

誠病乎？意亦思乎？（秦策）

其者寡人之不及與？意亦子大夫思有所不至乎？（漢書燕剌王傳）

不識世無明君乎？意先生之道固不通乎？（說苑善說）

不知神鬼邪？意厲鬼也？（又辨物）

四　其

楚王方侈，天或者欲逞其心以厚其毒而降之罰，未可知也；其使能終，亦未可知也。（左傳昭四年）

子以秦爲將救韓乎？其不乎？（韓策）

子以爲有王者作，將比今之諸侯而誅之乎？其教之不改而後誅之乎？（孟子）

誠愛趙乎？其實憎齊乎？（史記趙世家）

葬引至於堩，日有食之。則有變乎！且不乎？（禮記曾子問）

王以天下爲尊秦乎？且尊齊乎？（齊策）

子擊因問曰：富貴者驕人乎？且貧賤者驕人乎？（又魏世家）

足下欲助秦攻諸侯乎？且欲率諸侯破秦也？（又酈生傳）

二世曰：吾方燕私，丞相輒來請事：丞相豈少我哉？且固我哉？（又李斯傳）

自漢擊匈奴，而廣未嘗不在其中；然無尺寸之功以得封邑者，何也？豈吾相不當侯邪？且固命也？（又李廣傳）

不識天之以我備其物與？且惟無我而物無不備者與？（淮南子精神訓）

六　將

子能順杞柳之性而以爲桮棬乎？將戕賊杞柳而後以爲桮棬也？（孟子告子上）

屈原曰：吾寧悃悃款款朴以忠乎？將送往勞來斯無窮乎？寧誅草茅以力耕乎？將遊大人以

成名乎？寧正言不諱以危身乎？將從俗富貴以偷生乎？寧超然高舉以保眞乎？將哫訾栗斯喔咿嚅唲以事婦人乎？寧廉潔正直以自淸乎？將突梯滑稽如脂如韋以絜楹乎？寧昂昂若千里之駒乎？將氾氾若水中之鳧，與波上下偷以全吾軀乎？寧與騏驥抗軛乎？將隨駑馬之迹乎？寧與黃鵠比翼乎？將與雞鶩爭食乎？此孰吉孰凶何去何從？（楚辭卜居）

夫子貪生失理而爲此乎？將子有亡國之事斧鉞之誅而爲此乎？將子有不善之行，愧遺父母妻子之醜而爲此乎？將子有凍餒之患而爲此乎？將子之春秋故及此乎？（莊子至樂）

人生受命於天乎？將受命於戶耶？（史記孟嘗君傳）

今欲使臣勝之邪？將安之也？（漢書龔遂傳）

意迺招賢選士之路鬱滯而不通與？將舉者未得其人也？（又成帝紀）

誠以大司馬有大功當著之邪？將以骨肉故欲異之也？（又王莽傳）

民父子相棄，吏匿不言邪？將從東方來者加增之也？何以錯繆至是？（又于定國傳）

知其巧姦而用之邪？將以爲賢也？（又京房傳）

毋乃牽於文繫而不得騁與？將所繇異術所聞殊方與？（又董仲舒傳）

意豈有所恨與？將在位者與生殊乎？（又貢禹傳）

單于曰：此天子詔語邪？將從使者所求邪？（又匈奴傳）

亭長爲汝求乎？爲汝有事屬之而受乎？將平居自以恩意遺之乎？（後漢書卓茂傳）

客有見周公者，曰：入乎？將毋？周公曰：請入。客曰：坐乎？將毋？周公曰：請坐。客曰：言乎？將毋？周公曰：唯唯。（韓詩外傳）

七　亡　亡其　妄其　忘其

道固然乎？妄其欺不穀邪？（越語）

意者臣愚而不合於王心耶？亡其言臣者將賤而不足聽耶？（國策秦策）

秦之攻趙也，倦而歸乎？亡其力尙能進，愛王而不攻乎？（又趙策）

不識三國之憎秦而愛懷邪？忘其憎懷而愛秦邪？（又）

聽子之謁而廢子之道乎？亡其行子之術而廢子之謁乎？（又韓策）

抑固窶耶？亡其略弗及耶？（莊子外物）

君將攖之乎？亡其否歟？（呂氏春秋開春論審爲）

必得宋乃攻之乎？亡其不得宋且不義猶攻之乎？（又開春論愛類）

道固然乎？妄其欺不穀邪？（越語）

先生老悖與？妄其楚國妖與？（新序雜事）

3　陪從連詞　連結輕重異等之詞者。

一　之　馬氏以下文法家皆以『之』爲介詞。今定爲連詞。說詳詞詮附錄論之的之詞性。

關關雎鳩，在河之洲。（詩周南關雎）

夫子之文章可得而聞也。（論語公冶長）

民之望之，若大旱之望雲霓也。（孟子梁惠王下）

問曰：子之居楚何官？曰：爲都尉。（史記陳平世家）

平畏讒之就，因固請得宿衞中。（又）

絳侯既出，曰：吾嘗將百萬軍，然安知獄吏之貴乎？（又周勃世家）

廣之百騎皆大恐。（又李廣傳）

方其鼓刀屠狗賣繒之時，豈自知附驥之尾垂名漢庭德流子孫哉！（又樊噲傳）

胡衍入蒲，謂其守曰：樗里子知蒲之病矣。（又樗里疾傳）

功用既興，然後授政，示天下重器，王者大統，傳天下若斯之難也。（又伯夷傳）

夫以一詐僞之蘇秦，而欲經營天下，混一諸侯，其不可成亦明矣。（又張儀傳）

夫秦卒與山東之卒，猶孟賁之與怯夫。（又）

帝屬我一翟犬，曰：及而子之壯也，以賜之！（又扁鵲傳）

律曆，天所以通五行八政之氣，天所以成熟萬物也。（又律書）

應侯之用於秦也，孰與文信侯專？（又甘茂傳）

二 斯

鑫斯羽，振振兮。（詩周南鑫斯）

有兔斯首。（詩）

三　其

朕其弟小子封。（書康誥）

物其多矣。（詩小雅魚麗）

非此其身，其在異國乎！（左傳莊十三年）

凡是其屬太師之任也。（大戴禮保傅）

四　以　已

凡雨，自三日以往爲霖。（左傳隱元年）

聊攝以東，姑尤以西。（左傳）

中人以上，可以語上也；中人以下，不可以語上也。（論語雍也）

自有生民以來，未有如孔子者也。（孟子）

幽厲以往，尙矣。（史記天官書）

年八十已上，賜米人月一石肉二十斤。（漢書文帝紀）

五　而

啓呱呱而泣。（書皋陶謨）

子路率爾而對。（論語先進）

蹻爾而與之行道之人弗受；蹴爾而與之，乞人不屑也。（孟子）

按上例連接副詞與動詞。

我欲中國而授孟子室。（孟子）

中天下而立。（又）

吉於是中西域而立莫府。（漢書鄭吉傳）

按諸例『中』字皆介詞。而字連接介詞與動詞。

形而上者謂之道，形而下者謂之器。（易繫辭）

而今而後，吾知免夫。（論語泰伯）

由孔子而來，至於今百有餘歲。（孟子盡心下）

故自四五萬而往者強。（荀子強國）

按右例下接『上』『下』『往』『來』等字與上『以』『已』同。

君子恥其言而過其行。（論語憲問）

德之流行，速於置郵而傳命。（孟子）

君子恥其言而不見從，恥其行而不見隨。（詩周頌譜疏引尚書大傳）

按而與『之』同。

六　有　讀去聲。專用於數詞整數與餘數之間。

二十有八載，放勳乃殂落。（書堯典）

旬有五日，百濮乃罷。（左傳文十六年）

朕臨天下二十有八年。（史記封禪書）

當是之時，秦襄公伐戎至岐，始列爲諸侯。是後六十有五年，而山戎越燕而伐齊。（又匈奴傳）

其後三百有餘歲，戎狄攻大王亶父，亶父亡走岐下。（又）

昔周監於二代，三聖制法，立爵五等，封國八百，同姓五百有餘。（漢書諸侯王表）

往往而聚者百有餘戎。（又匈奴傳）

必有寢衣，長一身有半。（論語鄉黨）

於是肅慎貢楛矢石砮，長尺有咫。（史記孔子世家）

4 承遞連詞

一 而

如此而成於孝子也。（大戴記曾子本孝）

學而時習之，不亦說乎！（論語學而）

予既烹而食之。（孟子萬章上）

又顧而之他。（又離婁下）

玉在山而草木潤，淵生珠而崖不枯。（荀子勸學）

君子見幾而作，不俟終日。（易繫辭傳）

諸侯方睦於晉，臣請嘗之；若可，君而繼之；不可，收師而退，可以無害。（左傳襄十八年）

若防大川焉，潰而所犯必大矣。（楚語）

君親無將，將而誅焉。（公羊傳莊二十三年）

文公學讀書於臼季，三日，曰：吾不能行咫，聞則多矣。對曰：然而多聞以待能者，不猶愈也？（晉語）

士妾有子，而爲之緦；無子則已。（禮記喪服小記）

非父則母，非兄而姒也。（墨子明鬼）

與楚則漢破，與漢而楚破。（史記欒布傳）

二　能　與而同。

建信君入言於王，厚任葺以事能重責之。（趙策）

是責能威之，富能祿之，賤能事之，近能親之，美能淫之也。（管子任法）

按下文五能字皆作而。

不欲強能不服，智而不牧。（又侈靡）

入則求君之嗜欲能順之，君怨良臣，則具其往失而益之。（晏子春秋外篇）

少而示之黑，謂黑；多示之黑，謂白。少能嘗之甘，謂甘；多嘗之甘，謂苦。（墨子天志）

貴而下賤，則衆弗惡也；富能分貧，則窮士弗惡也；智而教愚，則童蒙者弗惡也。（韓詩外傳）

或有忠能被害，或有孝而見殘。（崔駰大理箴）

右諸例皆而與能互用。

三　以

不戒以孚。（易泰六四）

親以無災，又何患焉？（左傳閔二年）

狐偃惠以有謀，趙衰文以忠貞，賈佗多識以恭敬。（晉語）

昔楚靈王不君，其臣箴諫以不入。（吳語）

戎衆以無義。（公羊傳莊二十四年）

治世之音安以樂，亂世之音怨以怒，亡國之音哀以思。（禮記樂記）

富以苟，不如貧以譽；生以辱，不如死以榮。（大戴禮曾子制言）

俾暴虐於百姓，以姦宄於商邑。（書牧誓）

宰夫和之，齊之以味，濟其不及，以泄其過。（左傳昭二十年）

四　如　與而同。

不失其馳，舍矢如破。（詩小雅車攻）

使有司月省如時考之。（大戴禮王言）

是故不賞不罰如民咸盡力。（又子張問入官）

記鴻雁之遰也，如不記其鄉，何也？（又夏小正）

帝入東學，上親而貴仁，則親疏有序如恩相及矣。（又保傅）

天下豈有無父之國哉？吾何行如之？（禮記檀弓）

按王引之云：宣十七年穀梁傳：『兄弟也何去而之，』語意同。

及鄭伯盟，歃如忘。（左傳隱七年）

夜中，星隕如雨。（又莊七年）

火如象之，不火何爲？（又昭六年）

勇如害上，則不登於明堂。（逸周書後大匡）

民之自計，皆就安利如辟危窮。（韓非子五蠹）

安如易，樂而湛。（大戴禮保傅）

合志如同方，共其憂而任其難。（又文王官人）

施其時而成之，法其命如循之。（春秋繁露王道通三）

見利如前，乘便而起。（鹽鐵論世務）

按以上四例，皆「如」「而」互用。

五 若

君子夬夬獨行，遇雨若濡。（易夬九三）

我有大事，子有眩瞀之疾，其歸若已。（吳語）

六 則

聖人以順動，則刑罰清而民服。（易）

宗邑無主，則民不威；疆埸無主，則啓戎心。（左傳莊二十八年）

夫諸侯之賄聚於公室，則諸侯貳；若吾子賴之，則晉國貳。諸侯貳則晉國壞；晉國貳則子之家壞；何沒沒也？將焉用賄？（又襄二十四年）

水懦弱，民狎而翫之，則多死焉。（又昭二十年）

其爲物不貳，則其生物不測。（禮記中庸）

是故財聚則民散，財散則民聚。（又大學）

道善則得之，不善則失之矣。（又）

仁則榮，不仁則辱。（孟子）

人能無以飢渴之害爲心害，則不及人不爲憂矣。（又）

思則得之，不思則不得也。（又告子上）

趙亡則勝爲虜，何爲不憂乎？（史記平原君傳）

如此，則媾乃可爲也。（又）

鄭穆公使視客館，則束載厲兵秣馬矣！（左傳僖三十三年）

公使陽處父追之，及諸河，則在舟中矣。（又）

登丘而望之，則馳；騁而從之，則決睢澨，閉門登陴矣。（又成十五年）

嫛復命於崔子，且御而歸之。至，則無歸矣！（又襄二十七年）

及晏子如晉，公更其宅。反，則成矣。（又昭三年）

使子路反見之，至，則行矣。（論語微子）

其子趨而往視之，苗則槁矣！（孟子）

王之臣有託其妻子於其友而之楚遊者。比其反也，則凍餒其妻子。（又梁惠王下）

辟兄離母處於於陵。他日歸，則有饋其兄生鵝者。（又滕文公下）

使使往之主人荆卿，則已駕而去榆次矣。（史記刺客傳）

6　承接連詞　與『則』同，古卽則通用。

七　卽

三十四十之間而無藝，卽無藝矣。五十而不以善聞，則無聞矣。（大戴禮曾子立事）

與之地，卽無地以給之。（韓策）

王能使臣無拜，可矣。不卽不見也。（秦策）

公徐行卽免死，疾行則及禍。（史記項羽紀）

先卽制人，後則爲人所制。（又）

聞令下，卽各以其學議之。（又李斯傳）

今單于能，卽前與漢戰，天子自將兵待邊。（又匈奴傳）

且以季布之賢而漢求之急，此不北走胡，卽南走越耳。（又季布傳）

君相少主如伊尹周公，長而反政，不卽南面稱孤而有楚。（又春申君傳）

有母弟可立，不卽立長。（又魯世家）

沛今共誅令，擇可立立之以應諸侯，卽室家完。（漢書高祖紀）

彼背其主降陛下，陛下侯之，卽何以責人臣不守節者乎？（又周勃傳）

誠先於未然，卽蒙恬樊噲不復施，棘門細柳不復備。（又匈奴傳）

八　咫

陛下於淮南王，不可謂薄矣！然而淮南王，天子之法，咫蹂促而弗用也；皇帝之令，咫批傾而不行也。（賈子淮難）

陛下無負也如是，咫淮南王，罪人之身也。（又）

是立咫泣沾襟，臥咫泣交頤。（又）

牆薄咫亟壞，繒薄咫亟裂，器薄咫亟毀，酒薄咫亟酸。（又連語）

按新序雜事篇四『咫』字皆作『則』。

九　斯

女則錫之福，時人斯其惟皇之極。（書洪範）

周公居東二年，則罪人斯得。（又金縢）

謀猶回遹，何日斯沮。（詩小雅小旻）

大侯既抗，弓矢斯張。（又賓之初筵）

受爵不讓，至于已斯亡。（又角弓）

我欲仁，斯仁至矣。（論語述而）

鄉人飲酒，杖者出，斯出矣。（又鄉黨）

其言也訒，斯謂之仁已乎？（又顏淵）

夫子之得邦家者，所謂立之斯立，道之斯行，綏之斯來，動之斯和。（又子張）

人喜則斯陶，陶斯詠，詠斯猶，猶斯舞。（禮記檀弓）

歸，斯受之而已矣！（孟子）

按此例『則斯』重言。

如知其非義，斯速已矣。何待來年？（又）

善斯可矣。（又）

壺遂之內廉外脩，斯鞠躬君子也。（史記韓長孺傳）

雖慘酷，斯稱其位矣。（又酷吏傳）

十　此

有德此有人，有人此有土，有土此有財，有財此有用。（禮記大學）

自生民以來，善政少而亂俗多。必待堯舜之君，此爲志士終無時矣。（後漢書黃瓊傳）

十一　案

是案曰是，非案曰非。（荀子臣道）

秦使左案，左使右案右。（又）
今子宋子案不然。（又正論）
人皆失喪之，我按起而治之。（又富國）
學者以聖王爲師，案以聖王之制爲法。（又解蔽）

十二　焉

壇墠有禱，焉祭之；無禱，乃止。（禮記祭法）
七教修，焉可以守；三至行，焉可以征。（大戴禮王言）
有知，焉謂之友；無知，焉謂之主。（又曾子制言）
吾道路悠遠，必無有二命，焉可以濟事。（吳語）
信不足，焉有不信。（老子）
勝無非義者，焉可以爲大勝。（管子幼官）
分議者延延，而支苟者詻詻，焉可以長生保國。（墨子親士）

必知亂之所自起，焉能治之；不知亂之所自起，則不能治。（又兼愛）

君爲政焉勿鹵莽，治民焉勿滅裂。（莊子則陽）

若赴水火，入焉焦沒耳！（荀子議兵）

凡人之動也，爲慶賞爲之，則見害傷焉止矣。（又）

十三　故

求也退，故進之；由也兼人，故退之。（論語先進）

桓公嘗有存亡繼絕之功，故君子爲之諱也。（公羊傳僖十二年）

有人之形，故羣於人；無人之情，故是非不得於身。（莊子德充符）

十四　肆　故也。

昔在殷王中宗，嚴恭寅畏，天命自度，治民祗懼，不敢荒寧，肆中宗之享國，七十有五年。其在高宗時，舊勞于外，爰暨小人，不敢荒寧，嘉靖殷邦，至於小大，無時或怨，肆高宗之享國五十有九年。其在祖甲，不義惟王，舊爲小人；作其即位，爰知小人之依，能保惠于庶民，不敢

侮鰥寡，肆祖甲之享國三十有三年。（書無逸）

5　轉捩連詞

子　急轉

一　然

呂后問曰：陛下百歲後，蕭相國既死，誰令代之？上曰：曹參可。問其次，上曰：王陵可。然陵少戇，陳平可以助之。陳平智有餘，然難以獨任。周勃厚重少文，然安劉氏者必勃也。（史記高帝紀）

鄭國曰：始臣爲間。然渠成，亦秦之利也。（又河渠書）

足下位爲上相，食三萬戶侯，可謂富貴無歉矣。然有憂念，不過患諸呂少主耳。（又陸賈傳）

絳侯既出，曰：吾嘗將百萬軍，然安知獄吏之貴乎！（又周勃世家）

亞夫笑曰：臣之兄已代父侯矣。有如卒，子當代，亞夫何說侯乎？然既已貴如負言，又何說餓死？（又）

至閭巷之俠，修行砥名，聲施天下，莫不稱賢，是爲難耳。然儒墨皆排擯不載。（又游俠傳）

衞青霍去病亦以外戚貴幸，然頗用才能自進。（又佞幸傳）

劇孟雖博徒，然母死，客送葬車千餘乘；此亦有過人者。（又袁盎傳）

荆軻雖游酒人乎，然其爲人沈深好書。（又刺客傳）

大尉遂將北軍，然尚有南軍。（又呂后紀）

觀往者得失之變，故作孤憤五蠹內外儲說林說難十餘萬言。然韓非知說之難，爲說難書甚具，終死於秦，不能自脫。（又韓非傳）

孫子籌策龐涓明矣！然不能早救患於被刑。（又孫子傳）

二 而

數之以不用僖負羈而乘軒者三百人也。（左傳僖二十八年）

賈而欲贏，而惡囂乎？（又昭元年）

不有祝鮀之佞，而有宋朝之美，難乎免於今之世矣。（論語雍也）

子溫而厲，威而不猛，恭而安。（又述而）
季氏富於周公，而求也爲之聚斂而附益之。（又先進）
夫子焉不學，而亦何常師之有？（又子張）
君子之道，淡而不厭，簡而文，溫而理。（禮記中庸）
何哉君所爲輕身以先於匹夫者？以爲賢乎？禮義由賢者出，而孟子之後喪踰前喪。君無見焉！（孟子梁惠王下）
其妻問所與飲食者，則盡富貴也；而未嘗有顯者來。（又離婁下）
拱把之桐梓，人苟欲生之，皆知所以養之者；至於身，而不知所以養之者。（又告子上）
吾念之，欲如是，而羣臣誰可者？（史記張蒼傳）
自是之後，俠者極衆，而無足數者。（漢書游俠傳）

三　乃

皆古聖人也，吾未能行焉，乃所願，則學孔子也。（孟子公孫丑上）

小人殉財，君子殉名，其所以變其情易其性則異矣。乃至於棄其所爲而殉其所不爲，則一也。（莊子盜跖）

非獨政能也，乃其姊亦烈女也。（史記刺客傳）

四　若

鳥獸之肉，不登於俎，皮革齒牙骨角毛羽不登於器，則公不射；古之制也。若夫山林川澤之實，器用之資，阜隸之事，官司之守，非君所及也。（左傳隱五年）

當在薛也，予有戒心。辭曰：聞戒，故爲兵餽之，予何爲不受？若於齊，則未有處也。無處而餽之，是貨之也。（孟子公孫丑下）

五　至

何曰：諸將易得耳！至如信，國士無雙。（史記淮陰侯傳）

項王見人恭敬慈愛，言語嘔嘔；人有疾病，涕泣分食飲。至使人有功當封爵者，印刓弊，忍不能予。（又）

六　其

關東比歲不登，吏民以義收食貧民入穀物助縣官振贍者，已賜直。其百萬以上，加賜爵右更。其吏也遷二等。（漢書成帝紀）

丞相劉舍御史大夫衞綰請笞者箠長五尺，其本大一寸；其竹也，末薄半寸，皆平其節。（又刑法志）

匈奴俗見漢使非中貴人，其儒生，以爲欲說，折其辯；少年，以爲欲刺，折其氣。（又匈奴傳）

七　然而

然而不王者，未之有也。（孟子梁惠王上）

然而王何不使布衣之人以窮齊之說說秦？（燕策）

史記蘇秦傳作『然則。』

此三臣者，豈不忠哉！然而不免於死。（史記李斯傳）

秦無亡矢遺鏃之費，然而天下諸侯已困矣。（漢書賈誼傳）

然而計議不得，諸賁不能安其位亦明矣。（漢書鄒陽傳）

然而文選作然則。

八　然則

然則子之失伍也亦多矣。（孟子公孫丑下）

是以切比閭里，知吏姦邪，委任有司。然則官曠民愁，盜賊公行。（漢書石奮傳）

詩云：鶴鳴九皐，聲聞於天。其聞高遠可矣，言其聞於天，增之也。夫鶴鳴雲中，人聞聲；抑而視之，目見其形。耳目同力，耳聞其聲，則目見其形矣。然則耳目所聞見不過十里；使參天之鳴，人不能聞也。（論衡藝增）

丑　輕轉

一　如

夫鼠，晝伏夜動，不穴於寢廟，畏人故也。今君聞晉之亂而後作焉，寧將事之，非鼠如何？（左傳襄二十三年）

史曰：爾爲仁爲義，人弒爾君而復國不討賊，此非弒君如何？（公羊傳宣六年）

讐瘠，非害國家如何也？（晏子諫篇）

鄕是如不臧，倍是如不亡者，自古及今未嘗有也。（荀子儒效篇）

非故如何也？（楚策）

非反如何也？（趙策）

二　乃　與今語『却』同。

不見子都，乃見狂且。（詩山有扶蘇）

然則鬬與不鬬，亡於辱之與不辱也，乃在於惡之與不惡也。（荀子正論）

夫敖倉，天下轉輸久矣！臣聞其下迺有藏粟甚多。（史記酈食其傳）

當改過自新，乃益驕溢，卽山鑄錢。（又吳王濞傳）

朕日一食者累月，迺何樂之聽？（漢書車千秋傳）

鄕者，僕亦嘗廁下大夫之列，陪外廷末議，不以此時引綱維，盡思慮；今已虧形爲掃除之隸，

在闒茸之中，迺欲卬首信眉，論列是非，不亦輕朝廷羞當世之士邪？（又司馬遷傳）

三　顧　但也。王念孫云：特也。

是故上有大澤，惠必及下，顧上先下後耳。（禮記祭統）

彼非不愛其弟，顧有所不能忍者也。（史記越世家）

吾每念痛於骨髓，顧計不知所出耳。（又刺客傳）

且天下鋭精持鋒欲爲陛下所爲者甚衆，顧力不能耳！（又淮陰侯傳）

吾豈老誖不念子孫哉！顧自有舊田廬，令子孫勤力其中，足以供衣食與凡人齊。（漢書疏廣傳）

我與稺季幸同土壤，素無睚眥，顧受將命，分當相直。（又孫寶傳）

四　但

安與任隗舉奏諸二千石，又它所連及貶秩免官者四十餘人，竇氏大恨。但安隗素行高，亦未有以害之。（後漢書袁安傳）

初不中風，但失愛於叔父，故見罔耳。（魏志太祖紀注）

公幹有逸氣，但未遒耳！（又吳質傳）

五　抑

夏徵舒弒其君，其罪大矣；討而戮之，君之義也。抑人亦有言曰：『牽牛以蹊人之田而奪之牛。』牽牛以蹊者，信有罪矣；而奪之牛，罰已重矣。諸侯之從也，曰：討有罪也。今縣陳，貪其富也。以討召諸侯，而以貪歸之，無乃不可乎！（左傳宣十一年）

子晳信美矣，抑子南夫也。（又昭元年）

若聖與仁，則吾豈敢。抑為之不厭，誨人不倦，則可謂云爾已矣！（論語述而）

子曰：不逆詐，不億不信；抑亦先覺者，是賢乎！（又憲問）

子夏之門人小子，當灑掃應對進退，則可矣；抑末也。本之則無，如之何？（又子張）

寅　激轉

一　况　兄

一夫不可狃，況國乎？（左傳僖十五年）

困獸猶鬭，況國相乎？（又宣十二年）

思其人猶愛其樹，況用其道而不恤其人乎？（又定九年）

雖得天下吾不生；兄與我齊國之政也！（管子）

由此觀之，君不行仁政而富之，皆棄於孔子者也；況於爲之強戰？（孟子離婁上）

吾未聞枉己而正人者也；況辱己以正天下者乎？（又萬章上）

王者尙不能行之於臣下，況同列乎？（史記伍子胥傳）

中材已上且羞其行，況王者乎？（又彭越傳）

必欲致士，先從隗始；況賢於隗者，豈遠千里哉？（又燕世家）

越王曰：所求於晉者，不至頓刃接兵，而況于攻城圍邑乎？（又越世家）

且先王崩，尙猶遺德垂法，況奪之善人良臣百姓所哀者乎？（又秦世家）

蘇秦喟然歎曰：此一人之身，富貴則親戚畏懼之，貧賤則輕之，況衆人乎？（又蘇秦傳）

二　矧

相時憸民，猶胥顧于箴言，其發有逸口，矧予制乃短長之命！（書盤庚）

若考作室，既底厥法；厥子乃弗肯堂，矧肯構？厥父菑，厥子乃弗肯播，矧肯穫？（又大誥）

神之格思，不可度思，矧可射思？（詩）

三爵不識，矧敢多又？（又小雅賓之初筵）

6　提挈連詞

一　夫

夫國君好仁，天下無敵。（孟子）

夫人必自侮，然後人侮之。（又）

項羽曰：吾聞秦軍圍趙王鉅鹿，疾引兵渡河，楚擊其外，趙應其內，破秦軍必矣。宋義曰：不然。夫搏牛之蝱，不可以破蟣蝨。今秦攻趙，戰勝則兵罷，我乘其敝；不勝，則我引兵鼓行而西，必舉秦矣。故不如先鬭秦趙。夫被堅執銳，義不如公；坐而論策，公不如義。（史記項羽紀）

孫子曰：夫解雜亂紛糾者不控捲。（又孫子傳）

夫免身立功以明先王之迹，臣之上計也。（又樂毅傳）

夫學者載籍極博，猶考信於六藝。（又伯夷傳）

夫斯乃上蔡布衣閭巷之黔首。（又李斯傳）

夫以秦王之威，而相如廷叱之，辱其羣臣，相如雖駑，獨畏廉將軍哉！（又藺相如傳）

夫千乘之王，萬乘之侯，百室之君，尚猶患貧，而況匹夫編戶之民乎！（又貨殖傳）

二　蓋

朕聞：蓋天下萬物之萌生，靡不有死。（史記文帝紀）

蓋聞有虞氏之時，畫衣冠異章服以爲僇。（又）

高曰：蓋聞聖人遷徙無常。（又李斯傳）

蓋聞王者莫高於周文，霸者莫高於齊桓。（漢書高帝紀）

7　推拓連詞

一　雖

子見齊衰者，雖狎，必變；見冕者與瞽者，雖褻，必以貌。（論語鄉黨）

果能此道矣，雖愚必明，雖柔必強。（禮記中庸）

雖君有命，寡人弗敢與聞。（左傳隱十一年）

桀有昏德，鼎遷於商，載祀六百；商紂暴虐，鼎遷於周。德之休明，雖小，重也；其姦回昏亂，雖大，輕也。（又宣三年）

若夫豪傑之士，雖無文王猶興。（孟子）

民欲與之偕亡，雖有臺池鳥獸，豈能獨樂哉！（又）

騶衍，其言雖不軌，儻亦有牛鼎之意乎！（史記孟子傳）

通亦愿謹，不好外交；雖賜洗沐，不欲出。（又佞幸傳）

淮陰人爲余言：韓信雖爲布衣時，其志與衆異。（又淮陰侯傳）

孝文時，以治刑名言事太子。然歐雖治刑名家，其人長者。（又萬石君傳）

王瞿然駭曰：寡人何敢如是？今主上雖急，固有死耳！安得不戴？（又吳王濞傳）

疾西據洛陽武庫，食敖倉粟，阻山河之險以令諸侯，雖毋入關，天下固已定矣。（又）

名譽雖高，賓客雖盛，所由殆與太伯延陵季子異矣。（又張耳傳）

素無根柢之容，雖竭精思，欲開忠言輔人主之治，則人主必有按劍相眄之跡。（又鄒陽傳）

灌嬰雖少，然數力戰，乃拜灌嬰爲中大夫。（又灌嬰傳）

漆城雖於百姓愁費，然佳哉！漆城蕩蕩，寇來不能上。（又滑稽傳）

優旃曰：汝雖長，何益？幸雨立。我雖短也，幸休居。（又）

湯雖文深意忌不專平，然得此聲譽。（又酷吏傳）

及列九卿，收接天下名士大夫，己心內雖不合，然陽浮慕之。（又）

楚雖有富大之名，而實空虛；其卒雖多，然而輕走易北。（又張儀傳）

荆軻雖游酒人乎！然其爲人沈深好書。（又刺客傳）

及吳楚一說，說雖行哉，然復不遂。（又鼂錯傳）

楚王大怒曰：寡人雖不德耳，奈何以朱公之子故而施惠乎？（又越世家）

二　唯　惟

君以聞之，唯某無以更也。（大戴禮虞戴德）

弊邑之王所甚說者，無大大王；唯儀之所甚願爲臣者，亦無大大王。弊邑之王所甚憎者，無先齊王；唯儀之所甚憎者，亦無先齊王。（秦策）

唯毋欲與我同，將不可得也。（墨子尚同）

今以仁義法正爲固無可知可能之理耶，然則唯禹不知仁義法正，不能仁義法正也。（荀子性惡）

天下之人唯各持意哉！然而有所共予也。（又大略）

須賈問曰：孺子豈有客習於相君者哉？范睢曰：主人翁習知之；唯睢亦得謁。（史記范睢傳）

弘湯深心疾黯，唯天子亦不說也。（又汲黯傳）

相如使時，蜀長老多言通西南夷不爲用；唯大臣亦以爲然。（又司馬相如傳）

信問王曰：大王自料，勇悍仁強孰與項王？漢王默然良久，曰：不如也。信再拜賀曰：唯信亦爲大王不如也。（又淮陰侯傳）

士亦以此稱慕之，唯天子以爲國器。（又韓長孺傳）

唯其人之贍知哉，亦會其時之可爲也。（漢書揚雄傳解嘲）

不識天下之以我備其物與，且惟無我而物無不備者乎？（淮南子精神訓）

三　縱

縱江東父兄憐而王我，我何面目見之？縱彼不言，籍獨無愧於心乎？（史記項羽紀）

且已在其位，縱愛身，奈辱朝廷何？（又汲鄭傳）

縱上不殺我，我獨不愧於心乎？（又陳張傳）

縱彼畏天子之詔不敢動，我獨不愧於心乎？（又田儋傳）

四　自

自吾母而不得吾情，吾惡乎用吾情？（禮記檀弓下）

夫自上聖黄帝作爲禮樂法度，身以先之，僅以小治。（史記秦本紀）
自含血戴角之獸，見犯則校，而況於人懷好惡喜怒之氣！（又律書）
自子夏門人之高弟也，猶云出見紛華盛麗而說，入聞夫子之道而樂：二者心戰，未能自決；而況中庸以下，漸漬於失教，被服於成俗乎？（又禮書）
漢興，接秦之弊，作業劇而財匱。自天子不能具鈞駟，而將相或乘牛車。（又平準書）
至于技巧工匠，自元成閒鮮能及之。（又宣帝紀贊）
自京師有誖逆不順之子孫。（又禮樂志）
今律令煩多而不約，自典文者不能分明。（又刑法志）
律令煩多，百有餘萬言；奇情他比，日以益滋，自明習者不知所由。（又）
堪非獨不可於朝廷，自州里亦不可也。（又劉向傳）
自高皇帝不能以是一歲爲安，故臣知陛下之不能也。（又賈誼傳）
自薄太后太子諸大臣皆憚厲王。（又淮南厲王傳）

或說黯曰：自天子欲令羣臣下大將軍。（又汲黯傳）

且自三代之盛，夷狄不與正朔服色。（又韓安國傳）

自凡人猶繫於習俗，而況哀公之倫乎？（又景十三王傳）

自天地不能兩盈，而況於人事乎？（鹽鐵論非鞅）

自吏明習者不知所處，而況愚民乎？（又刑德）

吾愛士，雖吾子不能過也；及其犯誅，自吾子亦不能脫也。（吳越春秋）

五　正　縱也。

且鹽鐵郡有餘藏，正二國廢，國家不足以爲利害。（漢書終軍傳）

許丞廉吏，雖老，尙能拜起迎送。正頗重聽，何傷？（又黃霸傳）

丈夫爲吏，正坐殘賤免，追思功效，則復爲吏矣。（又尹賞傳）

正復讎取仇，猶不失仁義，何故遂自放縱爲輕俠之徒乎？（又游俠原涉傳）

務人放法，不從騶起，正有它心，宜令州郡且尉安之。（又王莽傳）

又:計小兒正得此財，不能自全護，故且俾與女，內實寄之耳。（太平御覽六百三十九引風俗通）

善屬文，舉筆便成，無所改定，時人常以爲宿構。然正復精意覃思，亦不能加也。（魏志王粲傳）

正使禍至，共死，何若?（又武宣卞后傳）

正使死，何所懼?況不必死耶?（魏志高貴鄉公紀引漢晉春秋）

又中書楊融親受詔敕，所當恭肅，正自不聽禁，當如我何?（吳志孫奮傳）

六　就

且以人情評論其理，光衣冠子孫，徑路平易，位極州郡，日望徵辟，亦無瑕穢纖介之累。無故刊定詔書，欲以何名?就有所疑，當求其便安，豈有觸冒死禍以解細微?（後漢書霍諝傳）

前討徐州，威罰實行。其子弟念父兄之恥，必人自爲守，無降心。就能壞之，尚不可有也。（魏志荀彧傳）

就與孫劉不平，不過令吾不作三公而已！（又辛毗傳）

法孝直若在，則能制主上令不東行。就復東行，必不傾危矣。（蜀志法正傳）

8 假設連詞

一 如

富而可求也，雖執鞭之士，吾亦爲之；如不可求，從吾所好。（論語述而）

如有用我者，吾其爲東周乎？（又陽貨）

如恥之，莫若師文王。（孟子）

如有遇霧露，行道死，陛下竟以天下之大弗能容。（史記袁盎傳）

如有馬驚車敗，陛下縱自輕，奈高廟太后何？（又）

惜乎！子不遇時，如令子當高帝時，萬戶侯豈足道哉！（又李將軍傳）

客亦何面目復見文乎？如復見文者，必唾其面而大辱之！（又孟嘗君傳）

孔子曰：魯今且郊。如致膰乎大夫，則吾猶可以止。（又孔子世家）

二　而　古如而通用。

且先君而有知也，毋寧夫人，而焉用老臣？（左傳襄二十九年）

子產而死，誰其嗣之？（又襄三十年）

按呂氏春秋先識覽樂成篇而作若。

將盟，齊人加於載書曰：齊師出竟，而不以甲車三百乘從我者，有如此盟。孔丘使茲無還揖對曰：而不反我汶陽之田，吾以共命者，亦如之。（又定十年）

堯崩，三年之喪畢，舜避堯之子於南河之南。天下諸侯朝覲者不之堯之子而之舜，訟獄者不之堯之子而之舜，謳歌者不謳歌堯之子而謳歌舜。故曰天也。夫然後之中國，踐天子位焉。而居堯之宮，逼堯之子，是篡也。（孟子萬章上）

孔子進以禮，退以義，得之不得曰有命。而主癰疽與侍人瘠環，是無義無命也。（又萬章下）

意而安之，願假冠以見；意如不安，願無變國俗！（說苑奉使）

三　若

寡人若朝於薛，不敢與諸任齒。（左傳隱十一年）

公子若反晉國，則何以報不穀？（又僖二十三年）

我若獲沒，必屬說與何忌於夫子。（又昭七年）

若以先臣之故而使有後君之惠也。（又哀十四年）

管仲寢疾，桓公往問之，曰：仲父之疾亟矣，若不幸而不起此疾，彼政我將安移之？（管子戒篇）

王若隱其無罪而就死地，則牛羊何擇焉？（孟子梁惠王）

朔之婦有遺腹。若幸而男，吾奉之；即女也，吾徐死耳！（史記趙世家）

句踐，賢君；種蠡，賢臣。若反國，將爲亂。（又越世家）

自今以來，若有召王者，必見我面，我將先以身當之；無故而王乃入。（又趙世家）

四　苟

苟非其人，道不虛行。（易繫辭）

苟有其備，何故不可？（左傳昭五年）

苟志於仁矣，無惡也。（論語里仁）

今之欲王者，猶七年之病求三年之艾也。苟爲不蓄，終身不得。苟不志於仁，終身憂辱以陷於死亡。（孟子）

苟得其養，無物不長。（又）

苟如公言，不可徼幸邪？（史記淮南王傳）

上曰：苟各有主者，而君所主者何事也？（又陳平傳）

秦兵苟退，請必言子於衞君，使子爲南面。（又樗里疾傳）

今諸王苟能存亡繼絕，振弱伐暴，以安劉氏，社稷之所願也。（又吳王濞傳）

五　使

如有周公之才之美，使驕且吝，其餘不足觀也已。（論語泰伯）

使智者而必行，安有王子比干？（史記孔子世家）

遂乃今日請處囊中耳！使遂蚤得處囊中，乃穎脫而出，非特末見而已。（又平原君傳）

及聞淮南王金事，上曰：使武安侯在者，族矣！（又竇嬰田蚡傳）

使為治勞智慮，苦身體，乏鐘鼓之樂，勿為可也。（漢書賈誼傳）

六 令

太后怒，不食，曰：今我在也，而人皆藉吾弟！令我百歲後，皆魚肉之矣！（史記田蚡傳）

文帝怒曰：此人親驚吾馬！吾馬賴柔和！令他馬，固不敗傷我乎！（又張釋之傳）

今大王與吳西鄉。弟令事成，兩主分爭，患乃始結。（又吳王濞傳）

嗟乎！令冬月益展一月，足吾事矣！（又酷吏傳）

令此六七公者皆亡恙，當是時，而陛下即天子位，能自安乎？（漢書賈誼傳）

七 藉 借

於乎小子，未知臧否。匪手攜之，言示之事；匪面命之，言提其耳。借曰未知，亦既抱子。（詩大雅抑）

藉使子嬰有庸主之材，僅得中佐，山東雖亂，秦之地可全而有宗廟之祀，未當絕也。（史記秦始皇紀）

借使秦王計上世之事，並殷周之迹以制御其政，後雖有淫驕之主，而未有傾危之患也。（又）

召令徒屬曰：公等遇雨，皆已失期；失期當斬。藉第令毋斬，而戍死者固十六七。（又陳涉世家）

八　當　倘

然則奚以爲治法而可？當皆法其父母，奚若？（墨子法儀）

黨皆法其君，奚若？（又）

當使若二士者言必信，行必果，言行之合猶合符節也，無言而不行也。（又兼愛下）

然則當爲之撞巨鐘，擊鳴鼓，彈琴瑟，吹竽笙而揭干戚，民衣食之財將安可得乎？（又非樂）

先祖當賢，後子孫必顯行。（荀子君子）

虎豹之所以能勝人執百獸者，以其爪牙也。當使虎豹失其爪牙，則人必制之矣。（韓非子人主）

尙欲祖述堯舜禹湯之道，將不可以不尙賢。（墨子尙賢）

九 即 若也。

南蒯枚筮之，遇坤之比。示子服惠伯，曰：即欲有事，何如？（左傳昭十二年）

莊公病，將死，謂季子曰：寡人即不起此病，吾將焉致乎魯國？（公羊傳莊三十二年）

百里子與蹇叔子送其子而戒之曰：爾即死，必於殽之嶔巖。（又僖三十三年）

寧殖病，將死，謂喜曰；黜公者，非吾意也。孫氏爲之。我即死，女能固納公乎？（又襄二十七年）

即不忍其觳觫而就死地，則牛羊何擇焉？（孟子梁惠王上）

西方有比肩獸焉，與邛邛距虛比，爲邛邛距虛齧甘艸。即有難，邛邛距虛負而走。（爾雅釋地）

今王以漢中與楚，即天下有變，王何以市楚也？（秦策）

卽復之楚，願王殺之！（又）

所貴於天下之士者，爲人排患釋難解紛亂而無所取也。卽有所取者，是商賈之人也！（趙策）

今王恃楚之強，而信春申君之言，以是質秦，而久不可知。卽春申君有變，是士獨受秦患也。（魏策）

卽不幸而不起此病，彼政我將安移之？（韓非子十過）

史鰌病且死，謂其子曰：我卽死，治喪於北堂！（賈子胎教）

晉公子圉聞晉君病，曰：卽君百歲後，秦必留我。（史記秦本紀）

夷吾使郤芮厚賂秦，約曰：卽得入，請以晉河西之地與秦。（又晉世家）

齊彊而厲公居櫟，卽不往，且率諸侯伐我內厲公。（又鄭世家）

子卽反國，何以報寡人？（又晉世家）

按左傳僖二十三年作『公子若反晉國』。

朔之婦有遺腹。若幸而男，吾奉之；即女也，吾徐死耳。（又趙世家）

今孔丘年少好禮，其達者歟！吾即沒，若必師之！（又孔子世家）

季桓子病，顧謂其嗣康子曰：我即死，若必相魯。（又）

其騎曰：虜多且近。即有急，奈何？（又李將軍傳）

彼即肆然而爲帝，過而爲政於天下，則連有赴東海而死耳！（又魯仲連傳）

將軍能聽臣，臣敢獻計。即不能，願先自剄。（又季布傳）

君王能出捐此地許二人，二人今可致。即不能，事未可知也！（又彭越傳）

使君所言公事，之曹與長史掾議；吾且奏之。即私邪，吾不受私語。（又袁盎傳）

王且去，痤屏人言曰：王即不聽用鞅，必殺之，無令出境！（又商君傳）

劉澤爲大將軍。太后王諸呂，恐即崩後劉將軍爲害，乃以劉澤爲琅邪王以慰其心。（又呂后紀）

戚姬子如意爲趙王，年十歲，高祖憂即萬歲之後不全也。（又張丞相傳）

按右二例『即』亦當訓『若，』與他例不同者，此在句中耳。王引之別訓爲『或，』非也。

十　則

女則有大疑，謀及乃心，謀及卿士，謀及庶人，謀及卜筮。（書洪範）

心則不競，何憚於病。（左傳僖七年）

按風俗通作『心苟不競。』

德則不競，尋盟何爲？（又成九年）

公子則往，羣臣之子敢不皆負羈絏以從？（又定八年）

今是大鳥獸，則失喪其羣匹，越月踰時焉，則必反巡。（禮記三年問）

大寇則至，使之持危城則必畔；遇敵處戰則必北。（荀子議兵）

彼則肆然而爲帝，過而遂正於天下，則連有赴東海而死矣。（趙策）

誠得劫秦王使悉反諸侯之侵地，則大善矣；則不可，因而刺殺之。（燕策）

臣之里婦，有夫死三日而嫁者，有終身不嫁者。則自爲娶，將何娶焉？（韓詩外傳）

今聞章邯降項羽，項羽乃號爲雍王，王關中。今則來，沛公恐不得有此。（史記高祖紀）

項王謂曹咎等曰：謹守成皋！則漢欲挑戰，愼勿與戰！（又項羽紀）

文公曰：子則自以爲有罪，寡人亦有罪耶？（又循吏傳）

陛下則不深察愚臣之言，忽於天地之戒，咎根不除，水雨之災，山石之異，將發不久。（漢書谷永傳）

十一　爲　如也，若也。

爲此行也，荆敗我，諸侯必叛之。（國語晉語）

夫江黄之國近於楚，爲臣死乎，君必歸之楚而寄之！（管子戒）

孫叔敖戒其子曰：爲我死，王則封女，女必無受利地！（列子說符）

臣之御庶子鞅，願王以國聽之也！爲不能聽，勿使出境。（呂氏春秋仲冬紀長見篇）

王甚喜人之掩口也，爲見王，必掩口！（韓非子內儲說）

夫沐者有棄髮，除者傷血肉。爲見其難，因釋其業，是無術之事也。（又八說）

今之新辨濫乎宰予，而世主之聽眩乎仲尼。爲悅其言，因任其身，則焉得無失乎？（又顯學）

中國無事於秦，則秦且燒爇獲君之國；中國爲有事於秦，則秦且輕使重幣而事君之國也。（國策秦策）

秦宣太后愛魏醜夫。太后病，將死，出令曰：爲我葬，必以魏子爲殉！（又）

是楚與三國謀出秦兵矣。秦爲知之，必不救也。（又）

魏使人因平原君請從於趙。三言之，趙王不聽。出，遇虞卿，曰：爲入，必語從！（又趙策）

韓爲不能聽我，韓之德王也，必不爲雁行以來。爲能聽我絕和於秦，必大怒以厚怨於韓。（又韓策）

料大王之卒，不過三十萬。爲除守徼亭障塞，見卒不過二十萬而已。（又）

今誠得治國，國治身死不恨。爲死終不治，不如去。（史記宋世家）

齊桓公問於甯戚曰：管子今年老矣。爲棄寡人而就世，吾恐法令不行，人多失職，百姓疾怨，

國多盜賊。吾何如而使姦邪不起，民衣食足乎？（說苑君道）

十二　其

謀之其臧，則具是違；謀之不臧，則具是依。（詩小雅小旻）

公族其有死罪，則磬于甸人；其刑罪，則纖剸亦告于甸人。（禮記文王世子）

其濟，君之靈也；不濟，則以死繼之。（左傳僖九年）

其然，將具敝車而行。（又襄二十三年）

其輸之，則君之府實也；非薦陳之，不敢輸也。其暴露之，則恐燥濕之不時，而朽蠹以重敝邑之罪。（又襄三十一年）

周公思兼三王以施四事。其有不合者，仰而思之，夜以繼日。（孟子）

湯其無鄣，武其無岐，賢雖十全，不能成功。（呂氏春秋愼勢）

十三　詎

且唯聖人能無外患，又無內憂。詎非聖人，必偏而後可。（晉語）

詎非聖人，不有外患，必有內憂。（又）

十四　自

自非聖人，外寧必有內憂。（左傳成十六年）

意者臣愚而不概于王心邪？亡其言臣者賤而不可用乎？自非然者，臣願得少賜遊觀之閒，望見顏色。（史記范雎傳）

自非大無道之世者，天盡欲扶持而安全之。（漢書董仲舒傳）

自非聖人，得志而不驕佚者，未之有也。（鹽鐵論論功）

自非供陵廟，稻粱米不得導擇。（後漢書皇后紀）

自非拜國君之命，胡嘗扶杖出門乎？（又鄭玄傳）

自非顯才高行，安可強冠之哉！（西京雜記）

十五　猶

子弟猶歸器衣服裘衾車馬，則必獻其上而後敢服用其次也。（禮記內則）

按鄭注云：猶，若也。

猶有鬼神，於彼加之。（左傳襄十年）

參成可筮。猶有闕也，筮雖吉未也。（又昭十二年）

猶有鬼神，此必敗也。（又昭二十七年）

十六 且

劑貌辨答宣王曰：王方爲太子之時，辨謂靜郭君曰：太子不仁，不若革太子，更立衞姬嬰兒校師。靜郭君曰：不可！吾弗忍爲也。且靜郭君聽辨而爲之也，必無今日之患也。（呂氏春秋知士）

按齊策『且』作『若。』

且使我有雒陽負郭田二頃，吾豈能佩相印乎！（史記蘇秦傳）

且服奇者志淫，則是鄒魯無奇行也。（又趙世家）

十七 乃

乃有不吉不迪，顛越不恭，暫遇姦宄，我乃劓殄滅之無遺育。（書盤庚）
女萬民乃不生生暨予一人猷同心先后丕降與女罪疾。（又）
女乃是不蘉，乃時惟不永哉。（又洛誥）
乃有不用，我降爾命。（書）
乃越逐不復，汝則有常刑。（又）

十八　所

爾所弗勖，其于爾躬有戮。（書牧誓）
所可道也，言之醜也。（詩鄘風牆有茨）
予所否者，天厭之！天厭之！（論語雍也）
所不與舅氏同心者，有如白水！（左傳僖二十四年）
所不歸爾帑者，有如河。（又文十三年）
所有玉帛之使者，則告；不然則否。（又宣十年）

所不此報，無能涉河。（又宣十七年）

所不請于君焚丹書者，有如日。（又襄三年）

嬰所不唯忠于君利社稷者是與，有如上帝！（又襄二十五年）

主苟終，所不嗣事于齊者，有如河。（又襄十九年）

所能見夫人者，有如河！（又昭三十一年）

余所有濟漢而南者，有若大川！（又定三年）

陽虎若不能居魯而息肩於晉，所不以爲中軍司馬者，有如先君。（又定六年）

所難子者，上有天，下有先君。（又哀十四年）

所不殺子者，有如陳宗。（又哀二十四年）

范蠡請退。王曰：所不掩子之惡揚子之美者，使其身無終沒于越。（越語）

十九　鄉　向

鄉亡桓公，星遂至地，中國其良絕矣。（漢書五行志）

向使能瞻前顧後援鏡自誡，則何陷於凶患乎？（後漢書張衡傳）

9　比較連詞

子　直比

一　如

不欲碌碌如玉落落如石。（老子）

君之視臣如犬馬，則臣事君如寇讎。（孟子）

士趨矢石，如渴得飲。（史記貨殖傳）

貴出如糞土；賤取如珠玉。（又貨殖傳）

今漢王慢而侮人，罵詈諸侯羣臣，如罵奴耳。（又彭越傳）

夫秦王有虎狼之心，殺人如不能舉，刑人如恐不勝。（又項羽紀）

二　而

君子以蒞衆用晦而明。（易明夷象傳）

垂帶而厲。（詩小雅都人士）

滿而不滿，實如虛，過之如不及。（大戴禮衛將軍文子）

文王視民如傷，望道而未之見。（孟子離婁下）

能而稷乎？能而麥乎？（管子樞言）

財利至，則言善而不及也。（荀子仲尼）

騂然而雷擊之，如牆厭之。（又彊國）

白頭而新，傾蓋而故。（新序雜事）

一面而別，雖死而生。（吳越春秋吳王僚傳）

丑　計較

一　與　與其

與我處畎畝之中，由是以樂堯舜之道，吾豈若使是君爲堯舜之君哉！吾豈若使是民爲堯舜之民哉！（孟子萬章）

與吾得革車千乘也，不如聞行人燭過之一言。（呂氏春秋貴直）

燕將見魯連書，喟然嘆曰：與人刃我，寧自刃。乃自殺。（又魯仲連傳）

吾與富貴而詘於人，寧貧賤而輕世肆志焉。（又）

與其殺不辜，寧失不經。（書）

不如逃之，無使罪至，爲吳太伯，不亦可乎！猶有令名；與其及也。（左傳閔元年）

喪禮，與其哀不足而禮有餘也，不若禮不足而哀有餘也；祭禮，與其敬不足而禮有餘也，不若禮不足而敬有餘也。（禮記檀弓）

與其媚於奧，寧媚於竈。（論語八佾）

禮，與其奢也寧儉；喪，與其易也寧戚。（又）

與其生而無義，固不如烹。（史記田單傳）

乙　連詞之省略

齊威王追論古者司馬兵法，而附穰苴於其中，因號曰司馬穰苴兵法。（史記司馬穰苴傳）

按省與字。

第九章　助詞

甲　助詞之種類

1　語首助詞

2　語中助詞

3　語末助詞

A　語首助詞

古人謂之發語詞，或謂之發聲詞。

一　於　古或如字讀，或讀烏，王氏引之云：當如字讀。

於稽其類，其衰世之意耶？（易繫辭傳）

黎民於變時雍。（書堯典）

於予擊石拊石。（又）

於牣魚躍。（詩大雅靈臺）

於論鼓鐘，於樂辟雍。（又）

於萬斯年。（又大雅下武）

於薦廣牡。（又周頌雝）

二　爰

集韻云：爰，引詞也。

爰居爰處，爰喪其馬。（詩邶風擊鼓）

爰有寒泉，在浚之下。（又凱風）

樹之榛栗，椅桐梓漆，爰伐琴瑟。（又鄘風定之方中）

逝將去女，適彼樂土；樂土樂土，爰得我所。（又魏風碩鼠）

爰居爰處，爰笑爰語。（又小雅斯干）

爰及矜人，哀此鰥寡。（又鴻雁）

樂彼之園，爰有樹檀。（又鶴鳴）

亂離瘼矣，爰其適歸。（又四月）

干戈戚揚，爰方啓行。（又大雅公劉）

止基迺理，爰衆爰有。（又）

爰始爰謀，爰契我龜。（又緜）

爰及姜女，聿來胥宇。（又）

文王改制，爰周郅隆。（史記司馬相如傳）

雷電賚，復白麟，爰五止，顯黃德。（漢書禮樂志）

三　越

高宗肜日，越有雊雉。（書高宗肜日）

不服田畝，越其罔有黍稷。（又盤庚）

殷遂喪，越至于今。（又微子）

越予小子，考翼不可征，王害不違卜？（又大誥）

越予沖人，不卬自恤。（又）

越若來三月惟丙午朏，越三日戊申，太保朝至于洛卜宅。（又召誥）

越翼日戊午，乃社于新邑。（又）

穀旦于逝，越以鬷邁。（詩陳風東門之枌）

越有小旱。（大戴禮夏小正）

四　粤

粤詹雒伊，毋遠天室。（史記周本紀）

粤若來三月，既死霸；粤五日甲子，咸劉商王紂。（漢書律曆志引書武成）

五　曰

我送舅氏，曰至渭陽。（詩秦風渭陽）

曰爲改歲，曰殺羔羊。（又豳風七月）

曰歸曰歸。（又小雅采薇）

其末醉止，威儀反反；曰既醉止，威儀幡幡。（又賓之初筵）

摯仲氏任，自彼殷商，來嫁于周，曰嬪于京。（又大雅大明）

曰止曰時，築室於茲。（又緜）

天方艱難，曰喪厥國。（又抑）

載見辟王，曰求厥章。（又周頌載見）

仲尼曰：叔向，古之遺直也。治國制刑，不隱於親；三數叔魚之惡，不爲末減。曰義也夫，可謂直矣！（左傳昭十四年）

六　聿　遹　文選江賦注引韓詩薛君章句云：聿，辭也。幽通賦注云：聿，惟也。按惟亦語首助詞，無義。

聿求元聖。（書湯誥）

聿追來孝。（禮記引詩）

按今詩『聿』作『遹』。

聿修厥德。（詩大雅文王）

聿來胥宇。（又緜）

聿懷多福。（又大明）

聿中龢爲庶幾兮。（班固幽通賦）

文王有聲，遹駿有聲。遹求厥寧，遹觀厥成。文王烝哉！（詩大雅文王有聲）

匪棘其欲，遹追來孝。（又）

七　惟　唯　維　雖

爾雅云：伊維，侯也。邢疏云：皆發語辭。

惟二月既望，越六日乙未王朝步自周，則至于豐。（書召誥）

惟十有三祀，王訪於箕子。（又洪範）

惟元祀十有二月乙丑，伊尹祠于先王。（又伊訓）

惟三祀十有二月朔，伊尹以冕服奉嗣王歸于亳。（又太甲中）

惟十有三年春，大會於孟津。（又泰誓上）

惟彼陶唐，有此義方。（左傳哀六年引夏書）

互鄉難與言，童子見，門人惑。子曰：與其進也，不與其退也，唯何甚！（論語述而）

唯金沴木。（漢書五行志）

維此王季，帝度其心。（詩大雅皇矣）

維三代尚矣！（史記自序）

雖敝邑之事君，何以不免？（左傳文十七年）

雖我小國，則蔑以過之矣。（又）

伯父若裂冠毀冕，拔本塞原，專棄謀主，雖戎狄其何有余一人？（又昭九年）

八　云　員

我僕痡矣，云何吁矣？（詩周南卷耳）

云誰之思？西方美人。（又邶風簡兮）

子之不淑，云如之何？（又鄘風君子偕老）

既見君子，云胡不夷？（又鄭風風雨）

始者不如今，云不我可。（又小雅何人斯）

靡所止疑，云徂何往？（又大雅桑柔）

赫赫炎炎，云我無所。（又雲漢）

瞻卬昊天，云如何里？（又）

君子員獵員遊。（石鼓文）

九　允

允釐百工。（書堯典）

允迪厥德。（又皋陶謨）

允蠢鰥寡。（又大誥）

允執其中。（論語堯曰篇引堯語）

允出茲在茲。（左傳襄二十一年引夏書）

允王維后。（詩周頌時邁）

允王保之。（又）

於皇武王，無競惟烈；允文文王，克開厥後。（又武）

允文允武。（又魯頌泮水）

時文思索，允臻其極。（周禮考工記）

十 伊

不可畏也，伊可懷也。（詩豳風東山）

有皇上帝，伊誰云憎？（又小雅正月）

我視謀猶，伊於胡底？（又小旻）

伊誰云從？惟暴之云。（又何人斯）

伊嘏文王，既右饗之。（又周頌我將）

嘉承天和，伊樂厥福。（漢書禮樂志）

伊欲風流而令行，刑輕而姦改，百姓和樂，政事宣昭，何脩何飭而膏露降，百穀登？（又董仲舒傳）

十一　亦

亦未繘井。（易井彖）

亦行有九德。（書皋陶謨）

亦越成湯，陟丕釐上帝之耿命。（又立政）

亦越文王武王克知三有宅心，灼見三有俊心，以敬事上帝。（又）

亦既見止，亦既覯止，我心則降。（詩召南草蟲）

十二　抑

叔善射忌，又良御忌，抑磬控忌，抑縱送忌。（詩鄭風大叔于田）

抑此皇父，豈曰不時！（又小雅十月之交）

晉侯使叔向告劉獻公曰：抑齊人不盟，若之何？（左傳昭十三年）

寡君與其二三老曰：抑天實剝亂，是吾何知焉？（又昭十九年）

苦成叔子曰：抑年少而執官者衆，吾安容子？（晉語）

十三　洪

洪惟我幼冲人。（書大誥）

洪惟圖天之命。（又多方）

十四　侯

侯誰在矣？張仲孝友。（詩小雅六月）

商之孫子，其麗不億。上帝既命侯于周服。侯服于周，天命靡常。（又大雅文王）

侯作侯祝。（又蕩）

瞻彼中林，侯薪侯蒸。（詩）

侯主侯伯，侯亞侯旅，侯彊侯以。（又周頌載芟）

十五　羌　慶

衆皆競進以貪婪兮，憑不厭乎求索；羌內恕己以量人兮，各興心而嫉妬。（楚詞離騷）

懿神龍之淵潛兮，慶竢雲而將舉。（漢書楊雄傳）

慶天顇而喪榮。（又）

恐罔蜽之責影兮，慶未得其云已。（又敍傳）

十六　言

言告師氏，言告言歸。（詩周南葛覃）

翹翹錯薪，言刈其楚。（又漢廣）

陟彼南山，言采其蕨。（又召南草蟲）

驅馬悠悠，言至于漕。（又鄘風載馳）

言旣遂矣，至於暴矣。（又衞風氓）

焉得諼草，言樹之背？（又伯兮）

言念君子，溫其如玉。（又秦風小戎）

言私其豵，獻豜於公。（又豳風七月）
君子至止，言觀其旂。（又小雅庭燎）
言旋言歸，復我邦族。（又黃鳥）
昏姻之故，言就爾居。（又我行其野）
我行其野，言采其蓫。昏姻之故，言就爾宿。爾不我畜，言歸斯復。（又）
楚楚者茨，言抽其棘。（又楚茨）
我不見兮，言從之邁。（又都人士）
之子于狩，言韔其弓；之子于釣，言綸之繩。（又采綠）
荏染柔木，言緡之絲。（又大雅抑）
於乎小子！未知臧否。匪手攜之，言示之事；匪面命之，言提其耳。（又）
言授之縶，以縶其馬。（又周頌有客）
既盟之後，言歸于好。（左傳僖九年）

義爾邦君越爾多士尹氏御事，綏予曰：無毖于恤，不可不成乃寧考圖功。（書大誥）

螽斯羽，詵詵兮；宜爾子孫，振振兮。（詩周南螽斯）

哀我塡寡，宜岸宜獄。（又小雅小宛）

十八　誕

殷小腆誕敢紀其敍。（書大誥）

誕鄰胥伐于厥室。（又）

誕無我責。（又君奭）

誕先登于岸。（詩皇矣）

誕彌厥月，先生如達。（又生民）

誕寘之隘巷，牛羊腓字之；誕寘之平林，會伐平林；誕寘之寒冰，鳥覆翼之。鳥乃去矣，后稷呱矣。（又）

誕實匍匐，克岐克嶷。以就口食。（又）

誕后稷之穡，有相之道。（又）

誕降嘉種，維秬維秠。（又）

誕我祀如何？或舂或揄，或簸或蹂。（又）

十九 迪

迪高后丕乃崇降弗祥。（書盤庚）

迪惟前人光施于我冲子。（又君奭）

古之人迪惟有夏。（又立政）

書酒誥云：又惟殷之迪諸臣惟工，又爲句中助。

二十 若

若昔朕其逝。（書大誥）

若天棐忱。（又君奭）

大誥云：越天棐忱。越亦語助。

若古有訓。（又呂刑）

惟爾元孫某遘厲虐疾，若爾三王，是有丕子之責於天。（又金縢）

按惟與若互用。

女多脩扞我于艱，若女予嘉。（又文王之命）

伯父令女來明紹享余一人，若余嘉之。（吳語）

叔舅！予女銘若纂乃考服。（禮記祭統）

二十一　思

予未有知，思日贊贊襄哉！（書臯陶謨）

思皇多士生此王國。（詩大雅文王）

思齊太任。（又思齊）

思媚周姜。（又）

思輯用光。（又公劉）

思文后稷，克配彼天。（又周頌思文）

思皇多祜。（又載見）

思媚其婦。（又良耜）

思樂泮水。（又魯頌泮水）

思肆其罔極。（左傳昭二十六年）

二十二　載

載脂載舝，還車言邁。（詩邶風泉水）

載馳載驅，歸唁衛侯。（又鄘風載馳）

乃生男子，載寢之床，載衣之裳，載弄之璋，其泣喤喤。（又小雅斯干）

乃生女子，載寢之地，載衣之裼，載弄之瓦。（又）

睍睆黄鳥，載好其音。（詩）

載笑載言。（又）

載輸爾載。將伯助予。（又）

汎汎楊舟，載沈載浮。（又）

二十三　爽

爽惟民迪吉康。（書康誥）

爽惟天其罰極我。（又）

二十四　逝　噬

乃如之人兮，逝不古處。（詩邶風日月）

逝將去女，適彼樂土。（又魏風碩鼠）

彼君子兮，噬肯適我。（又唐風有杕之杜）

誰能執熱，逝不以濯。（又大雅桑柔）

天下之事，逝其去矣！（後漢書岑彭傳）

二十五　率

夏王率遏衆力，率割夏邑，有衆率怠弗協。（書湯誓）

率惟茲有陳保乂有殷。（又君奭）

亦越武王率惟敉功，不敢替厥義德，率惟謀從容德。（又立政）

二十六　式

式敷民德。（書盤庚）

式微式微，胡不歸？（詩邶風式微）

式相好矣，無相尤矣。（又小雅斯干）

二十七　薄

薄汙我私，薄澣我衣。（詩周南葛覃）

采采芣苢，薄言采之。（又芣苢）

薄言采芑，于彼新田。（又小雅采芑）

薄伐玁狁，至于太原。（又六月）

薄言震之，莫不震疊。（又周頌時邁）

薄言追之，左右綏之。（又有客）

二十八　無

無念爾祖，聿修厥德。（詩大雅文王）

傳云：無念，念也。

無寧玆許公復奉其社稷。（左傳隱十一年）

如天之福，兩君相見，無亦唯是一矢以相加遺，焉用樂！（又成十二年）

有基無壞，無亦是務乎？（又襄二十四年）

無寧使人謂子，子實生我。（又襄二十四年）

杜注並云：無寧，寧也。

且先君而有知也，毋寧夫人，而焉用老臣？（又襄二十九年）

彼無亦置其同類。（國語魯語）

無亦擇其柔嘉。（又周語）

公子無亦晉之柔嘉，是以甘食。（又晉語）

女無亦謂我老耄而舍我，而又謗我。（又楚語）

天之所生，地之所養，無人爲大。（禮記祭義）

二十九　勿

弗問弗士，勿罔君子。（詩小雅節南山）

按王引之云：勿罔，罔也。言弗問而察之，則下民欺罔其上矣。

史蘇是占，勿從何益。（左傳僖十五年）

王云：言雖從史蘇之言，亦無益也。

三十　丕　不

丕惟曰爾克永觀省。（書酒誥）

丕若有夏歷年。（又召誥）

丕靈承帝事。（又多士）

丕單稱德。（又君奭）

丕承無疆之恤。（又）

丕顯文武。（又文侯之命）

丕承萬子孫。（逸周書皇門）

丕顯哉！文王謨；丕承哉！武王烈。（孟子滕文公引書）

戎有良翰，不顯申伯。（詩大雅崧高）

不顯不承，無射於人斯。（又周頌淸廟）

不顯成康，上帝是皇。（又執競）

蠢茲有苗。（書）

三十一　有　用在名詞之前，無義。

實司大皞與有濟之祀。（左傳僖二十一年）

按上例用於獨有名詞之前者。

王假有廟。（易萃彖）

亮采有邦。（書皋陶謨）

夙夜浚明有家。（又）

乃有室大競。（又立政）

民不適有居。（又盤庚）

告猷爾有方多士。（又多方）

有王雖小，元子哉！（又召誥）

庶士有正越庶伯君子。（又酒誥）

伻嚮卽有僚，明作有功。（又洛誥）

予欲左右有民。（又皋陶謨）

乃用三有宅，克即宅曰三有俊，克即俊。（書立政）

其有衆咸造。（又盤庚）

無弱孤有幼。（又）

皇建其有極。（又洪範）

友于兄弟，施于有政。（論語爲政篇引書）

摽有梅。（詩召南摽有梅）

發彼有的。（又小雅賓之初筵）

擇三有事。（又十月之交）

投畀有北；有北不受，投畀有昊。（又巷伯）

孔甲擾于有帝。（左傳昭二十九年）

籩豆之事，則有司存。（論語泰伯）

三十二　夷

居於其國，則掌行人之勞辱事焉；夷使則介之。（周官行夫）

按據鄭注引故書如此，今本無『夷』字。

何以謂之狂也？曰：其志嘐嘐然，曰：古之人！古之人！夷考其行而不掩焉者也。（孟子盡心下）

三十三　攸

四曰：攸好德。（書洪範）

執訊連連，攸馘安安。（詩大雅皇矣）

三十四　夫

掌以夫遂取明火於日。（周禮司烜氏）

按鄭司農云：夫，發聲。

加夫橈與劍焉。（禮記少儀）

按鄭注云：發聲。

B　語中助詞

一　攸　猷

女不憂朕心之攸困。（書盤庚）

予曷敢不于前寧人攸受休畢！（又大誥）

無若火始炎炎，厥攸灼敘弗其絕。（又洛誥）

亦惟爾多士攸服奔走臣我多遜。（又多士）

女猷黜乃心，無傲從康。（又盤庚）

女萬民乃不生生，暨予一人猷同心。（又）

二　迪

又惟殷之迪諸臣惟工。（書酒誥）

咸建五長，各迪有功。（又皋陶謨）

三　云

有皇上帝，伊誰云憎？（詩小雅正月）

伊誰云從？維暴之云。（又何人斯）

無曰不顯，莫予云覯。（又大雅抑）

按上例皆外動詞倒置時外動詞與賓語之閒參云字。

道之云遠，曷云能來！（又邶風雄雉）

我日構禍，曷云能穀！（又小雅四月）

昔我往矣日月方除；曷云其還？歲聿云莫。（又小明）

人之云亡，邦國殄瘁。（又大雅瞻卬）

歲云秋矣。（左傳僖十五年）

日云莫矣。（又成十二年）

將欲觀議異策，虛心傾耳以聽，庶幾云得。（鹽鐵論利議）

使臣殺身以安國，蒙誅以顯君臣，誠願之，獨恐未有云補。（漢書諸葛豐傳）

通保傅傳孝經論語尙書，未云有明。（漢書昭帝紀）

雖歿軀體，無所云補。（後漢書陳龜傳）

四　言

德言盛，禮言恭。（易繫辭傳）

靜言思之。（詩邶風柏舟）

寤言不寐，願言則嚏。（又終風）

赫如渥赭，公言錫爵。（又簡兮）

載脂載舝，還車言邁。（又泉水）

駕言出遊，以寫我憂。（又）

願言思子，不瑕有害。（又二子乘舟）

星言夙駕，說于桑田。（又鄘風定之方中）

弋言加之，與子宜之。（又鄭風女曰雞鳴）

彤弓弨兮，受言藏之。（又小雅彤弓）

睠言顧之，潸焉出涕。（又大東）

念彼共人，興言出宿。（又小明）

諸父兄弟，備言燕私。（又楚茨）

君子有酒，酌言嘗之。（又瓠葉）

永言配命，自求多福。（又大雅文王）

維此聖人，瞻言百里。（又桑柔）

鼓咽咽，醉言歸。（又魯頌有駜）

五　厥

此厥不聽，人乃訓之。（書無逸）

此厥不聽，人乃或譸張爲幻。（又）

按上例用於倒裝賓語與外動詞之間。

誕淫厥泆。（又多士）

文王惟克厥宅心，乃克立茲常事司牧人。（又立政）

六　其

復自道，何其咎？（易小畜）

予曷其不于前寧人圖功攸終？（書大誥）

未其有若女封之心。（又康誥）

不其延。（又召誥）

敍功其絕。（又洛誥）

曷其有佸？雞棲于桀。（詩王風君子于役）

悠悠蒼天，曷其有所？（又唐風鴇羽）

既見君子，云何其憂？（又揚之水）

終其永懷，又窘陰雨。（又小雅正月）

有鳥高飛，亦傅于天。彼人之心，于何其臻？（又菀柳）

擊鼓其鏜，踴躍用兵。（又邶風擊鼓）

北風其涼，雨雪其雱。（又北風）

以德爲怨，秦不其然。（左傳僖十五年）

多而驟立，不其集亡。（晉語）

七　其　己

彼其之子，不與我戍申。（詩王風揚之水）

箋云：其或作記，或作已，讀聲相似。

彼其之子，舍命不渝。（又鄭風羔裘）

按襄二十七年左傳及晏子雜篇並引作己。

彼其之子，不稱其服。（又曹風候人）

按禮記表記引作記。僖二十四年左傳及晉語並引作己。

齊公子元不順懿公之爲政也，終不曰公，曰夫已氏。（左傳文十四年）

按杜解補正云：夫已氏猶言彼已之子。

八　居

噫？亦要存亡吉凶，則居可知矣。（易繫辭傳）

鄭王注並云：居，辭也。

擇有車馬，以居徂向。（詩小雅十月之交）

其香始升，上帝居歆。（又大雅生民）

以鐘次之，以和居參之也。（禮記郊特牲）

九　寧

賓至如歸，無寧菑害。（左傳襄三十一年）

若野賜之，是委君貺於草莽也，是寡大夫不得列於諸卿也。不寧惟是，又使圍蒙其先君。

（又昭元年）

十　思

寤寐思服。（詩周南關雎）
旨酒思柔。（又小雅桑扈）
自西自東，自南自北，無思不服。（又大雅文王有聲）
於乎皇王！繼序思不忘。（又周頌閔予小子）

十一 哉

王曰：嗚呼！肆哉爾庶邦君越爾御事！爽邦由哲，亦惟十人迪知上帝命。（書大誥）
陳錫哉周。（詩大雅文王）

十二 之

孟武伯問孝，子曰：父母唯其疾之憂。（論語爲政）
吾以子爲異之問，曾由與求之問！（又先進）
僑聞君子非無賄之難，立而無令名之患。（左傳昭十六年）
僑聞爲國非不能事大字小之難，無禮以定其位之患。（又）

華則榮矣，實之不知。（晉語）

按上例皆賓語倒置時之字參於賓語與外動詞之間者。

玼兮玼兮，其之翟也。（詩鄘風君子偕老）

鮮民之生，不如死之久矣！（又小雅蓼莪）

十三　只

其虛其邪，既亟只且。（詩邶風北風）

君子陽陽，左執簧，右招我由房，其樂只且。（又王風君子陽陽）

十四　不　丕

爾當不忌於凶德。（書多方）

播刑之不迪。（禮記緇衣引甫刑）

幼壯孝弟，耆耋好禮，不從流俗，脩身以俟死者，不在此位也。（又射義）

二三子不當助不穀。（逸周書大匡）

我不則寅哉寅哉。（又皇門）

惟乃丕顯考文王克明德慎罰。（書康誥）

女丕遠惟商耇成人，宅心知訓。（又酒誥）

其丕能諴于小民。（又召誥）

公稱丕顯德。（又洛誥）

罔丕惟進之恭。（又多方）

公稱丕顯之德。（逸周書祭公）

奉揚天子之丕顯休命。（左傳僖二十八年）

昧旦丕顯。（又昭三年）

十五　是

皇天無親，惟德是輔。（書蔡仲之命）

鬼神非人實親，惟德是依。（又僖五年）

除君之惡，惟力是視。（又僖二十四年）

余雖與晉出入，余唯利是視。（又成十三年）

惟余馬首是瞻。（左傳襄十四年）

公曰：何謂六物？對曰：歲時日月星辰是謂也。（又昭七年）

周有大賚，善人是富。（論語堯曰）

十六　焉

我周之東遷，晉鄭焉依。（左傳隱六年）

按周語作『晉鄭是依。』

安定國家，必大焉先。（又襄三十年）

今王播棄黎老而孩童焉比謀。（吳語）

委蛇還旅，二守焉依。（後漢書任李劉傳贊）

十七　或

如松柏之茂，無不爾或承。（詩小雅天保）

十八　來

不念昔者，伊予來塈。（詩邶風谷風）

按王引之云：此言君子不念昔日之情而惟我是怒也。

是用作歌，將母來諗。（又小雅四牡）

顯允方叔，征伐玁狁，荊蠻來威。（又采芑）

既之陰女，反予來赫。（又大雅桑柔）

匪安匪遊，淮夷來求。（又江漢）

匪安匪舒，淮夷來鋪。（又）

匪疚匪棘，王國來極。（又）

十九　斯

朋酒斯饗。（詩豳風七月）

于京斯依。（又大雅公劉）

于豳斯館。（又）

鹿斯之奔。（詩小雅小弁）

二十　曰

我東曰歸，我心西悲。（詩豳風東山）

其湛曰樂，各奏爾能。（又小雅賓之初筵）

雨雪瀌瀌，見晛曰消。（又角弓）

昊天曰明，及爾出王。（又大雅板）

二十一　爰

我王來，既爰宅于茲。（書盤庚）

載馳載驅，周爰諮諏。（詩小雅皇皇者華）

二十二　與

夫有大功而無貴仕，其人能靖者與有幾？（左傳僖二十三年）

是盟也，其與幾何？（又襄二十九年）

其居火也久矣！其與不然乎！（又昭十七年）

若壅其口，其與能幾何？（周語）

余一人其流辟於裔土，何辭之與有？（又）

諸臣之委室而徒退者，將與幾人？（晉語）

二十三 于

四國于蕃，四方于宣。（大雅崧高）

赫赫南仲，玁狁于襄。（又出車）

按上例于字皆置於倒裝賓語與外動詞之間者。

黃鳥于飛。（詩周南葛覃）

穀旦于差，南方之原。（又陳風東門之枌）

穀旦于逝，越以鬷邁。（又）

王于興師，修我戈矛，與子同仇。（又秦風無衣）

王于出征，以佐天子。（又小雅六月）

二十四　實

宋衞實難，鄭何能爲。（左傳隱六年）

鬼神非人實親，惟德是依。（又僖五年）

按此例以『實』『是』爲互文，實亦是也。

求而無之實難，過求何害？（又文六年）

人生實難，其有不獲死乎？（又成二年）

人犧實難，己犧何害？（又昭二十二年）

夫戮出於身實難；自他及之，何害？（晉語）

二十五　爲

惟奕秋之爲聽。（孟子）
故人苟生之爲見，苟利之爲見，若者必死；苟利之爲見，若者必害。（荀子禮論）
唯行之爲守，唯義之爲行。（又不苟）

二十六　彼

昧雉彼視。（公羊傳）

二十七　聿

蟋蟀在堂，歲聿其莫。（詩唐風蟋蟀）
借曰未知，亦聿既髦。（又大雅抑）
雨雪瀌瀌，宴然聿消。（荀子非相篇引詩小雅角弓）

二十八　亦

予亦拙謀作乃逸。（書盤庚）
凡周之士，不顯亦世。（詩大雅文王）

不顯亦臨，無射亦保。（又思齊）

不聞亦式，不諫亦入。（又）

二十九　夷

紂有億兆夷人，離心離德。（書泰誓）

蟊賊蟊疾，靡有夷屆；罪罟不收，靡有夷瘳。（詩大雅瞻卬）

C　語末助詞

1　也字之用法

一　助詞，表提示

子謂子貢曰：女與回也孰愈？對曰：賜也何敢望回！（論語公冶長）

柴也愚，參也魯，師也辟，由也喭。（又先進）

子曰：君子謀道不謀食。耕也，餒在其中矣；學也，祿在其中矣。（又衛靈公）

按以上例助名詞。

於我乎每食四簋，今也每食不飽。（詩秦風權輿）

古也有志：克己復禮，仁也。（左傳昭十二年）

古也墓而不墳。（禮記檀弓）

古者冠縮縫，今也橫縫。（又）

哀公問弟子孰爲好學？孔子對曰：有顏回者好學，不遷怒，不貳過；不幸短命死矣。今也則亡。未聞好學者也。（論語雍也）

麻冕，禮也；今也純。（又子罕）

古者民有三疾，今也或是之亡也。（又陽貨）

按以上例助副詞。

二　助一頓，表提示以起下文。

子產之從政也，擇能而使之。（左傳襄三十一年）

聽其言也，可以知其所好矣。（大戴禮曾子立事）

夫子之至於是邦也，必聞其政。（論語學而）

子曰：赤之適齊也，乘肥馬，衣輕裘。吾聞之也，君子周急不濟富。（又雍也）

古之狂也肆，今之狂也蕩。（又陽貨）

孩提之童，無不知愛其親者；及其長也，無不知敬其兄也。（孟子盡心）

地之相去也，千有餘里；世之相後也，千有餘歲。得志行乎中國，若合符節。（孟子）

桓公謂左右曰：醫之好利也，欲以不疾者爲功。（史記扁鵲傳）

彼賢人之有天下也，專用天下適己而已矣。（又李斯傳）

高雅得幸於胡亥，欲立之；又怨蒙毅法治之而不爲己也，因有賊心。（又蒙恬傳）

大將軍之與單于會也，而前將軍廣右將軍食其軍別從東道，或失道，後擊單于。（又衛將軍傳）

姦僞萌起，其極也，上下相遁，至於不振。（又酷吏傳）

三　助句，表決定，句意於此結束。

故曰：或勞心，或勞力：勞心者治人，勞力者治於人。治於人者食人，治人者食於人，天下之通義也。（孟子）

故爲淵毆魚者，獺也；爲叢毆爵者，鸇也；爲湯武毆民者，桀與紂也。（又）

故曰：城郭不完，兵甲不多，非國之災也；田野不闢，貨財不聚，非國之害也。（又）

文帝曰：嗟呼！此眞將軍矣！曩者霸上棘門軍若兒戲耳！其將固可襲而虜也。（史記周亞夫傳）

余所謂述故事，整齊其世傳，非所謂作也，而君比之於春秋，謬矣！（又自序）

應侯懼，不知所出。蔡澤聞之，往入秦也。（又范雎傳）

貫高曰：所以不死一身無餘者，白張王不反也。（又張耳傳）

襄子至橋，馬驚。襄子曰：此必是豫讓也！使人問之，果豫讓也。（又刺客傳）

王使屈平爲令，衆莫不知。每一令出，平伐其功曰：以爲非我莫能爲也。（又屈原傳）

天者，人之始也；父母者，人之本也。人窮則反本，故勞苦倦極，未嘗不呼天也；疾痛慘怛，未嘗

不呼父母也。（又）

魯仲連曰：吾始以君爲天下之賢公子也；吾乃今然後知君非天下之賢公子也。（又魯仲連傳）

扁鵲曰：其死何如時？曰：雞鳴至今。曰：收乎？曰：未也。（又扁鵲傳）

毋卹曰：從常山上臨代，代可取也。（又趙世家）

公叔之僕曰：起易去也。（又吳起傳）

然善屬書離辭，指事類情，用剽剝儒墨。雖當世宿學，不能自解免也。（又莊子傳）

報使者曰：必取吾眼置吳東門以觀越兵入也。（又越世家）

使人刺殺袁盎及其他議臣十餘人。逐其賊，未得也。（又梁孝王世家）

出入游戲僭於太子，天子聞之，心弗善也。（又韓長孺傳）

四　助句與『矣』同。淮南子說林訓云：『也之與矣，相去萬里。』按此就其常例言之。若其變則『也』字亦恒與『矣』同用。

散軍而郊射，左射貍首，右射騶虞，而貫革之射息也。（禮記樂記）

刑罰行於國，所誅者亂人也。如此，則民順治而國安也。（又聘義）

且夫欒氏之誣晉國久也。（晉語）

從我於陳蔡者，皆不及門也。（論語先進）

五　助句，命令時用之。

寡人已知將軍能用兵矣！寡人非此二姬，食不甘味；願勿斬也！（史記孫子傳）

竇太后曰：皇后兄王信可侯也！（又外戚傳）

自竇長君在時，竟不得侯，死後封其子彭祖顧得侯；吾甚恨之！帝趣侯信也！（又）

六　助句，表感歎。

惡！是何言也！（孟子公孫丑）

於是高帝曰：吾迺今日知爲皇帝之貴也！（史記叔孫通傳）

上退，謂左右曰：甚矣汲黯之戇也！（又汲黯傳）

七　助句，表疑問。

出門同人，又誰咎也？（易同人象傳）

夫易，何爲者也？（又繫辭）

叔兮伯兮，何多日也？（詩邶風旄邱）

國君去其國！止之曰：奈何去社稷也？（禮記曲禮下）

曾子怒曰：商！女何無罪也？（又檀弓上）

夫夫也，爲習於禮者，如之何其裼裘而弔也？（又）

何爲不去也？（又）

吾焉用此？其以賈害也？（左傳桓十年）

且虞能親於桓莊乎，其愛之也？（又僖五年）

今豆有加，下臣弗堪，無乃戾也？（又昭六年）

女忘君之爲孺子牛而折其齒乎，而背之也？（又哀六年）

敢問天道乎？抑人故也？（周語）

抑刑戮也？其夭札也？（魯語）

主亦有以語肥也？（又）

子張問：十世可知也？（論語爲政）

仁者雖告之曰：井有人焉，其從之也？（又雍也）

莫知其所終，若之何其無命也？莫知其所始，若之何其有命也？（莊子寓言）

意者秦王帝王之主也？君恐不得爲臣，何暇從以難之？意者秦王不肖主也？君從以難之，未晚也。（呂氏春秋不侵）

所說出於爲名高者也？而說之以厚利，則見下節而遇卑賤：必棄遠矣。所說出於厚利者也？而說之以名高，則見無心而遠事情。（韓非子說難）

不識臣之力也？抑君之力也？（又難二）

此於其親戚兄弟若此，而又況於仇讎之敵國也？（魏策）

足下欲助秦攻諸侯乎，且欲率諸侯破秦也？（史記酈生傳）

乃復問被曰：公以爲吳興兵，是邪？非也？（又淮南王傳）

豈吾相不當侯邪？且固命也？（又李廣傳）

今孤之不得意於天下，非皆二子之憂也？（管子戒篇）

公都子曰：冬日則飲湯，夏日則飲水，然則飲食亦在外也？（孟子告子）

然則鄉之所謂知者，不乃爲大盜積者也？（莊子胠篋）

今應侯亡地而言不憂，此其情也？（秦策）

2　矣之用法

一　助詞或句，表感歎。

逷矣西土之人！（書牧誓）

展矣君子！（詩邶風雄雉）

美哉禹功明德遠矣！（左傳昭元年）

甚矣！吾衰也！久矣！吾不復夢見周公。（論語述而）

三代邈絕，遠矣！難存。（史記封禪書）

甚矣！安危在出令，存亡在所任，誠哉是言也！（又楚元王世家）

二　助頓或句，表提示以起下文，與『也』第二條同。

漢之廣矣；不可泳思；江之永矣；不可方思。（詩周南漢廣）

兄及弟矣；式相好矣，無相猶矣。（又小雅斯干）

爾之遠矣；民胥然矣；爾之教矣；民胥傚矣。（又角弓）

惡不仁者，其爲仁矣；不使不仁者加乎其身。（論語里仁）

三　助句，表已然之事實。淮南子說林訓云：『也』之與『矣』，相去千里。

晉侯在外，十九年矣；而果得晉國。險阻艱難，備嘗之矣；民之情僞，盡知之矣。（左傳僖二十八年）

人或說偃曰：太橫矣！（史記主父偃傳）

秦王後悔之，使人赦之，非已死矣。（又韓非傳）
昔天下之網嘗密矣！然姦僞萌起。（又酷吏傳）
君何不知分也？君所治夷滅者幾何人矣？（又）
天下雲集響應，贏糧而景從，山東豪俊遂並起而亡秦族矣。（又秦始皇紀）
不愛其身，赴士之阨困。既已存亡死生矣；而不矜其能。（又游俠傳）

四　助句，表已然之境。

公叔痤召鞅謝曰：今者王問可以爲相者，我言若王色不許我。我方先君而後臣，因謂王：『卽弗用鞅，當殺之。』王許我。汝可疾去矣！（史記商鞅傳）
武王伐紂，不期而會孟津之上八百諸侯。皆曰：紂可伐矣。（又劉敬傳）

五　助句，表理論上或事實上必然之結果。

子曰：仁遠乎哉！我欲仁，斯仁至矣。（論語述而）
夫尹公之他，端人也，其取友必端矣。（孟子）

今智伯帥二國之君伐趙，趙將亡矣，則二君爲之次矣。（趙策）

上以德施實分其國，不削而稍弱矣！（史記主父偃傳）

願君留意臣之計否！必爲二子所禽矣。（又淮陰侯傳）

試延以公主，起有留心，則必受之；無留心，則必辭矣。（又吳起傳）

今足下反天性，弃冠帶，欲以區區之越與天子抗衡爲敵國，禍且及身矣！（又陸賈傳）

帝聽君出辟陽侯，太后大驩，兩主共幸君，君貴富益倍矣。（又）

六　助句，表言者語意之堅確。

事父母能竭其力；事君能致其身；與朋友交言而有信：雖曰未學，吾必謂之學矣。（論語學而）

諸生且待我！我不忘矣。（史記叔孫通傳）

吳楚反時，條侯爲太尉，乘傳東將至洛陽，得劇孟，喜曰：吳楚舉大事而不求孟，吾知其無能爲已矣。（又劇孟傳）

七　助句，表疑問。

吉又何咎矣？（易師）

旡妄之往，何之矣？（又旡妄）

侯誰在矣？張仲孝友。（詩小雅六月）

今茲之正，胡然厲矣？（又正月）

女何夢矣？（禮記文王世子）

邪而詛之，將何益矣？（左傳隱十一年）

公子翬諂乎隱公，謂隱公曰：百姓安子，諸侯說子，盍終爲君矣？（公羊傳隱四年）

危而不持，顛而不扶，則將焉用彼相矣？（論語季氏）

3　焉之用法

一　助詞，爲副詞或形容詞之語尾。

我心憂傷，惄焉如擣。（詩小雅小弁）

睠言顧之，潸焉出涕。（又大東）

三難異科，雜焉同會。（漢書谷永傳）

其心休休焉其如有容。（書秦誓）

二　助頓以提起下文。

民之服焉；不亦宜乎！（左傳昭三十二年）

於其出焉；使公子彭生送之；於其乘焉；搚幹而殺之。（公羊傳莊元年）

於其歸焉；用事乎河。（又定四年）

且以五帝之聖焉而死，三王之仁焉而死，五伯之賢焉而死，烏獲任鄙之力焉而死，成荊孟賁王慶忌夏育之勇焉而死。死死者，人之所必不免也。（史記范雎傳）

三　助副詞性之頓，用同『乎』。

遲速衰序，於是焉在。（左傳昭三十二年）

於是焉河伯欣然自喜。（莊子秋水）

四　助句，表決定。

其如有容焉（禮記大學引書秦誓）

內私而外順，則民瞻其顏色而弗事爭也；望其容貌而民不生易慢焉（又樂記）

見善，恐不得與焉；見不善者，恐其及己也。（大戴禮曾子立事）

每世之隆，封禪答焉（史記封禪書）

望氣王朔言：候，獨見旗星出如爪。食頃，復入焉（又）

未能至，望見之焉（又）

參於是避正堂，舍蓋公焉（又曹相國世家）

安國爲人多大略，智足以當世取舍，而出於忠厚焉（又韓長孺傳）

上下相爲匿，以文辭避焉（又酷吏傳）

旣已存亡生死矣，而不矜其能，羞伐其德，蓋亦有足多者焉（又游俠傳）

及盛，取羈屬，不肯往朝會焉（又大宛傳）

自是之後，李氏名敗；而隴西之士居門下者皆用爲恥焉。（又李將軍傳）

莊兄弟子孫以莊故至二千石六七人焉。（又鄭當時傳）

及至秦之季世，焚詩書，坑術士，六藝從此缺焉。（又儒林傳）

凡天下戰國七，燕處弱焉。（又蘇秦傳）

故申子曰：有天下而不恣睢，命之曰以天下爲桎梏者，無他焉；不能督責，而顧以其身勞於天下之民，若堯禹然：故謂之桎梏也。（又李斯傳）

五　助句，表疑問。

嗟行之人，胡不比焉？（詩唐風杕杜）

野人曰：父母何算焉？（儀禮喪服傳）

孔子之喪，有自燕來觀者，舍於子夏氏。子夏曰：聖人之葬人與！人之葬聖人也：子何觀焉？（禮記檀弓上）

既富矣，又何加焉？（論語子路）

王無異於百姓之以王爲愛也！以小易大，彼惡知之？王若隱其無罪而就死地，則牛羊何擇焉？（孟子梁惠王）

及夏之時，有卞隨務光者，此何以稱焉？（史記伯夷世家）

六　助句　表感歎

君哉舜也！巍巍乎有天下而不與焉！（論語泰伯）

使其中無可欲者，雖無石椁，又何戚焉！（史記張釋之傳）

4　乎之用法

一　助詞　爲形容詞或副詞之語尾　說文云：乎，語之餘也。

確乎其不可拔！（易乾文言）

巍巍乎舜禹之有天下也而不與焉！（論語泰伯）

巍巍乎唯天爲大，唯堯則之，蕩蕩乎民無能名焉；巍巍乎其有成功也，煥乎其有文章！（又）

周監於二代，郁郁乎文哉！（又八佾）

文帝曰：惜乎！子不遇時！如令子當高帝時，萬戶侯豈足道哉！（史記李將軍傳）

惠王既去，而謂左右曰：公叔病甚！悲乎！欲令寡人以國聽公孫鞅也。（又商君傳）

痛乎！道民之道，可不慎哉？（漢書地理志）

二 助句 表疑問

廄焚，子退朝，曰：傷人乎？不問馬。（論語鄉黨）

管仲儉乎？（又八佾）

然則管仲知禮乎？（又）

子常宣言代我相秦，豈有此乎？（秦策）

王曰：叟不遠千里而來，亦將有以利吾國乎？（孟子梁惠王上）

齊宣王問曰：交隣國有道乎？（又梁惠王下）

少帝曰：欲將我安之乎？滕公曰：出就舍。（史記呂后紀）

三 助句 表反詰

聖人之憂民如此，雖欲耕，得乎？（孟子）

如使予欲富，辭十萬而受萬，是爲欲富乎？（又）

先生得無誕之乎？何以言太子可生也？（史記扁鵲傳）

謀之二十一年，一旦而弃之，可乎？（又越世家）

臣主若此，欲毋顯，得乎？（又）

其妻曰：嘻！子毋讀書游說，安得此辱乎？（又張儀傳）

九卿碌碌奉其官，救過不贍，何暇論繩墨之外乎？（又酷吏傳）

上曰：文成食馬肝死耳！子誠能脩其方，我何愛乎？（又武帝紀）

四　助句　表感歎

越十年生聚，十年教訓，二十年之外，吳其爲沼乎！（左傳襄九年）

孔子蚤作，負手曳杖，消搖於門，歌曰：泰山其頹乎！梁木其壞乎！哲人其萎乎！（禮記檀弓上）

子路曰：衞君待子而爲政，子將奚先？子曰：必也正名乎！（論語子路）

後三年，吳其墟乎！（史記越世家）

此其代陳有國乎！不在此而在異國乎！（又田敬仲世家）

彈其劍而歌曰：長鋏歸來乎！食無魚。（又孟嘗君傳）

將閭乃仰天大呼天者三，曰：天乎！吾無罪！（又秦始皇紀）

賢人乎！賢人乎！非質有其內，惡能用之哉？（又楚元王世家）

絳侯既出，曰：吾嘗將百萬軍，然安知獄吏之貴乎！（又周勃世家）

5　與歟之用法

一　助句　表疑問

誰與哭者？（禮記檀弓）

子禽問於子貢曰：夫子之至於是邦也，必聞其政。求之與？抑與之與？（論語學而）

子貢問：師與商也孰賢？子曰：師也過，商也不及。曰：然則師愈與？子曰：過猶不及。（又先進）

不識舜不知象之將殺己與？曰：奚而不知也！象憂亦憂，象喜亦喜。然則舜僞喜者與？曰：否。

（孟子萬章上）

且以文王之德百年而後崩，猶未洽於天下。武王周公繼之，然後大行。今言王若易然，則文王不足法與？（又公孫丑上）

惠帝怪相國不治事，以爲『豈少朕與？』（史記曹參世家）

商君曰：子不說吾治秦與？（又商君傳）

夫人生百體堅強，手足便利，耳目聰明，而心聖智，豈非士之願與？應侯曰：然。（又蔡澤傳）

此人暴虐吾國相王縣購其名姓千金，夫人不聞與？（又刺客傳）

甘羅曰：卿明知其不如文信侯專與？（又甘茂傳）

王聞燕太子丹入質秦歟？曰：聞之。（又）

子非三閭大夫歟？何故而至此？（又屈原傳）

二　助句　表感歎

猗與漆沮！（詩周頌潛）

猗與那與!（又商頌那）

舜其大孝也與!（禮記中庸）

孝弟也者，其爲仁之本與!（論語學而）

臧文仲其竊位者與!知柳下惠之賢而不與立也。（又衞靈公）

政姊榮聞人有刺殺韓相者，賊不得國不知其名姓，暴其尸而縣之千金。乃於邑曰：其是吾弟與!（史記刺客傳）

三　助句　表反詰

化隆者閎博，治淺者褊狹，可不勉與!（史記禮書）

志小天下，及餓死於中家，爲天下笑，操行之不得，悲夫!勢之於人也，可不慎與?（又楚世家）

6　哉之用法

一　助詞或句　表感歎

大哉乾元!萬物資始，乃統天。（易乾彖傳）

遠哉遙遙！（左傳）

廣哉熙熙乎！（又）

善哉民之主也！（又）

林放問禮之本。子曰：大哉問！（論語八佾）

大哉堯之爲君也。（又泰伯）

孝哉閔子騫！人不閒於其父母昆弟之言。（又先進）

有是哉子之迂也！（又子路）

南宮适出，子曰：君子哉若人！尙德哉若人！（又憲問）

君哉舜也！（孟子滕文公上）

天下殆哉岌岌乎！（又萬章上）

陳涉少時嘗與人傭耕，輟耕之壟上，悵恨久之，曰：苟富貴，無相忘！傭者笑而應曰：若爲傭耕，何富貴也！陳涉太息曰：嗟呼！燕雀安知鴻鵠之志哉！（史記陳涉世家）

上讀子虛賦而善之，曰：朕獨不得與此人同時哉！（又司馬相如傳）

上怒曰：烹之！通曰：嗟呼寃哉烹也！（又淮陰侯傳）

三代之際，非一士之智也，信哉！（又叔孫通傳）

上其城，望見其屋室甚大，曰：壯哉縣！（又陳平世家）

及吳楚一說，說雖行哉，然復不遂。（又鼂錯傳）

觀故蕭曹樊噲滕公之家及其素，異哉所聞！（又樊噲傳）

孔子因史文次春秋，紀元年，正時日月，蓋其詳哉！（又三代世表）

二　助句　表疑問

天實爲之，謂之何哉？（詩邶風北門）

咸丘蒙問曰：語云：盛德之士，君不得而臣，父不得而子。舜南面而立，堯帥諸侯北面而朝之，瞽瞍亦北面而朝之。舜見瞽瞍，其容有蹙。孔子曰：於斯時也，天下殆哉岌岌乎！不識此語誠然乎哉？（孟子萬章上）

奈何以見陵之怨欲批其逆鱗哉！（史記刺客傳）

曹丘至，即揖季布曰：楚人諺曰：『得黃金百，不如得季布一諾。』足下何以得此聲於梁楚間哉？（又季布傳）

三　助句　表反詰

禮云禮云，玉帛云乎哉？樂云樂云，鐘鼓云乎哉？（論語陽貨）

湯使人以幣聘之。囂囂然曰：我何以湯之聘幣爲哉？我豈若處畎畝之中，由是以樂堯舜之道哉？湯三使往聘之。既而幡然改曰：與我處畎畝之中，由是以樂堯舜之道，吾豈若使是君爲堯舜之君哉？吾豈若使是民爲堯舜之民哉？吾豈若於吾身親見之哉？（孟子）

處非道之位，被衆口之譖，溺於當世之言，而欲當嚴天子而求其安，幾不亦難哉！（韓非子姦劫弒臣）

今將軍內不能直諫，外爲亡國將，孤特獨立而欲常存，豈不哀哉！（史記項羽紀）

高祖急顧丁公曰：兩賢豈相厄哉？（又季布傳）

夫絳侯東陽侯稱爲長者，此兩人言事，曾不能出口，豈斆此嗇夫諜諜利口捷給哉？（又張釋之傳）

愼夫人乃妾，妾主豈可與同坐哉！（又袁盎傳）

非通幽明之變，惡能識乎性命哉？（又外戚世家）

旣驩合矣，或不能成子姓；能成子姓矣，或不能要其終：豈非命也哉！（又）

夫精變天地，而信不喻兩主，豈不哀哉！（又鄒陽傳）

忘國家之政而貪雉兔之獲，則仁者不由也。從此觀之，齊楚之事，豈不哀哉！（又司馬相如傳）

太史公曰：天道恢恢，豈不大哉！（又滑稽傳）

待農而食之，虞而出之，工而成之，商而通之，此寧有政教發徵期會哉？人各任其能，竭其力，以得所欲。（又貨殖傳）

7　邪之用法

一　助詞或句　表疑問

天邪地邪？（莊子）

舜目蓋重瞳子，又聞項羽亦重瞳子：羽豈其苗裔邪？何興之暴也！（史記項羽紀）

儻所謂天道，是邪？非邪？（又伯夷傳）

公以爲吳興兵是邪？非邪？（又淮南衡山王傳）

文帝從霸陵上，欲西馳下峻阪。袁盎騎，並車擥轡。上曰：將軍怯邪？（又袁盎傳）

楚王聞之。曰：儀以寡人絕齊未甚邪？（又張儀傳）

上召布罵曰：若與彭越反邪？（又欒布傳）

且以季布之賢，而漢求之急如此；此不北走胡，卽南走越耳。夫忌壯士以資敵國，此伍子胥所以鞭荆平王之墓也。君何不從容爲上言邪？（又季布傳）

趙堯進請閒曰：陛下所爲不樂，非爲趙王年少而戚夫人與呂后有郤邪？（又張蒼傳）

二　助句　表反詰

文帝曰：吏不當若是邪？（史記張釋之傳）

王非若主邪？何自敢言若主！（又田叔傳）

僕游揚足下之名於天下，顧不重邪？（又季布傳）

今大臣雖欲爲變，百姓弗爲使，其黨寧能專一邪？（又孝文紀）

於是上曰：天下方有急，王孫寧可以讓邪？（又魏其侯傳）

魏其銳身爲救灌夫，夫人諫魏其曰：灌將軍得罪丞相，與太后家忤，寧可救邪？（又）

太后怒，不食，曰：今我在也，而人皆藉吾弟，令我百歲後，皆魚肉之矣！且帝寧能爲石人邪？（又）

故進百金者，將用爲夫人麤糲之費，得以交足下之驩，豈敢以有求望邪？（又刺客傳）

語曰：變古亂常，不死則亡，豈錯等謂邪？（又鼂錯傳）

夫高祖起微細，定海內，謀計用兵，可謂盡之矣。然而劉敬脫輓輅，一說建萬世之安，智豈可專邪？（又劉敬傳）

三　助詞或句　表停頓

內邪若不私取小府，將安所仰乎？（漢書成許后傳）

四　助句　表感歎

乾坤其易之門邪！（易繫辭）

如此而近有德而遠有色，則四封之內視其君其猶母邪！（管子）

莊生驚曰：若不去邪？（史記越世家）

五　助句　表決定

我適先生之所，則廢然而返；不知先生之洗我以善邪。（莊子德充符）

始也我以女爲人邪；今然君子也！（又天地）

甚矣夫！人之難說也，道之難明邪！（又天運）

按此例『邪』『也』互用。

8　爾之用法

一　助詞　爲形容詞或副詞之語尾

如有所立，卓爾雖欲從之，末由也已。（論語子罕）

其在宗廟朝廷，便便言，唯謹爾。（又鄉黨）

鼓瑟希，鏗爾，（又先進）

南宮縚之妻之姑之喪，夫子誨之髽曰：爾毋從從爾，爾毋扈扈爾。（禮記檀弓）

居處言語飲食衎衎爾。（又）

按以上例爲形容詞之語尾。

子路率爾而對。（論語先進）

夫子莞爾而笑。（又陽貨）

嘑爾而與之，行道之人弗受；蹴爾而與之，乞人不屑也。（孟子）

按以上例爲副詞之語尾。

二　助句　表限止，與『而已』同。

不以食道，用美焉爾。（禮記檀弓）

唯祭祀之禮，主人自盡焉爾；豈知神之所饗，於彼乎，於此乎！（又）

按郊特牲云：『豈知神之所饗也，主人自盡其敬而已矣。』『爾』字作『而已，』是其證也。

不崇朝而偏雨乎天下者，唯太山爾。（公羊傳僖三十一年）

是其爲相縣也幾直夫芻豢稻粱之縣糟糠爾哉？（荀子榮辱）

其以強爲弱，以存爲亡，一朝爾也。（鹽鐵論論功）

三　助句　表決定

說文八部云：爾，詞之必然也。按卽今語『呢』字。

其國亡矣，徒葬於齊爾。（公羊傳莊四年）

器之與人，非有卽爾。（又桓二年）

君若用臣之謀，則今日取郭而明日取虞爾。（又僖二年）

莊王圍宋，軍有七日之糧爾；盡此不勝，將去而歸爾。（又宣十五年）

鬱陶思君爾。(孟子)

四　助句　表疑問

然則何言爾?(公羊傳隱元年)

何譏爾?(又二年)

何危爾?(又三年)

則中國曷爲獨言齊宋至爾?(又僖二年)

9　者之用法

一　助詞或句　表提示

仁者;人也;義者;宜也。(禮記中庸)

所謂誠其意者;毋自欺也。(又大學)

所謂修身在正其心者;身有所忿懥,則不得其正。(又)

然則爲取可以爲其有乎?曰:否。何者?若楚王之妻媦,無時焉可也。(公羊傳桓二年)

楚之南有冥靈者，以五百歲爲春，五百歲爲秋。上古有大椿者，以八千歲爲春，八千歲爲秋。（莊子逍遙遊）

庠者，養也；校者，教也；序者，射也。（孟子滕文公上）

聞陳嬰已下東陽，使使欲與連和俱西。陳嬰者，故東陽令史。（史記項羽紀）

蒙恬爲秦將，北逐戎人，開榆中地數千里，竟斬陽周。何者？功多，秦不能盡封，因以法誅之。（又）

今棄擊甕而就鄭衛，退彈箏而取韶虞。若是者，何也？快意當前，適觀而已矣。（又李斯傳）

漢王所以具知天下阸塞，戶口多少強弱之處，民所疾苦者，以何具得秦圖書也。（又蕭何世家）

所貴於天下士者，爲人排患釋難解紛亂而無所取也。（又魯仲連傳）

人君無智愚賢不肖，莫不欲求忠以自爲，舉賢以自佐。然亡國破家相隨屬，而聖君治國累世而不見者，其所謂忠者不忠，而所謂賢者不賢也。（又屈原傳）

太后豈以爲有愛不相魏其？魏其者；沾沾自喜耳！（又魏其侯傳）

二　助句　表疑問

安見方六七十如五六十而非邦也者？（論語先進）

君言太謙！君而不可，尙誰可者？（漢書）

仲卿！京師尊貴在朝廷人，誰踰仲卿者？（又王章傳）

三　助句　表僞飾

公孫申謀之曰：我出師以圍許；爲將改立君者，而紓晉使，晉必歸君。（左傳成九年）

陽虎僞不見冉猛者。（又定八年）

田乞僞事高國者。（史記齊太公世家）

大夫人可歸，爲棄去宣家者以避害。（漢書翟義傳）

更以禹爲大司馬，小冠，亡印綬，罷其右將軍屯兵官屬，特使禹官名與光俱大司馬者。（又霍光傳）

虎圈嗇夫從旁代尉對上所問禽獸簿甚悉，欲以觀其能口對響應無窮者。（又張釋之傳）

會當病死，葬以其庶女陸逯任妻後安公奮所以尊寵之甚厚，終爲欲出兵立之者。（又匈奴傳）

上於是令躬寵爲因賢告東平事者；乃以其功下詔封賢爲高安侯。（又董賢傳）

四　助句　表擬度

孔子於鄉黨，恂恂如也，似不能言者。（論語鄉黨）

吾視郭解狀貌不及中人，言語不足採者。（史記游俠傳贊）

於是公子立自責，似若無所容者。（又信陵君傳）

建爲郎中令，事有可言，屏人恣言極切；至廷見，如不能言者。（漢書石奮傳）

玄成素有名聲，士大夫多疑其欲讓爵辟兄者。（又韋玄成傳）

五　助句　表商榷

公曰：周其弊乎？對曰：殆於必弊者。（鄭語）

今漢繼大亂之後，若宜少損周之文，致用夏之忠者。（漢書董仲舒傳）

六　助句　表假設

若入前爲壽；壽畢，請以劍舞，因擊沛公於坐，殺之！不者；若屬皆且爲所虜！（史記項羽紀）

魯無君子者；斯焉取斯？（論語公冶長）

伍奢有二子，不殺者；爲楚國患。（又楚世家）

卽以二千石守千里之地，任兵馬之重，不宜去郡，將以制刑爲後法者；則野王之罪在未制令前也。（漢書馮野王傳）

上使御史收永，敕過交道廐者；勿追。（又谷永傳）

10　諸之用法

一　爲形容詞或副詞之語尾

臯陶庭堅不祀，忽諸！（左傳文五年）

齊齊乎其敬也！愉愉乎其忠也！勿勿諸其欲饗之也！（禮記祭義）

二　助句　表疑問　按『諸』爲『之乎』之合聲。小爾雅云：諸，之乎也。

吾惡乎哭諸？（禮記檀弓）

書云：『高宗三年不言，言乃讙。』有諸？（又）

有美玉於斯，韞匵而藏諸？求善價而沽諸？（論語子罕）

三　助句　表感歎

君王其終撫諸！（禮記文王世子）

天其或者將建諸！（左傳僖二十三年）

雖欲勿用，山川其舍諸！（論語雍也）

11　耳字之用法

一　助句　表限止　與『而已』同。魏志崔琰傳云：『楊訓發表稱贊功伐。琰與訓書曰：「省表，事佳耳。」太祖怒曰：諺言「生女耳」，「耳」非佳語。』

按『耳』爲僅可而未足之詞，故曹公謂非佳語也。

子曰：二三子！偃之言是也！前言戲之耳。（論語陽貨）

故春事，二十五日之內耳也。（管子臣乘馬）

晏子食脫粟之食炙三弋五卵苔菜耳矣。（晏子雜篇）

然則非自殺之也，一間耳。（孟子）

人之易其言也無責耳矣。（又離婁）

口耳之間，則四寸耳。（荀子勸學）

凡人倫以十際爲安者也。釋十際則與麋鹿虎狼無以異；多勇者則爲制耳矣。（呂氏春秋愼行論壹行）

若乃得去不肖者而爲賢者狗，豈特攫其腓而噬之耳哉！（國策齊策）

是直聖人之糟粕耳。（淮南子道應訓）

曩者霸上棘門軍若兒戲耳。（史記周勃世家）

趙王田獵耳；非爲寇也。（又魏公子傳）

身爲漁父而釣於渭濱耳！（又范雎傳）

於期每念之常痛於骨髓。顧計不知所出耳！（又刺客傳）

馮先生甚貧，猶有一劍耳。（又孟嘗君傳）

儒者所謂中國者，於天下乃八十一分居其一分耳。（又鄒衍傳）

至如說丞相弘，如發蒙振落耳。（又汲黯傳）

此不北走胡，卽南走越耳。（又季布傳）

此其屬意非止此也；特畏高帝呂太后威耳。（又文帝紀）

王曰：男子之所死者，一言耳。（又淮南王傳）

淮南王有三子，唯在陛下耳。（又袁盎傳）

吏爭以苛察相高，然其敝徒文具耳。（又張釋之傳）

酒酣，武安起爲壽，坐皆避席伏。已，魏其侯爲壽，獨故人避席耳。（又魏其侯傳）

上自魏其時不直武安，特爲太后故耳。（又）

長沙迺在二萬五千戶耳。（漢書賈誼傳）

逐利不耳！慮非顧行也。（又）

漢存，特幸耳。（又）

二 助句 表決定

嗜酤酒，好謳歌，巷遊而鄉居者乎！吾無望焉耳。（大戴禮曾子立事）

胎生者不殰，而卵生者不殈，則樂之道歸焉耳。（禮記樂記）

女得人焉耳乎？（論語雍也）

如雲而起耳。（新書孽產子）

昔甘茂之孫甘羅，年少耳；然名家之子孫。（史記甘茂傳）

士方其危苦之時，易德耳！（又）

臣乃今日請處囊中耳。（又信陵君傳）

且吾所爲者極難耳。（又刺客傳）

12　而之用法

一　助詞　爲形容詞副詞之語尾

突而弁兮。（詩齊風甫田）

按鄭箋云：突爾加冠爲成人。

頎而長兮。（又猗嗟）

鋋而走險。（左傳文十七年）

按杜注云鋋，疾走貌。

忽而自失。（史記日者傳）

二　助句　表感歎　按漢書韋賢傳注云：而者，句絕之辭。

俟我於著乎而！充耳以素乎而！尚之以瓊華乎而！（詩齊風著）

唐棣之華，偏其反而！（論語子罕篇引詩）

已而已而！今之從政者殆而！（又微子）

若敖氏之鬼，不其餒而！（左傳宣四年）

不其亂而！（逸周書芮良夫）

我雖鄙耇，心其好而；我徒侃爾樂亦在而。（漢書韋賢傳）

13 然之用法

一 助詞 爲形容詞或副詞之語尾

惠然肯來。（詩邶風終風）

卜云其吉，終然允臧。（又鄘風定之方中）

弑不成，卻反舍於郊，皆說然息。（公羊傳定八年）

子在陳，曰：歸與歸與！吾黨之小子狂簡，斐然成章，不知所以裁之。（論語公冶長）

顏淵喟然歎曰：仰之彌高，鑽之彌堅；瞻之在前，忽焉在後。（又子罕）

欣欣然有喜色而相告。（孟子）

天油然作雲，沛然下雨，則苗浡然興之矣。（又）

王勃然變乎色。（又）

曾西艴然不悅。（又）

使民盻盻然終歲勤動，不得以養其父母。（又）

德璉常斐然有述作意。（魏文帝與吳質書）

子夏曰：君子有三變：望之儼然；即之也溫，聽其言也厲。（論語子張）

二　助句　表擬似　按多與『如』『若』連用。

如見其肺肝然。（禮記大學）

其待之也，若待諸侯然。（又雜記）

無若宋人然。（孟子）

予豈若是小丈夫然哉？（又）

今言王若易然。（又）

木若以美然。（又）

其視殺人若艾草菅然。（漢書賈誼傳）

三　助句　表斷定　用同「焉」

穆公召縣子而問然。（禮記檀弓）

國人稱願然；曰：幸哉！有子如此。（又祭義）

按大戴記曾子大孝篇「然」作「焉」。

君子以此之爲尊敬然。（又哀公問）

寡人願有言然。（又）

若由也，不得其死然。（論語先進）

強鉗而利口，厚顏而忍詬，無正而恣睢，妄辨而幾利，不好辭讓，不敬禮節，而好相推擠：此亂世姦人之說也，則天下之治說者方多然矣。（荀子解蔽）

14　斯之用法

一　助詞　爲形容詞或副詞之語尾

王赫斯怒。（詩大雅皇矣）

二爵而言言斯。（禮記玉藻）

色斯舉矣，翔而後集。（論語鄉黨）

按王引之云：公羊傳『色然而駭，』義與此近。

二　助句

弁彼鸒斯，歸飛提提。（詩小雅小弁）

蓼彼蕭斯，零露湑兮。（又蓼蕭）

15　只咫軹之用法

一　助句　表限止　按說文云：只，語已辭。義同耳。

諸侯歸晉之德只；非歸其尸盟也。（左傳襄廿七年）

文公學讀書於臼季，三日，曰：吾不能行咫！聞則多矣。（晉語）

是知天咫！安知民！（楚語）

二　助句　表感歎

樂只君子，福履綏之。（詩周南樛木）

仲氏任只；其心塞淵。（詩邶風燕燕）

母也天只；不諒人只！（又鄘風柏舟）

樂只君子，邦家之基。（又小雅南山有臺）

樂只君子，天子命之。（又采菽）

按楚詞大招末句皆用只字。

三　助句　表疑問

許由曰：而奚爲來軹？（莊子大宗師）

16　爲之用法

一　助句　表疑問

是之不憂，而何以田爲！（左傳襄十七年）

兩行，何以聖爲！（又襄二十二年）

將何治爲！（晉語）

亡人得生，又何不來爲！（楚語）

兩君合好，夷狄之民何爲來爲！（穀梁傳定十年）

夫黃帝尚矣，女何以爲？先生難言之。（大戴禮五帝德）

棘子成曰：君子質而已矣！何以文爲？（論語顏淵）

子曰：誦詩三百，授之以政，不達；使於四方，不能專對；雖多，亦奚以爲！（又子路）

夫顓臾，昔者先王以爲東蒙主，且在邦域之中矣，是社稷之臣也，何以伐爲？（又季氏）

奚以之九萬里而南爲！（莊子逍遙遊）

何故深思高舉，自令放爲！（楚詞漁父）

然則又何以兵爲？（荀子議兵）

若長有齊，何以薛爲！（韓非子說林下）

君何以疵言告韓魏之君爲？（國策趙策）

卽不能亟南面而臣於漢，何但遠走亡匿於幕北寒苦無水草之地爲？（漢書匈奴傳）

按以上『爲』字單用。

三代之亡，共子之廢，皆是物也；女何以爲哉？（左傳昭二十八年）

惡用是鶃鶃者爲哉！（孟子滕文公）

我何以湯之聘幣爲哉！（又萬章）

今我何以子之千金劍爲乎！（呂氏春秋異寶）

按以上『爲哉』『爲乎』連用。

二　助句　表感歎

予無所用天下爲！（莊子逍遙遊）

今故告之，反怒爲！（漢書趙后傳）

17　來字之用法

一　助詞　表感歎

子桑戶死，孟子反子琴張相和而歌曰：嗟來桑戶乎！嗟來桑戶乎！（莊子大宗師）

二　助句　表命令

盍歸乎來！（孟子離婁）

雖然，若必有以也。嘗以語我來！（莊子人間世）

子其有以語我來！（又）

18　夫字之用法　夫古音當如巴，卽今之罷字。

一　助詞或句　表感歎

南人有言曰：『人而無恆，不可以作巫醫。』善夫！（論語子路）

仁夫公子重耳！（禮記檀弓）

桓公視管仲云：樂夫仲父。（管子）

翟公大署其門曰：一死一生，乃知交情；一貧一富，乃知交態；一貴一賤，交情乃見。汲鄭亦云。

悲夫！（史記汲鄭傳）

微夫！斯之爲符也！（漢書司馬相如傳）

古之聰明睿智神武而不殺者夫！（易繫辭）

爾責於人，終無已夫！三年之喪，亦已久矣夫！（禮記檀弓）

逝者如斯夫！不舍晝夜。（論語子罕）

子謂顏淵曰，用之則行，舍之則藏，惟我與爾有是夫！（又述而）

率天下之人而禍仁義者，必子之言夫！（孟子）

卒受惡名於秦，有以也夫！（史記商君傳）

二　助句　表疑問

路說應之曰：然則公欲秦之利夫？周頗曰：欲之。（呂氏春秋審應覽應言）

是以侯王稱孤寡不穀，是其賤之本與！非夫？（戰國策）

吾歌，可夫？（史記孔子世家）

19 其他之語末助詞

一 已 助句 表決定

公定，予往已。（書洛誥）

生事畢而鬼事始已。（禮記檀弓）

二者形，則萬物之情可得而觀已。（史記貨殖傳）

夫神農以前，吾不知已。（又）

彼將有德燕而輕亡宋，則齊可亡已。（又蘇秦傳）

夫存韓安魏而利天下，此亦王天時已。（又魏世家）

夫韓亡之後，兵出之日，非魏無攻已。（又）

言其利不言其害，卒有秦禍，無及爲已。（又張儀傳）

雖舜禹復生，弗能改已。（又范雎傳）

古布衣之俠，靡得而聞已。（又游俠傳）

唐虞以上，不可記已。（又龜策傳）

秦以三郡攻王之上黨，羊腸之西，勾注之南，非王有已。（又趙世家）

自夏以往，其流不可聞已。（漢書禮樂志）

盛哉！鑠乎！越不可載已。（又揚雄傳）

吳楚舉大事而不求劇孟，吾知其無能爲已。（又游俠傳）

二 云 員

蓋記時也云。（大戴禮夏小正傳）

故聖人曰禮樂云。（禮記樂記）

太史公曰：余登箕山，其上蓋有許由冢云。（史記伯夷列傳）

故其儀闕然堙滅，其詳不可得而記聞云。（又封禪書）

牲用騂駒黃牛羝羊各一云。（又）

成山斗入海，最居齊東北隅，以迎日出云。（又）

其用如經祠云。（又）

聞其言，不見其人云。（又）

地貴陽祭之必於澤中圜丘云。（又）

及到，三神山反居水下；臨之，風輒引去，終莫能至云。（又）

少翁以方，蓋夜致王夫人及竈鬼之貌云。（又）

其後裝治行，東入海，求其師云。（又）

從官在山下，聞若有言萬歲云。（又）

有麃，上自射之，因以祭云。（又）

陛下建漢家封禪，天其報德星云。（又）

數日無所見，見大人跡云。（又）

天下騷動，大將得之，若一敵國云。（漢書游俠傳）

又召賢女弟以爲昭儀，位次皇后，更名其舍爲椒風，以配椒房云。（又佞幸傳）

自淳維以至頭曼，千有餘歲，時大時小，別散分離，尙矣；其世傳不可得而次。然至冒頓而匈奴最強大，其世姓官號可得而記云。（又匈奴傳上）

縞衣綦巾，聊樂我員。（詩鄭風出其東門）

三　猗　助詞或句　表感歎

斷斷猗無他技。（書秦誓）

坎坎伐檀兮，寘之河之干兮，河水淸且漣猗！（詩魏風伐檀）

而已反其眞，而我猶爲人猗！（莊子大宗師）

按『猗』古音在『歌部』，讀如『阿』，卽今語之『呵』字。

四　思　助句　表決定

南有喬木，不可休思；漢有游女，不可求思。（詩周南漢廣）

鋪時繹思；我徂惟求定。（又周頌賚）

五　兮

葛之覃兮，施于中谷。（詩周南葛覃）

螽斯羽，詵詵兮；宜爾子孫，振振兮。（又螽斯）

六 些

何爲兮四些？舍君之樂處而離彼不祥些！（楚詞招魂）

七 且

不見子都，乃見狂且。（詩鄭風山有扶蘇）

匪我思且。（又出其東門）

其虛其邪，旣亟只且。（又邶風北風）

八 之

鸜之鵒之，公出辱之。（左傳昭二十五年）

七八月之間旱，則苗槁矣。天油然作雲，沛然下雨，則苗勃然興之矣。（孟子梁惠王上）

九 止

亦既見止；亦既覯止，我心則降。（詩召南草蟲）
既曰歸止，曷又懷止？（又齊風南山）
按此例第二句『止』表疑問。
高山仰止；景行行止。（又小雅車舝）

十 于

不籍而贍國，爲之有道于？（管子山國軌）
然則先生聖于？（呂氏春秋審應覽）
按列子黃帝篇云：『今女之鄙至於此乎。』釋文云：乎本又作于。

十一 其 期 居 助句 表疑問

今爾無指告予，顚濟，若之何其。（書微子）
彼人是哉！子曰：何其。（詩魏風園有桃）
夜如何其？夜未央。（又小雅庭燎）

有頍者弁，實維何期？（又頍弁）

何居？我未之前聞也！（禮記檀弓）

吾許其大而不許其細，何居？（又）

二日伐鼓何居？（又郊特牲）

誰居？後之人必有任是夫！（左傳成二年）

臧孫聞之，曰：國有人焉。誰居？其孟椒乎！（又襄二十三年）

何居乎？形固可使如槁木，而心固可使如死灰乎？（莊子齊物論）

十二　安　助詞　爲副詞之語尾　按與焉字同。

俄則屈安窮矣。（荀子榮辱）

十三　如　助詞　爲形容詞副詞之語尾

屯如，亶如；乘馬班如。（易屯）

褎如充耳。（詩邶旄邱）

婉如清揚。（又鄭風野有蔓草）

子之燕居，申申如也，夭夭如也。（論語述而）

孔子於鄉黨，恂恂如也。朝，與下大夫言，侃侃如也；與上大夫言，誾誾如也。君在，踧踖如也，與與如也。君召使擯，色勃如也，足躩如也。（又鄉黨）

受一爵而色洒如也。（禮記玉藻）

孔子三月無君，則皇皇如也。（孟子）

天下晏如也。（史記司馬相如傳）

榮如辱如；有機有樞。（漢書敍傳）

十四　若　助詞　爲形容詞或副詞之語尾　按與『然』字同。

君子終日乾乾，夕惕若；厲，无咎。（易乾）

出涕沱若，戚嗟若。（又離）

有孚發若。（又豐）

不節若，則嗟若。（又節）
用史巫紛若。（又巽）
曰肅時雨若；曰乂時暘若；曰晢時燠若；曰謀時寒若；曰聖時風若。（書洪範）
桑之未落，其葉沃若。（詩衛風氓）
六轡沃若。（又小雅皇皇者華）
有所竭情盡愼致其敬而誠若；有美而文而誠若。（禮記禮器）
遠而望之，奐若也；近而視之，瑟若也。（說文玉部）
猗嗟昌兮！頎而長兮！抑若揚兮！美目揚兮！（齊風猗嗟）
力沛若有餘。（公羊傳文十四年）
今有人於此，驩若愛其子，竭力單務以利之。（墨子天志中）
國有道，則突若入焉；國無道，則突若出焉。（大戴禮曾子制言）
愀然改容，超若自失，（史記司馬相如傳）

十五　玆　按古音與哉同。

周公曰：嗚呼休玆！（書）

昭玆來許，繩其祖武。（詩大雅下武）

美矣岑君，嗚呼休玆！（後漢書岑彭傳贊）

十六　胥

君子樂胥。（詩小雅）

侯氏燕胥。（又）

20　句末助詞之省略（省略處作□）

我生不有命在天□？（書西伯戡黎）

按史記句末有乎字。

功成而不居，其不欲見賢□？（老子）

其無正□？正復爲奇，善復爲妖。（又）

得毋復發徙□？（漢書陳湯傳）

虞帝之明，在茲壹舉，可不致詳□？（又薛宣傳）

按皆省去乎字。

第十章　歎詞

一　噫　意　古音在之咍部，當讀如丂卽今之『唉』字。

噫！公命我勿敢言。（書金縢）

子路死。子曰：噫！天祝予！（公羊傳哀十四年）

顏淵死。子曰：噫！天喪予！天喪予！（論語先進）

曰：今之從政者何如？子曰：噫！斗筲之人，何足算也！（又子路）

意！仁義其非人情乎！（莊子駢拇）

意！甚矣其無愧而不知恥也！（又在宥）

意！毒哉僊僊乎歸矣！（又）

二　嘻　譆　憘　熙　誒　唉　說文三篇上言部云：譆，痛聲也。

從者曰：嘻！速駕！（左傳定八年）

慶父聞之，曰：嘻！此奚斯之聲也！（公羊傳僖元年）

夫子曰：嘻！其甚也！（禮記檀弓）

公曰：嘻！善之不同也！（大戴禮少閒）

嘻！亦太甚矣！先生之言也！（國策趙策）

堯觀乎華。華封人曰：嘻！聖人！請祝聖人。（莊子天地）

子反叱曰：嘻！退！酒也！（韓非子十過）

簡子召曰：嘻！吾有所見子晰也。（史記趙世家）

蘇代自燕來入齊，見於章華東門。齊王曰：嘻！善！子來。（又田敬仲世家）

其妻曰：嘻！子毋讀書游說，安得此辱乎？（又蘇秦傳）

文惠君曰：譆！善哉！技蓋至此乎！（又養生主）

湯見祝網者，曰：譆！盡之矣！（賈子新書諭城）

邕在陳留也，其鄰人有以酒食召邕者，比往，客有彈琴於屏。邕至門，試潛聽之。曰：『憘！以樂

召我，而有殺心何也？』遂反。（後漢書蔡邕傳）

熙！我念孺子。若涉淵水。（漢書翟義傳）

熙！爲我孺子之故！（又）

魏王曰：誒！（魏策）

狂屈曰：唉！予知之。（莊子知北遊）

亞父受玉斗，置之地，拔劍撞而破之曰：唉！豎子不足與謀！（史記項羽紀）

三　吁　呼　說文于部云：吁，驚語也。古音當如ㄏㄚ。

帝曰：疇咨若時登庸？放齊曰：胤子朱啓明。帝曰：吁！嚚訟可乎？（書堯典）

禹曰：吁！咸若時，惟帝其難之。（又皋陶謨）

皋陶曰：吁！如何？（又）

雲將曰：朕願有問也。鴻蒙仰而視雲將，曰：吁！（莊子在宥）

釋文云：吁亦作呼。

蔡澤曰：吁！君何見之晚也！（史記蔡澤傳）

翰林主人曰：吁！謂之茲邪！（漢書揚雄傳）

呼！役夫宜君王之欲殺女而立職也！（左傳文元年）

曾子聞之，瞿然曰：呼！（禮記檀弓）

四　嗟茲乎　嗟嗞乎　嗟子乎　嗟乎子乎

嗟茲乎！聖人之言長乎哉！（管子小稱）

嗟茲乎！我窮必矣！（說苑貴德）

嗟嗞乎！司空馬！（國策秦策）

諸侯在廟中者愀然若復見文武之身，然後曰：嗟子乎！此蓋吾先君文武之風也夫！（尚書大傳）

嗟乎子乎！楚國亡之日至矣！（國策楚策）

五　嗟　嗟嗟　嗟乎　于嗟　吒嗟

說文三篇上言部字作䜃。云：咨也。一曰：痛惜也。

齊大饑，黔敖爲食於路以待餓者而食之，有餓者蒙袂輯屨，貿貿然來。黔敖左奉食，右執飮，曰：嗟！來食！（禮記檀弓下）

嗟！士室之人，顧無多辭！（史記匈奴傳）

嗟嗟臣工，敬爾在公！（詩周頌臣工）

嗟嗟保介，惟莫之春。（又）

於是天子曰：嗟乎！吾誠得如黃帝，吾視去妻子如脫躧耳。（史記孝武紀）

高祖曰：嗟乎！有以也！（又田儋傳）

伍子胥仰天歎曰：嗟乎！讒臣嚭爲亂矣！（又伍子胥傳）

嗟乎！嗟乎！一人固不能獨立！（又越世家）

于嗟麟兮。（詩周南麟之趾）

齊威王勃然怒曰：叱嗟！爾母婢也！（國策趙策）

六　巳　古音當如ㄞ。

巳！予惟小子。（書大誥）

巳！汝惟小子，乃服。（又康誥）

巳！女乃其速由茲義率殺。（又）

巳！女惟沖子。（又洛誥）

巳！茲監！（又梓材）

巳！我安逃此而可？（莊子庚桑楚）

七　嚇

鵷雛仰而視之，曰：嚇！（莊子秋水）

八　嚄

武帝下車，泣曰：嚄！大姊何藏之深也！（史記外戚世家）

九　咄

上令倡監榜舍人；舍人不勝痛，呼謈。朔笑之曰：咄！口無毛，聲謷謷，尻益高。（漢書東方朔傳）

立政曰：咄！少卿良苦。（又李陵傳）

譚被髮驅馳，追者意非恆人，趨奔之。譚墮馬，顧曰：咄！兒過我，我能富貴汝。（後漢書袁譚傳）

十　都

帝曰：疇咨若予采？驩兜曰：都！共工方鳩僝功。（書堯典）

皋陶曰：都！在知人，在安民。（又皋陶謨）

按史記夏本紀『都』作『於』。

帝曰：來！禹亦昌言。禹拜曰：都！帝予何言？予思日孜孜。（又）

禹曰：都！帝慎乃在位！（又）

十一　咨　嘗

帝曰：咨！女羲暨和。朞三百有六旬有六日，以閏月定四時成歲，允釐百工，庶績咸熙。（書堯典）

帝曰：咨！四岳！湯湯洪水方割，蕩蕩懷山襄陵，浩浩滔天，下民其咨，有能俾乂？僉曰：於！鯀哉！（又）

帝曰：咨！四岳！朕在位七十載，汝能庸命，巽朕位。（又）

咨！虡！羣公？可不憂哉！（漢書王莽傳）

咨！可謂命世大聖，千載之師表者已。（魏修孔子廟碑）

昔荊龔王與晉厲公戰於鄢陵。臨戰，司馬子反渴而求飲，豎陽穀操黍酒而進之。子反叱曰：訾！退！酒也！（呂氏春秋權勳）

孟嘗君讌坐。一人曰：訾！天下之王有侵君者，臣請以血濺其衽！（國策齊策）

訾！黃其何不徠下？（漢書禮樂志）

按：師古注云：訾，嗟歎之辭也。

十二　惡　啞　烏　於

宰我子貢善爲說詞，冉牛閔子騫顏淵善言德行，孔子兼之，曰：我於辭命則不能也。然則夫

子既聖矣乎？曰：惡！是何言也！（孟子公孫丑）

顏回曰：端而虛，勉而一，則可乎？曰：惡！惡！可！（莊子人間世）

子貢問於孔子曰：君子之所以貴玉而賤珉者，何也？爲夫玉之少而珉之多邪？孔子曰：惡！賜！是何言也！夫君子豈多而賤之，少而貴之哉！（荀子法行）

晉平公與羣臣飲，飲酣，乃喟然歎曰：莫樂爲人君！惟其言而莫之違。師曠侍坐於前，援琴撞之。公披衽而避，琴壞於壁。公曰：太師誰撞？師曠曰：今者有小人言於側者，故撞之。公曰：寡人也。師曠曰：啞！是非君人者之言也！（韓非子難一）

今割齊民以附夷狄，弊所恃以事無用，鄙人固陋，不識所謂。使者曰：烏！謂此邪！必若所云，則是蜀不變服而巴不化俗也。（史記司馬相如傳難蜀父老）

僉曰：於！鯀哉！（書堯典）

十三　嗚呼

嗚！呼！哀哉尼父！（禮記檀弓）

高等國文法

中華民國十九年六月初版

（紙面/布面）每册定價大洋 紙面貳元 布面叁元伍角

外埠酌加運費匯費

著作者　楊樹達

發行兼印刷者　上海寶山路　商務印書館

發行所　上海及各埠　商務印書館

ADVANCED CHINESE GRAMMAR

By

YANG SHU TA

1st ed., June 1930

Paper / Cloth Cover Price: $ 2.00 / 3.50 postage eztra

THE COMMERCIAL PRESS, LTD., SHANOHAI